KAI-UWE MERZ

MONSTER BERLIN

EINE KULTURGESCHICHTE DER NATIONALSOZIALISTISCHEN ZEIT

ELSENGOLD

INHALT

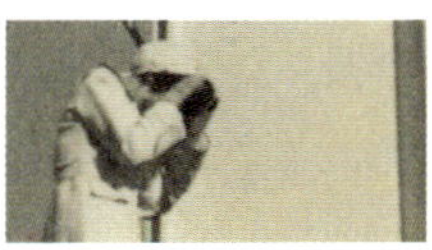

19.-

EINLEITUNG

Die Monster-Stadt – Berliner Kulturgeschichte der nationalsozialistischen Zeit

monstra sunt in genere humano

Aurelius Augustinus,
De Civitate Dei, XVI 8

Scherben, zerstörte Leuchtschrift, Hakenkreuzfahnen: Berliner im Angesicht des antisemitischen Terrors der Reichspogromnacht vom 9./10. November 1938. Kolorierte Fotografie

DIESES GEMÄLDE hat George Grosz zwischen 1942 und 1945 in der amerikanischen Emigration gemalt: *Kain oder Hitler in der Hölle*. Der Berliner Maler hat es auf das Jahr 1944 datiert. In diesem Jahr hatten rund um den Globus die letzten Schlachten des Zweiten Weltkriegs begonnen. 76 Jahre später, am 4. Februar 2020, hat der Präsident des Deutschen Historischen Museums in Berlin das Bild als Neuerwerbung seiner Sammlung präsentiert. Raphael Gross erklärte, *Kain oder Hitler in der Hölle* zeige „die Perspektive eines Künstlers im Exil auf das katastrophale Ausmaß des Mordens und der Zerstörung in Deutschland“. Grosz’ großartiges, geschichtsdeutendes Werk ist seit diesem Tag in seiner Heimatstadt zu sehen. Es ist ein apokalyptisches Höllenpanorama, das in seiner künstlerischen Manier an Hieronymus Bosch erinnert, ein *Monstrum*. Mit *Monstrum* ist in der nüchternen lateinischen Etymologie des Wortes ein „mahnendes Zeichen“ gemeint.

Der Menschheitsverbrecher Adolf Hitler hat Berlin in nie dagewesener Weise sein monströses Antlitz aufgezwungen. Dieser gescheiterte, unbegabte, sich verkannt fühlende Künstler hat das nicht als Einzelner zu tun vermocht. Es gab Komplizen, Mittäter, Desinteressierte genug. Sie hätten ihn immer wieder hindern, stoppen, aufhalten können. Das ist die Botschaft des Stücks *Der aufhaltsame Aufstieg des Arturo Ui* des Wahl-Berliners Bertolt Brecht von 1941. Geschichte ist nicht zwangsläufig. Handelnde, Mit-Handelnde, auch Unbeteiligte sind frei. Jederzeit. Aber das Risiko ist unter solchen Bedingungen wie damals unabsehbar. Dennoch ist es immer wieder geschehen, dass Menschen, Deutsche, Berliner sich widersetzt haben.

Grosz malt den toten Hitler, als der Diktator noch am Leben ist. Der Maler zeigt uns, den späteren Suizid vorwegnehmend, bereits den Mann, der sich am 30. April 1945 im Bunker der Reichskanzlei in Berlin umgebracht hat. Der Massenmörder wird bedrängt von den Skeletten der Menschen, die er morden ließ, in einer glühenden, an die Lavaströme eines ausgebrochenen Vulkans erinnernden Höllenwelt, schmorend, schwitzend, leidend. „Was hast du getan? Das Blut deines Bruders schreit zu mir vom Ackerboden", fragt Gott den Kain im Buch *Genesis*. Kopfüber in den glühenden Grund gestreckt liegt ein Toter – Abel. Hitler hockt zusammengesunken in dieser Hölle. Grosz spricht diese uniformierte Gestalt als Kain an. Diesem ersten Mörder der Menschheit soll Gott das angesichts des Ausmaßes seiner 1944 noch gar nicht in ihrem vollen, unfassbaren Umfang zutage liegenden Verbrechen Unausdenkbare gewährt haben – Gnade? Der biblische Brudermörder Kain war nach der Mordtat wieder zur Besinnung gekommen und hatte erkannt: „Zu groß ist meine Schuld, als dass ich sie tragen könnte. Du hast mich heute vom Ackerland verjagt, und ich muss mich vor deinem Angesicht verbergen; rastlos und ruhelos werde ich auf der Erde sein, und wer mich findet, wird mich erschlagen." Aber der Massenmörder und Selbstmörder Hitler ist niemals ein reuiger Kain gewesen. Die Kunst, ebenso wie die Geschichtswissenschaft, stößt hier an Grenzen des Sagbaren, Verstehbaren, Begreifbaren. Zudem: Die zeitgenössischen Deutungen Hitlers und des Nationalsozialismus in der von Not gedrungenen Nähe und persönlichen Betroffenheit überraschen den Betrachter des 21. Jahrhunderts oft durch ihre für uns gelegentlich vielleicht unerwartete Sichtweise des Dritten Reichs.

Hitler hat Berlin zum Monster gemacht. Mit seiner Machtübernahme am 30. Januar 1933 war die Epoche der „goldenen" 1920er-Jahre in der Berliner Stadtgeschichte zu Ende gegangen. Diese Feststellung trifft der Epilog meines Buches *Vulkan Berlin. Eine Kulturgeschichte der 1920er-Jahre*. Das Buch erschien am 5. Februar 2020. An diesem Tag wurden diese ersten Sätze von *Monster Berlin* über Hitler in der Hölle geschrieben. An diesem Tag standen die mit Fotos versehenen Berichte von der Präsentation des neu erworbenen Grosz-Bildes in den Berliner Zeitungen.

Bald danach begann mit der Corona-Pandemie eine Krise für die Welt, für unseren Kontinent, für die Stadt, nach deren Überwindung auch in Berlin wahrscheinlich kaum mehr etwas so sein wird, wie es zuvor gewesen ist. Bis dahin war mit dem Blick zurück auf die 1920er-Jahre vom „Goldenen" dieser Epoche vor 100 Jahren und vom damaligen „Tanz auf dem Vulkan" die Rede gewesen. Berlin erlebte sich als „Stadt der Freiheit" in konjunkturellem Daueraufschwung, unentwegtem Wachstum der wichtigen Indikatoren,

Gemalt in den USA, als Hitler noch lebte: Der Berliner George Grosz (1893–1959) zeigt den toten Diktator als Abels Mörder Kain am Leichnam des Bruders in der Hölle, bedrängt von Skeletten seiner Opfer.

einer atemberaubenden internationalen Anziehungskraft und mit einer glänzenden Zukunft im digital dominierten 21. Jahrhundert. Aus solch heiterem Himmel erweist sich 2020 als Jahr eines tiefgreifenden Epochenwechsels. Die kalte Notwendigkeit des Überlebens ihrer Bürger hat der Stadt vieles ihrer Freiheit, ihrer Sicherheit, ihrer Perspektiven genommen. Diese neue Zeit reicht mit dem Ausmaß ihrer Gefährdungen für Leben und Existenz der Berliner nicht an die Dimensionen der Folgen des Zweiten Weltkriegs für die Stadt heran. Diese Zeit ist aber in der jüngeren Geschichte Berlins dennoch nur mit diesen Kriegsjahren vergleichbar. Die Aussicht auf eine Wiederholung der nur scheinbar und oberflächlich „goldenen" 1920er-Jahre im 21. Jahrhundert ist nicht einmal mehr Illusion.

Die Zerstörung der bis heute faszinierenden und einzigartigen „Hauptstadt der 1920er-Jahre" Berlin nicht erst durch den vorsätzlich herbeigeführten nationalsozialistischen Eroberungs- und Vernichtungskrieg war ein kulturelles Verbrechen. Dieses Staatsverbrechen, das sich zusammensetzt aus unzähligen Verbrechen an unzähligen Menschen, wurde verübt von unzähligen Tätern. Es war verkettet mit der Zerstörung von Freiheit und Demokratie der Weimarer Republik und mit dem singulären Menschheitsverbrechen von Vertreibung, Ghettoisierung, Ermordung der Juden Europas, Deutschlands, Berlins. Das nach dem 30. Januar 1933 Schritt für Schritt vernichtete Berlin der 1920er-Jahre war trotz tiefgreifender Ambivalenzen eine facettenreiche und anziehende Kulturmetropole von Freiheit, Kreativität und Entfaltung individueller Möglichkeiten gewesen. Mit der Etablierung der nationalsozialistischen Diktatur entfaltete sich in dieser Stadt Zug um Zug eine kontrollierte und gelenkte Kultur, die keine Freiheit mehr kannte und die zur Vollstreckerin der menschenverachtenden, vor allem antisemitischen Ideologie und Propaganda des Regimes degradiert wurde. Diese Kultur stieß ab durch einen auch die Berliner bis ins Letzte kommandierenden kollektiven Totalitarismus, der sich bis in den Zweiten Weltkrieg hinein immer weiter

Ort von Hitlers Selbstmord: So sah der Eingang zum „Führerbunker" (l.) im Garten seiner Reichskanzlei im Zentrum Berlins noch 1947 aus. In der Mitte der Unterstand der Wache

steigerte und auswuchs. Dennoch sind immer wieder überraschende Kontinuitäten festzustellen, die ausgehen von den 1920er-Jahren und die erst recht vorausweisen in die Nachkriegsgeschichte.

Berlin in der NS-Zeit ist Prototyp der totalitären Metropole, zu dem in unterschiedlichen Graden das faschistische Rom, das stalinistische Moskau, das maoistische Peking, das national-kommunistische Bukarest Nicolae Ceaușescus oder das Pjöngjang der Diktatorenfamilie der Kims gehören. Diesen Metropolentypus hat in der Fiktion des totalitären London auf einzigartige Weise George Orwell in seinem von 1946 bis 1948 geschriebenen Roman *1984* anhand des Lebens des Durchschnittsbürgers Winston Smith erlebbar gemacht. Das kennzeichnende Charakteristikum des Berlins der NS-Zeit ist seine Indienstnahme als Machtzentrum der Diktatur, als Zentrale des totalitären Terror- und Überwachungsstaates und als Mittelpunkt der Organisation der industriellen Vernichtung des europäischen Judentums. Verfolgung, Verschleppung, Vernichtung gehören zur Lebenswirklichkeit des Berlins dieser Jahre. Dies sind Bestandteile der Kultur und des Lebensgefühls der Metropole der totalitären Diktatur. Diese Elemente finden ihren Niederschlag und Ausdruck auch in einer Kulturgeschichte Berlins der nationalsozialistischen Zeit.

Die Erzählung der Kulturgeschichte Berlins in der Periode des Nationalsozialismus gerät zur Schilderung kultureller Zerstörung, Unterdrückung, Verleugnung. Dabei sind oft erstaunliche Widersprüche, Brüche, Unentschiedenheiten zu registrieren. Das kulturelle Berlin der von den Nationalsozialisten so denunzierten „Systemzeit“ und der „Asphaltliteraten“ der glanzvollen Epoche der 1920er-Jahre kämpft ums Überleben. Schon allein der blanke Selbstbehauptungsanspruch ist Rebellion gegen das alles durchdringende Regime – im Angesicht der Diktatur in Berlin ebenso wie rund um die Welt im Exil. Aus den Überbleibseln der Kulturmetropole der 1920er-Jahre wird nach 1945 in der Trümmerwüste Berlin der Neubeginn in Angriff genommen. Die Erzählung des Berlins der 1930er- und 1940er-Jahre ist von bedrängend anderem Ernst als die der 1920er. Aus dem Blickwinkel der Jahre nach 1933 treten Facetten von Zuversicht, Optimismus, der Freude am Neuen der „Hauptstadt der 1920er-Jahre“ noch einmal stärker in den Vordergrund unserer Wahrnehmung.

Das Buch *Monster Berlin* setzt *Vulkan Berlin* fort, ohne darauf aufzubauen. Wieder verdienen der Elsengold Verlag für das Buch sowie der Historiker und Berlin-Kenner Kurt Wernicke fürs Lesen des Manuskripts großen Dank. Auf die vermeintlich „goldenen“ 1920er-Jahre folgt in chronologischer Logik eine Kulturgeschichte Berlins während der NS-Zeit. *Monster Berlin* setzt das vorangehende Buch im Erkenntnisinteresse, im Herangehen und in der Struktur fort. Beide Bücher haben keinen wissenschaftlichen Anspruch, gründen auf elementaren historischen Sachverhalten und dem jeweiligen Grundwissen der einzelnen Disziplinen sowie auf den Arbeiten von Historikern, auf Biografien und auf Memoiren. Chronologische Ereignisgeschichte, Politikgeschichte, Kriegsgeschichte sind Voraussetzungen, Hintergrund, Folie. Zusammenschau und Gesamtbild in unvermeidbarer Vorläufigkeit und Ergänzungsbedürftigkeit sind das Ziel.

Es macht einen Unterschied, ob es um das Berlin der freiheitlichen Demokratie Weimars oder um das Berlin der totalitären Diktatur Hitlers geht. Denn Begriffe verkehren, verwirren, verunklaren sich in der Auseinandersetzung mit der ideologischen Gegenwelt einer totalitären Gegenrealität. Das gilt auch für den als Basis einer kulturgeschichtlichen Darstellung zentralen Begriff „Kultur". Die pragmatische Definition des Nürnberger Kulturhistorikers Hermann Glaser, der Honorarprofessor an der Technischen Universität Berlin gewesen war und der eine *Kleine deutsche Kulturgeschichte von 1945 bis heute* geschrieben hat, ist nach wie vor terminologischer Ausgangspunkt: Es gehe, formulierte Glaser, „um einen Begriff von Kultur, der sich in Unterscheidung zu dem Begriff der Natur auf alles bezieht, was der Mensch als gesellschaftliches Wesen in unterschiedlichster Weise produktiv bearbeitet oder gestalterisch hervorbringt." Kultur bedeutet demnach mehr als die „schönen Künste". In diesem begrifflichen Zusammenhang verwendet Karl Marx die Termini Überbau und Unterbau. Zur Kultur zählen als Überbau Mentalität, Geisteshaltung, Einstellungen und Religion einer Gruppe von Menschen. Der Überbau steht in Wechselbeziehung zu Bedingungen und Bedingtheiten physischer Existenz, zum materiellen Unterbau, wozu Wirtschaft, Politik, Geografie, Geschichte gehören.

Kann man in Bezug auf den Nationalsozialismus von Kultur sprechen? Drängt sich nicht das Wort Unkultur auf? Die nationalsozialistische Ideologie strebte in ihrem letzten Ziel einer vorkulturellen Gesellschaft zu, die von neodarwinistischen, biologistischen, animalischen Merkmalen geprägt sein sollte. Diese *Berliner Kulturgeschichte der nationalsozialistischen Zeit* ist keine sich auf Berlin beschränkende Kulturgeschichte des Nationalsozialismus. Dessen an „Blut und Boden", dem „arischen" Menschenbild oder nationalsozialistischen Helden- und Hitlerkult konzentrierte Kunst gilt oft schon aufgrund ihrer ideologischen Verzweckung und in ihrer monumentalen Ästhetik als minderwertig. Sie begegnet in diesem Buch besonders in der Stadtarchitektur der Zeit. Sie will das Bild Berlins bestimmen und um den Preis der Zerstörung der vorgefundenen Stadt diese Stadt total verändern. Protagonisten dieser systemnahen Kultur stehen gleichwohl oft in überraschenden Traditionen, was ihr Herkommen angeht. Sie finden nach 1945 aufgrund ihrer Verstrickung heutzutage häufig unverständlich erscheinende Anerkennung.

Die Institutionen der Diktatur unterscheiden sich von denen der Demokratie. Staat, Politik, Verfassung gehören grundsätzlich zur Kultur, wie sie in diesem Buch verstanden wird. Seine Kultur lässt den Menschen zum Menschen werden. So machte Gott im Buch *Genesis* bei der Vertreibung aus dem Paradies „dem Menschen und seiner Frau Gewänder von Fell und bekleidete sie damit“, schickte „ihn aus dem Garten Eden weg, damit er den Erdboden bearbeite [...].“ Damit sei der Mensch zugleich „wie einer von uns geworden, dass er Gut und Böse erkennt.“ Deshalb ist auch dem bösen Menschen Kultur zuzusprechen, möge er auch moralisch als Unmensch anzusprechen sein. Denn der Mensch ohne Kultur verlöre seine Menscheneigenschaft und würde zum Monster. Geschichte ist keine Instanz, die zuallererst moralische Urteile fällt. Doch es existieren historische Gegenstände, die dem Betrachter solchen Verzicht zuletzt unmöglich machen. Dazu zählen Auschwitz, Holocaust, Schoah und die Geschichte der Täter, Beteiligten, Untätigen. Auch das beschäftigt diese auf Berlin konzentrierte *Kulturgeschichte der nationalsozialistischen Zeit*. Und von der Kulturgeschichte des Deutschlands des Dritten Reichs insgesamt ist diese Berliner Kulturgeschichte der NS-Zeit nicht abtrennbar. Sie ist deren unverzichtbarer Teil, ein regionaler Teil in einer Schlüsselrolle, der auf das nationale Ganze verweist.

Der Begriff Kultur wird in diesem Buch aufgeteilt in elf ausgewählte Themen: Machtzentrum, Staatspartei, Exilliteratur, Unterhaltungsliteratur, Theater, Musik, Malerei, Skulptur, Stadtarchitektur, Medien, Gesellschaft. Es geht um Eindrücke, Einblicke, die Anschauung einer Stadt in einem konkreten Abschnitt ihrer Kulturgeschichte. Das jeweils Ausgewählte lässt im Zuge der Lektüre immer mehr über die Stadt erkennen. Das sich im Gang der Lektüre fügende Bild Berlins in der nationalsozialistischen Epoche bleibt fragmentarisch. Vieles fehlt, vieles an Gegenständen, Aspekten, Zusammenhängen ergibt sich im Verlauf der Erzählung. Jedes Thema wird anhand von Persönlichkeiten, deren Werk und Rolle erörtert. So wird Kulturgeschichte erzählt. Der Blick auf das Berlin der nationalsozialistischen Epoche ist subjektiv. Durch die Schilderung der ausgewählten Personen, ihres Schaffens, Tuns, Wirkens wird schlaglichtartig die

Der sowjetische Dichter und Kriegsberichterstatter Jewgeni Dolmatowski (1915–1994), 2. Mai 1945, am heutigen Platz des 18. März: Die Kapitulation Berlins hatte er protokolliert, der bronzene Hitlerkopf war aus dem Reichstag: „Er war schwer, und am Brandenburger Tor warf ich ihn weg; scheppernd rollte er über die Pflastersteine."

Stadt Berlin der Hitler-Jahre mit ihrer Lebenswirklichkeit mehr und mehr sichtbar. Erarbeiten, Recherchieren, Schreiben sind für den Autor eine Entdeckungsreise in eine ihm, wie sich herausstellte, in manchem Aspekt unbekannte Stadt gewesen. Fotos und Abbildungen stehen im Bezug zum Text, beide Elemente erhellen einander in Wechselwirkung und tragen dazu bei, bei Leserinnen und Lesern ein authentisches Bild Berlins entstehen zu lassen.

Monster Berlin will als Kulturgeschichte nicht bei der puren Beschreibung kultureller Produkte verharren, sondern nach ihren Bedingtheiten, ihrem Herkommen, ihrem Fortleben fragen. Das Interesse gilt der Stadt, wie sie sich abbildet in ihren kulturellen Hervorbringungen. Kulturgeschehen und Kulturzeugnisse werden als historische Quelle genutzt. So ist dieses Buch ein Versuch, Fragen nach den Wurzeln Berlins grob zu umreißen, kritisch zu erörtern, partiell zu beantworten: Wie ist Berlin in den 1930er- und 1940er-Jahren gewesen? Wie ist es dazu geworden? Welche Kontinuitäten aus diesen Berliner Diktaturjahren haben in welcher Weise nachgewirkt?

Die Epochenabgrenzung und der Zeitraum der Betrachtung sind durch zwei Lebensdaten eines einzigen Mannes definiert: durch die Ernennung Adolf Hitlers zum Reichskanzler am 30. Januar 1933 und seinen Selbstmord am 30. April 1945. Beide Ereignisse haben in Berlin stattgefunden. Dieser Suizid und das Ende des Zweiten Weltkriegs sind 2020, dem Jahr, in dem dieses Buch entstanden ist, 75 Jahre her gewesen. Der Weg, den Hitler nach Berlin gegangen war, führte ihn von München in die Reichshauptstadt. Es ist der Weg seines Aufstiegs. Die bayerische Metropole spielt in ihrem Verhältnis zu Berlin in dieser Epoche eine spezifische Rolle. Der Prolog nähert sich von Süden her unter kulturgeschichtlichem Blickwinkel mithilfe dreier weltberühmter deutscher Literaten der Emigration der *Kulturgeschichte Berlins der nationalsozialistischen Zeit*. In den Formen Essay, Epos und Drama sowie in Reden und anderweitigen Zeugnissen führen die Aussagen eines konservativen, eines linksliberalen und eines kommunistischen Künstlers in die Auseinandersetzungen der Zeit über das Wesen der nationalsozialistischen Ideologie, der Gestalt des Dritten Reichs und seines Hauptprotagonisten. Und nebenbei geht es um die umrisshafte Schilderung des Berlins, aus dem das alles erwachsen ist, dem Berlin der im Nachhinein als „golden“ verklärten 1920er-Jahre. Wir Nachgeborenen wissen, dass mit dem 30. Januar 1933 entschieden war, dass der „Vulkan Berlin“ ausbrechen und dass sich von diesem Tag an die „Hauptstadt der 1920er-Jahre“ in das „Monster Berlin“ verwandeln würde.

Von München nach Berlin – *Bruder Hitler, Rupert Kutzner* und *Arturo Ui*

Wir versuchten noch ein paar Dutzend Schritte, aber der Boden ward immer glühender; sonneverfinsternd und erstickend wirbelte ein unüberwindlicher Qualm. Der vorausgegangene Führer kehrte bald um, ergriff mich, und wir entwanden uns diesem Höllenbrudel.

Johann Wolfgang von Goethe,
dritte Vesuv-Besteigung,
Italienische Reise, 20. März 1787

DER GEBÜRTIGE LÜBECKER, Wahl-Münchner und 1929 für seinen ersten, schon 1901 erschienenen Roman *Buddenbrooks. Verfall einer Familie* mit dem Nobelpreis ausgezeichnete THOMAS MANN hat anders als sein Literaten-Bruder Heinrich oder sein Literaten-Sohn Klaus nie in Berlin gelebt. Er kannte die Stadt nur von Besuchen. Der aus München stammende Lion Feuchtwanger, Romancier von Weltruf, wohnte mit seiner Frau Marta seit dem Aschermittwoch 1925 in Berlin. Der Augsburger Bertolt Brecht, nur kurz Etappen-Münchner, hatte ab 1924 das Fundament seiner Weltkarriere in Berlin gelegt.

Karikierte Hitler als Rupert Kutzner: der in Berlin lebende Autor Lion Feuchtwanger (1884–1958) am 17. November 1932 nach Ankunft zur Lesereise in New York – er kehrte nie mehr nach Berlin zurück.

Im Ersten Weltkrieg schrieb Thomas Mann die antiwestlich, konservativ und national ausgerichteten *Betrachtungen eines Unpolitischen*, die 1918 erschienen. 1902 schon leitete er seine Novelle *Gladius Dei* mit dem ironischen Porträt der hellen, gleißenden, strahlenden Kulturmetropole München ein, die sich in diesen Tagen des Kaiserreichs im Renaissancekult berauschte:

> *München leuchtete. Über den festlichen Plätzen und weißen Säulentempeln, den antikisierenden Monumenten und Barockkirchen, den springenden Brunnen, Palästen und Gartenanlagen der Residenz spannte sich strahlend ein Himmel von blauer Seide, und ihre breiten und lichten, umgrünten und wohlberechneten Perspektiven lagen in dem Sonnendunst eines ersten, schönen Junitages.*

Die internationale Anziehungskraft der Stadt ist angedeutet in den beiläufig erwähnten „Reisenden aller Nationen". Musik klingt auf die Straßen hinaus, selten so virtuos intoniert wie aus dem *Odeon*. Treiben herrscht zwischen Schauspielhaus, Universität, Staatsbibliothek und Siegestor: „Lässigkeit und hastloses Schlendern in all den langen Straßenzügen des Nordens ... Man ist von Erwerbsgier nicht gerade gehetzt und verzehrt dortselbst, sondern lebt angenehmen Zwecken. Junge Künstler, runde Hütchen auf den Hinterköpfen, mit lockeren Krawatten und ohne Stock, unbesorgte Gesellen, die ihren Mietzins mit Farbenskizzen bezahlen, gehen spazieren, um diesen hellblauen Vormittag auf ihre Stimmung wirken zu lassen [...]." In den Blick kommen die „Auslagen der Kunstschreinereien und der Basare für moderne Luxusartikel" und die „kleinen Skulptur-, Rahmen- und Antiquitätenhandlungen". Dem lässt Mann die Bemerkung folgen: „Und der Besitzer der kleinsten und billigsten dieser Läden spricht dir von Donatello und Mino da Fiesole, als habe er das Vervielfältigungsrecht von ihnen persönlich empfangen ... " Ebenso zeigen die „breiten Fenster und Schaukästen des großen Kunstmagazins, des weitläufigen Schönheitsgeschäfts von M. Blüthenzweig" in erster Linie „Reproduktionen von Meisterwerken aus allen Galerien der Erde, eingefaßt in kostbare, raffiniert getönte und ornamentierte Rahmen in einem Geschmack von preziöser Einfachheit [...]." Da ist anscheinend kaum Originäres, Kreatives, Neues in diesem München, wie es Mann 1902 schildert, obwohl doch die Straßen im Norden der Stadt beschrieben werden, dem Norden, in dem das berühmte Künstlerviertel Schwabing liegt. So beendet er den Auftakt seiner Novelle:

Die Kunst blüht, die Kunst ist an der Herrschaft, die Kunst streckt ihr rosenumwundenes Szepter über die Stadt hin und lächelt. Eine allseitige respektvolle Anteilnahme an ihrem Gedeihen, eine allseitige, fleißige und hingebungsvolle Übung und Propaganda in ihrem Dienste, ein treuherziger Kultus der Linie, des Schmuckes, der Form, der Sinne, der Schönheit obwaltet ... München leuchtete.

In diese behagliche, selbstgenügsame, in sich ruhende Stadt zieht 1913 von Wien kommend Adolf Hitler. Dieses München wird im Ersten Weltkrieg, an dem Hitler als Soldat teilnahm und den Thomas Mann bejahte und unterstützte, nach Niederlage und Revolution schwer erschüttert. Der in Berlin geborene Kurt Eisner wird am 8. November 1918 zum ersten Ministerpräsidenten des „Freistaats" Bayern

Blicke nach hinten: Störer bei der Rede des Nobelpreisträgers Thomas Mann (1875–1955) gegen die NSDAP am 17. Oktober 1930 in der Berliner Philharmonie, darunter ist NS-Dichter Hanns Johst (1890–1978).

und erklärt den König für abgesetzt. Am 21. Februar 1919 wurde er Opfer eines Attentats. Es folgten die Münchner Räterepublik und deren Niederschlagung.

Das *Oberbayerische Volksblatt* zitierte am 18./19. Januar 2020, ein Jahrhundert nach den Ereignissen, Kurt Tucholskys Sentenz „Die Provinz lebt von der Abneigung gegen Berlin" von 1920 und skizzierte, wie „Bayerns kulturelles Milieu erodierte". Das ist die Konsequenz der übermächtigen Anziehungskraft Berlins. Die Dramatiker Brecht und Ödön von Horváth, die Schriftsteller Feuchtwanger und Ernst Toller, die Maler Paul Klee und Wassily Kandinsky „verließen Oberbayern fluchtartig". Brechts Freund, der Komiker Karl Valentin, die Autoren Oskar Maria Graf und Thomas Mann blieben.

Mann wählte aber die deutsche Kulturmetropole Berlin als Schauplatz zweier ihm wichtiger politischer Reden von nationaler Bedeutung. Der Nobelpreisträger reiste nach dem Attentat rechtsextremer Fanatiker auf den jüdischen Industriellen und Reichsaußenminister Walther Rathenau vom 24. Juni 1922 in die Reichshauptstadt und sprach am 13. Oktober 1922 zum 60. Geburtstag des Dramatikers Gerhart Hauptmann, der zehn Jahre zuvor den Literaturnobelpreis entgegengenommen hatte. Die Feierlichkeit fand im Beethoven-Saal der zwischen Potsdamer und Anhalter Bahnhof gelegenen alten Berliner Philharmonie statt. Manns Rede *Von deutscher Republik* gilt als Ausdruck seiner demokratisch-republikanischen Wende; er selbst allerdings betont die Kontinuität in seinem politischen Denken. Der Geburtstag Hauptmanns spielt im Redetext eine untergeordnete Rolle, denn über dessen Kopf hinweg wendet sich Mann an die Jugend: „Mein Vorsatz ist, ich sage es offen, euch, sofern das nötig ist, für die Republik zu gewinnen und für das, was Demokratie genannt wird und was ich Humanität nenne, [...] – dafür zu werben bei euch im Angesicht dieses Mannes und Dichters hier vor mir, dessen echte Popularität auf der würdigsten Vereinigung volkhafter und menschheitlicher Elemente beruht."

Münchens kultureller Aderlass hatte auch hausgemachte Gründe. Das *Oberbayerische Volksblatt* schrieb: „Berlin lockte – aber München hatte auch wenig zu bieten." Auf den Spielplänen der großen Häuser habe 1926 nur Traditionelles gestanden, und die in Berlin so emphatisch wie kaum anderswo gefeierte Amerikanerin Josephine Baker mit ihrem Tanz im Bananenröckchen habe im Februar 1929 wegen „Verletzung des öffentlichen Anstands" Auftrittsverbot im Deutschen Theater München bekommen. Thomas Manns 1926 gestartete Initiative „Rettet München" hatte weder das verhindert, noch waren die Kunstschaffenden in großer Zahl von der Spree an die Isar zurückgekehrt. In diesem München war Mann Zeitgenosse Adolf Hitlers. Auch dieser ist in den 1920er-Jahren immer wieder zu Gast in Berlin. Thomas Mann ergreift am 17. Oktober 1930 erneut in Berlin im Beethoven-Saal Partei gegen Hitlers Nationalsozialistische Deutsche Arbeiterpartei NSDAP. Der Nobelpreisträger charakterisiert in seiner Rede *Deutsche Ansprache. Appell an die Vernunft* den Nationalsozialismus so:

Sein Hauptziel, so scheint es immer mehr, ist die innere Reinigung Deutschlands, die Zurückführung des Deutschen auf den Begriff, den der Radikal-Nationalismus davon hegt. Ist nun, frage ich, eine solche Zurückführung, gesetzt, daß sie wünschenswert sei, auch nur möglich? Ist das Wunschbild einer primitiven, blutreinen, herzens- und verstandesschlichten, hackenzusammenschlagenden, blauäugig gehorsamen und strammen Biederkeit, diese vollkommene nationale Simplizität, auch nach zehntausend Ausweisungen und Reinigungsexekutionen zu verwirklichen in einem alten, reifen, vielerfahrenen und hochbedürftigen Kulturvolk [...]?

Im Exil in Beverly Hills in den USA und in Küsnacht in der Schweiz schreibt Mann 1938 den sieben Seiten langen Essay *Bruder Hitler*, der im selben Jahr erstmals gedruckt wird. Der Name des Diktators erscheint nur ein einziges Mal – in der Überschrift. Der Text ist die Auseinandersetzung des Künstlers Thomas Mann mit Adolf Hitler. Ihm begegnet Mann, wie er vermerkt, zwar zeitweise mit dem gebotenen Hass, aber andererseits nähert er sich dem Diktator aus seiner künstlerischen Existenz heraus gedanklich-intellektuell an, ohne je von der Eindeutigkeit des negativen Urteils abzuweichen, denn: „Ein Bruder ... Ein etwas unangenehmer und beschämender Bruder; er geht einem auf die Nerven, es ist eine reichlich peinliche Verwandtschaft." Der Essay enthält eindeutige, auf biografische Details bezogene Beschreibungen Hitlers. „Der Bursche ist eine Katastrophe [...]", so Mann. Er bezeichnet ihn als „Dauer-Asylisten und abgewiesenen Viertelskünstler", der nichts vermag, „was Männer können, kein Pferd reiten, kein Automobil oder Flugzeug lenken, nicht einmal ein Kind zeugen [...]." Andererseits erörtert Mann angesichts „seines Aufstiegs zu traumhaften Höhen, zu unumschränkter Macht" die Frage, inwieweit der Begriff „Genie" berechtigt sein könnte. Wahrscheinlich aber ist die folgende, ebenfalls auf Hitlers Werdegang als scheiternder Künstler Bezug nehmende Beschreibung die zentrale Aussage des Mannschen Essays:

Künstlertum ... Ich sprach von moralischer Kasteiung, aber muß man nicht, ob man will oder nicht, in dem Phänomen eine Erscheinungsform des Künstlertums wiedererkennen? Es ist, auf eine gewisse beschämende Weise, alles da: die ‚Schwierigkeit', Faulheit und klägliche Undefinierbarkeit der Frühe, das Nichtunterzubringensein, das Was-willst-du-nun-eigentlich?, das halb blöde Hinvegetieren in tiefster sozialer und seelischer Boheme, das im Grunde hochmütige, im Grunde sich für zu gut haltende Abweisen jeder vernünftigen und ehrenwerten Tätigkeit – auf Grund wovon? Auf Grund einer dumpfen Ahnung, vorbehalten zu sein für etwas ganz Unbestimmbares, bei dessen Nennung, wenn es zu nennen wäre, die Menschen in Gelächter ausbrechen würden.

LION FEUCHTWANGER ist einer der Künstler, die in den 1920er-Jahren aus München nach Berlin gehen. Er vollendet erst aus der Distanz der Hauptstadt sein episches Sittenbild des Münchens der frühen Weimarer Jahre, den mit dem Untertitel *Drei Jahre Geschichte einer Provinz* versehenen Zeitroman *Erfolg*, der 1930 erscheint. Feuchtwanger beschreibt dort auf knapp zwei Seiten das Berlin der 1920er-Jahre in meisterlicher Prägnanz. Er wählte dafür die Figur des Münchner

Kommerzienrats und Unternehmers Paul Heßreiter, dem die „Süddeutschen Keramiken" gehören. Heßreiter reist in die Reichshauptstadt, und durch dessen Augen lässt Feuchtwanger seine Leser die Metropole erleben, die so anders ist als München:

Die große Stadt Berlin, da er lange nicht dort gewesen war, beeindruckte ihn ungeheuer. Er fuhr durch die Straßen, die aus dem Zentrum nach dem Westen führten. Lennéstraße, Tiergartenstraße, Hitzigstraße, Kurfürstendamm. Er sah die nie abreißende Reihe der Autos, mit der Selbstverständlichkeit eines Flusses daherrollend, sich stauend, weiterrollend. Er bemerkte das sichere Funktionieren der Einrichtungen, die zur Regelung des Verkehrs getroffen waren, automatische Haltezeichen, Schutzinseln, Schutzleute, Lichtzeichen, gelb, rot, gelb, grün. Er fuhr ohne Ziel mit der Schnellbahn, fuhr über jene Fläche, wo mitten in der Stadt zahllose Gleise sich treffen, Züge übereinander, untereinander sich schneiden, überholen. Er tauchte aus den Schächten der Untergrundbahn irgendwo zur Straße hinauf, sah Häuser, Häuser, Menschen, Menschen, endlos.

Ein Stadtporträt in Worten, das an Walter Ruttmanns Film *Berlin – Die Sinfonie der Großstadt* von 1927 erinnert. Das republikanische Berlin ist eine Massenmetropole in andauernder Hektik, von rasender Rastlosigkeit, ohne Anfang und, so wird öfters betont, ohne Ende. Diese Millionenstadt des Berliner Tempos ist Gegenbild zu dem München, wie es Feuchtwanger in *Erfolg* entwirft, und erst recht zu dem behäbigen München, wie es zwei Jahrzehnte zuvor Mann in *Gladius Dei* beschrieben hat. Heßreiter beobachtet, „wie die Millionen Einwohner dieser Stadt nicht gleich den Leuten seiner Heimatsiedlung schwatzend an den Ecken herumstanden, sondern wie selbstverständlich, eilig, doch nicht wichtig ihren Geschäften nachgingen." Er sieht „die menschenwimmelnden Arbeiterviertel", die Vergnügungsstätten voller Menschen, und Heßreiter erlebt, wie politische Auseinandersetzungen auf den Straßen ausgetragen werden: „Demonstrationszüge der Rechtsradikalen, von Polizei geleitet, in Windjacken, mit Mützen, mit Fahnen, militärisch formiert, sehr zahlreich. Demonstrationszüge der Linksradikalen, von Polizei geleitet, mit dem Emblem der geeinigten proletarischen russischen Republiken, fünfzackiger Stern, Sichel, Hammer, endlos." Abends beim Essen „in einem der prunkvollen, etwas geschmacklosen Speiseetablissements des Westens" denkt Heßreiter „an die vier Millionen Menschen dieser Stadt", und er sinniert über den Kontrast zu seiner Heimatstadt:

> *Ach, das Gerede von der Kulturstadt München und dem Wasserkopf Berlin war leider Mißgunst und Blödsinn. In seinem fleischigen, phantasievollen, oberbayerischen Kopf war ein vielfarbiges, romantisches Bild von diesem Stückchen des Globus, gelegen 13 Grad 23 Minuten östlicher Länge, 52 Grad 30 Minuten nördlicher Breite, 73 Meter über dem Meeresspiegel, ursprünglich von Slawen besiedelt und Berlin benannt, jetzt ausgestattet mit Millionen Schächten, Röhren, Leitungen, Kabeln unter der Erde, mit endlosen Häusern und wimmelnden Menschen auf der Erde, mit Antennen, Drähten, Lichtern, Funktürmen, Flugzeugen in der Luft.*

In *Erfolg*, dem ersten Roman seiner *Wartesaal-Trilogie*, lässt Feuchtwanger einen fiktiven ehemaligen bayerischen Justizminister namens Otto Klenk in ein Berliner Kino gehen. Den sowjetrussischen Filmregisseur Sergei M. Eisenstein hatten der jüdische Schriftsteller und seine Frau in der Villa in der Mahlerstraße am Grunewaldsee zu Gast gehabt. Eisensteins Revolutionsepos *Panzerkreuzer Potemkin* lief in Berlin und gilt bis heute als bedeutender Streifen der Filmgeschichte. Verfremdet als *Panzerkreuzer Orlow* lässt Feuchtwanger seine erzkonservative, antisemitische und antirevolutionäre Figur auf Berlin-Besuch eine Vorstellung miterleben. Viermal am Tag werde der Film gezeigt, auch am Vormittag sei der Saal voll besetzt, „sechsunddreißigtausend Berliner haben ihn gesehen". Klenk wollte sich nicht von der Hysterie anstecken lassen: „Er wird den Filmjuden nicht hereinfallen auf ihre künstlich gemanagte Sensation." Der Leser erlebt mit, wie die Seeleute protestieren, wie sich die Aufstandsbewegung entwickelt, wie die roten Fahnen aufgezogen werden, wie sich die revolutionäre Situation zuspitzt, wie es darum geht, dass die anderen nicht auf die Aufständischen schießen. Und Klenk? „Allein während

Erfolgsfilm 1925 in Berlin: das sowjetische Revolutionsepos *Panzerkreuzer Potemkin* auf dem Titel der *Film-Bühne*

das Schiff der Meuterer den geladenen Rohren entgegenschwimmt, was denkt er? Auch er, mit der wilden Kraft seines Herzens wünscht: ‚Schießt nicht.'" Mit Filzhut und Lodenmantel tritt der Bayer nach der Vorstellung auf die Berliner Straßen, und er ist benommen und wundert sich über seine Reaktion: „Wie ist das möglich, daß ein Mann wie er wünschen kann: ‚Schießt nicht'? Das ist nun also da, man kann es verbieten, aber es bleibt in der Welt, es hat keinen Sinn, den Kopf davor zu verstecken."

Im nächsten Kapitel erleben wir den Berlin-Besucher Klenk auf dem Bierabend des Reichspräsidenten. Feuchtwanger lässt den vor Kurzem aus dem Ministeramt entfernten Politiker über seine Sicht des Verhältnisses Bayerns zu Berlin nachdenken, und er lässt ihn erschüttert erkennen: „[...] für Berlin war in Wahrheit das Land Bayern ein zurückgebliebenes, störrisches Kind, das man auf einer schwierigen gefahrvollen Reise mitzerren muss." Belegte Brötchen gab es am Büffet. Klenk fragt sich: „War es gut, daß er, kaum aus dem Amt, mit den Wahrhaft Deutschen zu paktieren angefangen hatte? Überall war man verblüfft, daß ein Mann wie er sich zum Agenten der Patrioten degradierte. Was mit denen los war, wußte er natürlich so gut wie die geschwollenen Berliner." Die „Wahrhaft Deutschen" sind in Feuchtwangers Verfremdung die Nationalsozialisten, und er spiegelt hier die nicht nur unter Konservativen und Rechtskonservativen der Weimarer Zeit vorherrschende Geringschätzung der NSDAP. Dasselbe galt für deren Führungspersonal, namentlich für Adolf Hitler und General Erich Ludendorff, die der Autor ebenfalls auftreten lässt. Klenk: „Der begeisterte Rupert Kutzner war keine Jungfrau von Orleans. Ein talentierter Organisator war er, ein großartiger Trommler, aber von Geburt ein blühendes Rindvieh. Der andere Pfeiler der Patrioten, der General Vesemann, war durch seine Niederlage im Krieg spinnert geworden." Klenk hält diese Truppe für „die komische Figur". Er meint unbeirrt, sie kontrollieren zu können.

In großer Hellsichtigkeit analysiert Lion Feuchtwanger den Nationalsozialismus in seiner Antwort auf die Umfrage „Wie bekämpfen wir das Dritte Reich?", die die zum Konzern des kommunistischen Medienmagnaten Willi Münzenberg gehörende Berliner Zeitung *Welt am Abend* veranstaltete. Feuchtwanger führt in seiner am 21. Januar 1931 abgedruckten Antwort die bisher unvorstellbare Entfesselung der „barbarischen Instinkte des einzelnen und der Gesamtheit" auf den Ersten Weltkrieg zurück. Polemisch bezeichnet er den Nationalsozialismus als „OBD: Organisierte Barbarei Deutschlands". Den Kern des Nationalsozialismus definiert er so: „Seinem Wesen und seiner

Ideologie nach antilogisch, antigeistig, will der Nationalsozialismus die Vernunft absetzen und preist an ihrer Stelle das Gefühl, den Trieb, eben das Barbarische." Bereits zwei Jahre vor der Machtübernahme prophezeit der in der deutschen Hauptstadt lebende jüdische Schriftsteller Feuchtwanger zutreffend, was wir als Nachgeborene rückblickend wissen:

> *Was also die Intellektuellen und Künstler zu erwarten haben, wenn erst das Dritte Reich sichtbar errichtet wird, ist klar: Ausrottung. Das erwarten denn auch die meisten, und wer irgend unter den Geistigen es ermöglichen kann, bereitet heute seine Auswanderung vor. Man hat, wenn man unter den Intellektuellen Berlins herumgeht, den Eindruck, Berlin sei eine Stadt von lauter zukünftiger Emigranten. [...] Solange es in Deutschland noch einen Winkel gibt, wo die Kunst den Mund auftun darf, wollen wir es unmißverständlich aussprechen und in die Schädel hämmern: Das Dritte Reich bedeutet Ausrottung der Wissenschaft, der Kunst, des Geistes.*

Die beeindruckende Deutlichkeit dieser zwei Jahre vor der Machtübernahme in Bezug auf das deutsche und damit Berliner Kulturleben getroffenen Vorhersage wird nicht dadurch getrübt, dass Lion Feuchtwanger bald darauf seiner eigenen Empfehlung nicht folgt und mit seiner Frau Marta das eben gekaufte, unfertige Haus in Berlin zu Ende baut. Nach der für die Nationalsozialisten negativ ausgegangenen Reichstagswahl vom 6. November 1932 meint er sogar, es sei mit ihnen aus: „Hitler is over." Seine eigene schwankende Beurteilung der NSDAP und ihres Führers in diesen letzten Jahren der Republik verarbeitet Feuchtwanger im zweiten Roman seiner *Wartesaal-Trilogie*, dem ersten, den er noch im Jahr 1933 in der Emigration veröffentlicht, zunächst unter dem Titel *Die Geschwister Oppenheim*.

Der Augsburger **BERTOLT BRECHT** hatte die erste Aufführung eines eigenen Theaterstücks am 29. September 1922 in München mit *Trommeln in der Nacht* erlebt, das vor dem Hintergrund des Aufstandes von Unabhängigen Sozialdemokraten und Spartakusleuten im Januar 1919 im Berliner Zeitungsviertel spielt. München war für Brecht Durchgangsstation seiner Karriere; er wollte um jeden Preis nach Berlin. Er wusste, wie es Carl Zuckmayer, der mit ihm gemeinsam in Max Reinhardts Deutschem Theater in Berlin anfing, in seinen Memoiren formulierte: „Wer Berlin hatte, dem gehörte die Welt."

Mit *Der aufhaltsame Aufstieg des Arturo Ui* hat Brecht dem Weg Hitlers an die Macht ein Theaterstück gewidmet. Es erscheint erst posthum unter dem nach dem Ende Hitlers geänderten Titel *Der Aufstieg des Arturo Ui*. Der Aufstieg hatte sich in der Realität als unaufhaltsam erwiesen. Erste Ideen, „eine Satire auf Hitler" zu schreiben, äußerte Brecht bereits 1934 im Gespräch mit dem Berliner Philosophen und Kulturkritiker Walter Benjamin. Im Jahr darauf ist Brecht in New York und wird durch die Berichterstattung über das Organisierte Verbrechen dazu inspiriert, Hitlers Aufstieg in der verfremdeten Form eines Gangsterstücks darzustellen. Erst im März 1941 schreibt er als Emigrant in Helsinki die erste Fassung, mit Blick auf ein amerikanisches Publikum. Im Arbeitsjournal hält er unter dem 28. März in der dort typischen Kleinschreibung fest: „inmitten all des trubels um die visas [sic] und die reisemöglichkeiten arbeite ich hartnäckig an der neuen *gangsterhistorie*, nur noch die letzte szene fehlt." Brecht hatte Fotos ausgeschnitten und in das Typoskript eingeklebt, die die eigentlichen *dramatis personae* zeigten, nämlich das Führungspersonal der Nationalsozialisten. Unter der Überschrift *Die Parallelen* schlüsselte er die Figuren auf: *Arturo Ui* ist Hitler, Hermann Göring heißt *Giri*, Joseph Goebbels wird zu *Givola*. Deutschland verbirgt sich hinter *Chicago*. Gleichwohl ist kultur-, nicht literaturhistorisch Berlin mitzudenken, wenn in der ersten Szene von der *Viermillionenstadt* gesprochen wird. Zudem ist die deutsche Hauptstadt der Weimarer Jahre, in der Brecht gelebt und gearbeitet hat, eine sich amerikanisch begreifende Metropole, die den USA nacheifert, in der viele Dollars investiert werden, wo Ford Autos montiert, der Bürgermeister von New York zu Gast ist und die nicht zuletzt über

Verfremdete Hitler im Exil zu *Arturo Ui*: der Erfolgsdramatiker Bertolt Brecht (1898–1956) 1936 in London

ein auch mit der SA verwobenes Organisiertes Verbrechen verfügt. Stadt steht im *Ui* für den Staat. Der *karfioltrust*, benannt nach dem österreichischen Wort für Blumenkohl, steht für *junker und industrielle*. Mit Brechts eigenen Worten lässt sich der Kern der Handlung skizzieren:

> *der karfioltrust muß zum sprung nach new york ansetzen, dazu ist es nötiger denn je, die arbeiter niederzuhalten, einzuschüchtern. hier hat der ui einzugreifen und alles andere sind kämpfe[,] um zum kampf zu kommen, auf den es ankommt. deshalb die „schwäche" der stadtverwaltung in der bekämpfung des ui.*

Es geht um Eroberung, zuletzt um das Erobern des als *Cicero* firmierenden Österreichs, vor allem um Machteroberung. Der satirische Zugriff beabsichtigt die Preisgabe der „großen politischen Verbrecher", erläutert Brecht, „vorzüglich der Lächerlichkeit". Er trifft eine frappierende Differenzierung: „Denn sie sind vor allem keine großen politischen Verbrecher, sondern die Verüber großer politischer Verbrechen, was etwas ganz anderes ist." Man kann das als Ausdruck der ‚Faschismustheorie' Brechts lesen, derzufolge der Faschismus bloßer Agent ökonomischer Kräfte sei. Aber vor allem ist zu berücksichtigen, dass Brecht den *Ui* schon 1941 geschrieben hat. Die Zeitung *Die Welt* hat 1958 zu Recht gefragt, ob er die Konstruktion dieser Parabel nach 1945 im Angesicht der „Leichenberge von Auschwitz und Theresienstadt" noch fertiggebracht hätte. Das Stück ist Brechts Versuch, seine marxistisch-materialistische Interpretation des Nationalsozialismus in der Form des epischen Theaters als Parabel zu veranschaulichen. Brecht formuliert: „Es kann in einem Aufruf gegen den Faschismus keine Aufrichtigkeit liegen, wenn die gesellschaftlichen Zustände, die ihn mit Naturnotwendigkeit erzeugen, in ihm nicht angetastet werden. Wer den Privatbesitz an Produktionsmitteln nicht preisgeben will, der wird den Faschismus nicht loswerden, sondern ihn brauchen." Damit ist gemeint, was im *Ui*-Epilog mit dem berühmten letzten Vers „Der Schoß ist fruchtbar noch, aus dem das kroch!" ausgedrückt wird.

Die Rede des *Ui* in der Szene, in der er und seine Leute den Trust übernehmen, und zwar in Gegenwart des alten *Dogsborough*, das ist Reichspräsident Paul von Hindenburg, vermittelt in den klassischen Blankversen dieser Parabel das satirische Bild des siegreichen Diktators und seiner Diktion:

Damit ihr aber seht, daß alles ehrlich
Auf Treu und Glauben vorgehn soll, sitzt unter
Uns hier ein Mann, der uns, ich darf wohl sagen
Allen, als Vorbild goldner Ehrlichkeit
Und unbestechlicher Moral dient, nämlich
Herr Dogsborough. [...]
[...] Herr Dogsborough, ich fühle
In dieser Stunde tief, wie sehr ich Ihnen
Zu Dank verpflichtet bin. Die Vorsehung
Hat uns vereinigt. Daß ein Mann wie Sie
Mich Jüngeren, den einfachen Sohn der Bronx
Zu Ihrem Freund, ich darf wohl sagen, Sohn
Erwählten, werd ich Ihnen nie vergessen.

In der folgenden Regieanweisung steht, dass Ui mit diesen Worten die „schlaff herabhängende Hand" des Dogsborough ergreift und schüttelt. Givola alias Goebbels echot: „Erschütternder Moment! Vater und Sohn!" Alsbald ist „Feuer im Dockbezirk!", der Speicher brennt, auf die Frage nach Brandstiftung folgt die Antwort „Ja, sicher. Man hat Petroleumkannen vorgefunden, Boß." Am Ende der Szene brüllt heuchlerisch der Ui:

's ist weit gekommen in dieser Stadt. Erst Mord
Dann Brandstiftung! Ja, jedem, wie mir scheint
Geht da ein Licht auf! Jeder ist gemeint!

Der Wahl-Berliner Brecht emigriert am Tag nach dem Reichstagsbrand, am 28. Februar 1933. Nach 1945 kehrt er zurück, nach Ost-Berlin. Brecht hatte schon beim Hitler-Putsch 1923 in München, von dem wir auch in Feuchtwangers *Erfolg* lesen, auf den Verhaftungslisten gestanden. Das Ehepaar Feuchtwanger steigt an einem herbstlichen Tag im November 1932 auf dem Bahnhof Zoo in den Zug, Brecht winkt beim Abfahren. Das Ehepaar trennt sich am 12. November in Southampton. Lion Feuchtwanger fährt mit der *Europa* zur Lesereise in die USA. Er trifft am 17. ein. Den 30. Januar 1933 erlebt er in New York. In seinem Tagebuch notiert er: „Um 10 Uhr kommt der deutsche Legationsrat, [...] Lehmann, und teilt mir mit, dass Hitler

Reichskanzler sei." Marta Feuchtwanger verbringt den gewohnten Skiurlaub rund um ihren Geburtstag am 21. Januar in St. Anton am Arlberg. Beide kehren nicht nach Berlin zurück. Auf Drängen ihrer Kinder Erika und Klaus fahren auch Thomas Mann und seine Frau Katia in diesem Winter von einer Reise nach Amsterdam und Arosa nicht mehr nach München. Alle drei Literaten treffen sich mit ihren Familien im Exil wieder, alle drei zuletzt in den USA.

Der neue Reichskanzler dagegen bleibt der Reichshauptstadt als Wahl-Berliner von Amts wegen erhalten. Viele Akteure des neuen Regimes waren schon in Berlin. Andere folgen. Seine am 1. Oktober 1929 bezogene geräumige Wohnung am Münchner Prinzregentenplatz in Bogenhausen, wo heute eine Polizeiinspektion residiert, blieb bis zu Hitlers Tod seine Meldeadresse. Im Mai 1934 zieht er in Berlin in das nach dem polnischen Fürsten Antoni Henryk Radziwiłł benannte Palais ein. Der Bau in der Wilhelmstraße 77 ist auf Initiative des „Eisernen Kanzlers" Otto von Bismarck Kanzleramt geworden. Hitler muss sich die Räume erst aneignen. Bei Renovierung, Modernisierung, Umgestaltung spielen Kosten keine Rolle. Er zahlt angeblich selber, wo immer auch sein Geld herkommen mag. Im Erdgeschoss sind Repräsentationsräume, Wohnräume in der ersten Etage. Für die Wohnhalle, später mit Gobelins an den Wänden, fallen Wände und Säulen. Es gibt Radio, Plattenspieler, eine geschickt verborgene Leinwand für abendliche Filmvorführungen. Das ist die „Führerwohnung".

Vorfahrt der Alten Reichskanzlei um 1935: Hier in der Wilhelmstraße wohnt Hitler auch nach Fertigstellung der Neuen Reichskanzlei.

MACHTZENTRUM

Sitz der Diktatur – Die Reichshauptstadt, die NS-Städte und das Rote Rathaus

Hakenkreuzfahnen, Fahnen des Königreichs Italien in der Wilhelmstraße: Berliner erwarten den Einzug des faschistischen Diktators Benito Mussolini im September 1937

ZU BERLIN hatte der gebürtige Braunauer Adolf Hitler dem ersten Anschein nach ein positives Verhältnis. Die Historiker Rüdiger Hachtmann, Thomas Schaarschmidt und Winfried Süß stellen dazu einen Auszug aus den Tagebüchern des Berliner Gauleiters der NSDAP Joseph Goebbels an den Anfang des Sammelbands *Berlin im Nationalsozialismus*. Der aus dem heute zu Mönchengladbach gehörenden Rheydt stammende, katholisch aufgewachsene Reichsminister für Volksaufklärung und Propaganda hält in seinem Eintrag vom 25. Juli 1943 fest, der Führer habe in seinem Berghof auf dem Obersalzberg im Berchtesgadener Land „ein hohes Loblied auf Berlin" angestimmt. Wir hören Hitler in Goebbels' Worten: „Der Führer vertritt die Meinung, daß [...] die Berliner Bevölkerung am ehesten dazu geeignet ist, das Volk für die Reichshauptstadt zu stellen. Der Berliner sei [...] intelligent, er habe politisches Verständnis." Hitler habe gesagt, auch in den kritischen Zeiten, gemeint ist die Kriegszeit, könne er „gerade in Berlin" Versammlungen abhalten, auf denen die Zuhörer seine politischen Zwecke verstünden. Goebbels meint, dieser Eindruck sei Folge davon, dass „sich die Reichshauptstadt" im Zweiten Weltkrieg bewähre. Der Rheinländer tut trotz der vielen Jahre enger Zusammenarbeit überrascht: „Ich hatte gar nicht gewußt, daß er der Reichshauptstadt so positiv gegenübersteht." Als ob es nicht übermenschlich wäre, habe Hitler angekündigt, er wolle Berlin „einmal zwar nicht zur größten, aber zur schönsten Stadt der Welt ausbauen." Auf keinen Fall wolle er einen Dualismus zwischen Berlin und Wien, denn: „Berlin müsse die erkorene Hauptstadt sein [...]." Die Begründung: „Wien habe den Vorteil des Alters, Berlin den Vorteil der Jugend." Die Berliner, so Hitler mit den Worten seines Ministers, seien fleißig, optimistisch, lebensgewandt: „Man könne ihre Art nur bewundern und lieben."

Berlin bleibt unter der nationalsozialistischen Diktatur Reichshauptstadt. Dabei hatte es die NSDAP in den 1920er-Jahren schwerer gehabt als anderswo, sich in der politisch als links geltenden und über Deutschlands Grenzen hinaus führenden Kultur-, Wissen-

NAT. SOZ. FRAUENSCHAFT
KOMMT IN DIE
JUGENDGRUPPEN
DER NS.-FRAUENSCHAFT UND
DES DEUTSCHEN FRAUENWERKES
Deutsches Frauenwerk
ANMELDUNGEN NIMMT JEDE DIENSTSTELLE DER NS FRAUENSCHAFT-DEUTSCHES FRAUENWERK ENTGEGEN

schafts- und Industriemetropole mit einflussreichen Sozialdemokraten und Kommunisten durchzusetzen. Nach der Machtübernahme wird Berlin Sitz der Diktatur mit einer im Deutschen Reich einzigartigen Konzentration von Institutionen: Neben den Reichsbehörden und der Militärführung waren die Behörden des mächtigen Föderalstaats Preußen hier ansässig. Zu dessen Ministerpräsident wurde offiziell am 10. April 1933 zusätzlich zu seinen zahlreichen anderen Ämtern der in Rosenheim geborene Oberbayer Hermann Göring ernannt, der bereits am 30. Januar u. a. als Reichskommissar für das preußische Innenministerium in die Reichsregierung gekommen war. Dazu kam im Laufe der Jahre die unübersehbare Zahl neuer Sonderverwaltungen, vor allem aber Einrichtungen der Partei wie die Reichsjugendführung, die Deutsche Arbeitsfront DAF, die Nationalsozialistische Volkswohlfahrt NSV oder die NS-Frauenschaft NSF. In Berlin war der Unterdrückungsapparat zentralisiert im Reichssicherheitshauptamt RSHA, der Geheimpolizei der Schutzstaffel SS. Die Geheime Staatspolizei Gestapo hatte ihren Sitz im Prinz-Albrecht-Palais in der heutigen Niederkirchnerstraße, heute Ort der Ausstellung Topographie des Terrors. Im „Amt IV (Gegner-Erforschung und -Bekämpfung – Geheimes Staatspolizeiamt)“ des RSHA arbeitete SS-Sturmbannführer Adolf Eichmann, der unter der verharmlosenden Bezeichnung mit dem Stellenzeichen „IV B 4 (Judenangelegenheiten, Räumungsangelegenheiten)“ die Vernichtung des europäischen Judentums organisierte. Die auch auf der Wannseekonferenz vom 20. Januar 1942 verwendete euphemistische Bezeichnung im Jargon des Regimes lautete: „Endlösung der Judenfrage“.

Parteiorganisationen konzentrierten sich in Berlin: Auch die Propaganda der NS-Frauenschaft und des Deutschen Frauenwerks wurden in der Hauptstadt gemacht.

Berlin sei, schreiben die drei Historiker, „durch die räumliche Verdichtung von Macht singulär unter den Städten des Deutschen Reiches“ gewesen. Doch Hitler und die Nationalsozialisten würdigten auch viele andere Städte auf besondere Weise. Uns sind Nebenbezeichnungen wie Bundeshauptstadt oder Bundesstadt geläufig. In der nationalsozialistischen Epoche entstanden viele dem ideologischen Firnis, mit dem das Land überzogen wurde, entsprechende kommunale Ehrentitel. Deren Durchmusterung ergibt das Bild eines Ehrungswirrwarrs quer durch Deutschland und das einverleibte Österreich. Als Rechtsgrundlage diente die Deutsche Gemeindeordnung in der vom Regime 1935 erlassenen Fassung. Satz 1 des Paragrafen 9 lautete: „Städte sind die Gemeinden, die diese Bezeichnung nach bisherigem Recht führen. Die Gemeinden können auch andere Bezeichnungen, die auf der geschichtlichen Vergangenheit, der Eigenart oder der Bedeutung der Gemeinde beruhen, weiterführen.“

Gemäß dem „Führerprinzip“ konnte neben den „Reichsstatthaltern“ auch der „Führerwille“ Hitlers solche Beinamen stiften. Frankfurt am Main schmückte sich mit seiner Billigung im Vorfeld des Reichshandwerkertags im Juni 1935 mit dem Titel „Stadt des Deutschen Handwerks“. Geführt wurden diese Stadtattribute auf Verwaltungssiegeln und Poststempeln, auf Schildern und in der städtischen Selbstdarstellung und Werbung.

Ein Überblick dieser Ehrungsvielfalt zeigt, dass Berlin in seiner Hauptstadtrolle in der Gunst des Regimes keineswegs völlig unangefochten gewesen ist. Besondere Beachtung wurde im Rahmen des Führerkults der Hitlers Geburtsregion benachbarten österreichischen Großstadt Linz geschenkt. Sie nennt sich zunächst „Jugendstadt“ oder „Heimatstadt des Führers“. Nach dem Einmarsch deutscher Truppen in Österreich und dem „Anschluss“ an Deutschland im Jahr 1938 wurde Linz „Gründungsstadt des Großdeutschen Reichs“ und auf das Versprechen Hitlers hin auch „Patenstadt des Führers“. Geläufig ist, dass Nürnberg mit dem von Hitlers Leibarchitekten Albert Speer entworfenen Reichsparteitagsgelände seit 1936 „Stadt

der Reichsparteitage" hieß. Weniger bekannt dürften die „Reichsbauernstadt" Goslar, die „Stadt der Auslandsdeutschen" Stuttgart oder die „Stadt der Kolonien" Bremen sein. Innsbruck nannte sich 1938 „Stadt der deutschen Bergsteiger". Landsberg am Lech war „Stadt der Jugend". Neu entstehende Industriesiedlungen bekamen Beinamen wie „Stadt des KdF-Wagens" für Wolfsburg mit dem Volkswagen-Werk oder „Stadt der Hermann-Göring-Werke" für Salzgitter.

In Berlin war die Ausstellung *Entartete Kunst* 1938 im Haus der Kunst am Königsplatz (heute Platz der Republik) vor dem Reichstag zu sehen. Joseph Goebbels (Mitte) besichtigte sie am 27. Februar.

Besonderes Gewicht hatte für Hitler und für die Partei die bayerische Hauptstadt, von deren in den 1920er-Jahren lädiertem Rang als Kunstmetropole bereits berichtet worden ist. München wurde noch im Jahr der Machtübernahme „Hauptstadt der deutschen Kunst". Hitler stiftete diesen Titel, als er im Oktober 1933 den Grundstein für das Haus der Deutschen Kunst in München legte. Errichtet wurde der heute vom Freistaat Bayern betriebene Ausstellungsbau unter reger Beteiligung Hitlers nach Entwürfen des am 21. Januar 1934 verstorbenen Architekten Paul Ludwig Troost, dem Vorgänger Speers als favorisiertem Architekten des Diktators. Troost kam aus dem von avantgardistischen Architekten wie Hermann Muthesius oder Henry van de Velde in München gegründeten und geprägten Deutschen Werkbund und hatte für den neuen Reichskanzler noch den Umbau der Alten Reichskanzlei in Berlin begonnen. Nach der Fertigstellung des monumentalen Münchner Ausstellungsbaues eröffnete Hitler am 18. Juli 1937 dort die erste der bis 1944 jährlich stattfindenden *Großen Deutschen Kunstausstellungen*. Sie galten als wichtigstes Kulturereignis des Dritten Reichs. Als Massenveranstaltung zogen diese Schauen Hunderttausende an. Freilich absolvierten viele Parteigliederungen organisierte Pflichtbesuche. Dazu gehörte zur Eröffnung 1937 der neu ausgerufene *Tag der Deutschen Kunst* und der aufwendig inszenierte Festzug *2000 Jahre deutsche Kultur*. Von München aus erklärte Hitler an jenem 18. Juli 1937 bezüglich der vor allem im Berlin der 1920er-Jahre entstandenen, dort erfolgreichen Kunst und Kultur der Moderne:

> *Wir werden von jetzt ab einen unerbittlichen Säuberungskrieg führen gegen die letzten Elemente unserer Kulturzersetzung. Sollte sich aber unter ihnen einer befinden, der doch noch glaubt, zu Höherem bestimmt zu sein, dann hatte er nun ja vier Jahre Zeit, diese Bewährung zu beweisen, diese vier Jahre aber genügen auch uns, um zu einem endgültigen Urteil zu kommen. Nun aber werden – das will ich Ihnen hier versichern – alle die sich gegenseitig unterstützenden und damit haltenden Cliquen von Schwätzern, Dilettanten und Kunstbetrügern ausgehoben und beseitigt.*

Ideologisch war es folgerichtig, dass in München einen Tag später die Ausstellung der vom Regime abgelehnten Kunst unter dem Titel *Entartete Kunst* in den Hofarkaden eröffnet wurde. Werke der Neuen Sachlichkeit und des Expressionismus, des Dadaismus und des Surrealismus waren in Museen quer durch Deutschland, auch in der Nationalgalerie in Berlin, beschlagnahmt und in den Räumen unvorteilhaft aufgehängt worden, um die mit Schmähtexten propagandistisch intonierte Herabsetzung dieser Werke noch zu steigern. Über zwei Millionen Menschen sollen dort gewesen sein. Diese beiden einander gegenübergestellten Ausstellungen machen aus, was „Hauptstadt der Deutschen Kunst" im Dritten Reich bedeutet hat. Das Kunstkonzept des Regimes, das sich in München veranschaulichte, richtete sich gegen alles, wofür die Kulturmetropole Berlin bis 1933 gestanden hatte. Der Ort dieser kulturellen Gegendemonstration war München.

Als ob aber München der eine hauptstädtische Beiname nicht genügt hätte, wurde die Gründungsstadt der sich nach dem Vorbild des Faschismus in Italien als *Bewegung* darstellenden Partei am 2. August 1935 auch noch zur „Hauptstadt der Bewegung" ernannt. Andreas Heusler schreibt im online publizierten *Historischen Lexikon Bayerns*, dies sei ganz beiläufig bei einer Besprechung Hitlers mit Münchens NSDAP-Oberbürgermeister Karl Fiehler auf dessen Drängen hin geschehen. Damit sei die Stadt neben Berlin, Linz, Nürnberg und Hamburg in die Reihe der „Führerstädte" eingereiht worden. Informell sei diese kommunale Ehrenbezeichnung schon zuvor gebräuchlich gewesen in jenem München, das für Hitlers Sozialisation und als Gründungsort der NSDAP prägend gewesen war. Alle Versuche, den Sitz der Parteileitung in eine andere Stadt zu verlegen, lehnte Hitler stets vehement ab. So hatte Hitler am 12. Juni 1925 auf der Landesvertreterversammlung der NSDAP Sachsen beteuert: „Rom – Mekka – Moskau! Jeder der drei Orte verkörpert eine Weltanschauung. Bleiben wir bei der Stadt, die die ersten Blutopfer unserer Bewegung sah: sie muß das Moskau unserer Bewegung werden!" Christentum, Islam, Bolschewismus, der Nationalsozialismus, München als Gegen-Moskau – hier scheint bei Hitler die sich rationalem Denken entziehende Gedankenwelt seines ideologischen Mentors Dietrich Eckart und dessen antisemitischer Münchner Zeitschrift *Auf gut deutsch* durch. Dem 1923 verstorbenen Eckart ist Hitlers biografische Programmschrift *Mein Kampf* von 1925/26 gewidmet. Eckarts Geburtsstadt Neumarkt in der Oberpfalz wurde zur „Dietrich-Eckart-Stadt". Schließlich hieß die im Zuge der Vorbereitung der Olympischen Spiele 1936 fertiggestellte heutige Waldbühne in Berlin Dietrich-Eckart-Freilichtbühne.

In München gab es eine große Zahl von Einrichtungen, Gliederungen, Dienststellen der NSDAP, allen voran das von Troost umgebaute Braune Haus, das seit 1931 Parteisitz war. Gleichfalls von ihm war der für Hitler bestimmte Führerbau in der Arcisstraße entworfen worden. In München hatte als zentraler Parteiverlag der seit 1920 im Parteibesitz befindliche Franz-Eher-Verlag seinen Sitz, der das Parteiorgan *Völkischer Beobachter* herausgab. In München gedachten die Nationalsozialisten mit den beiden „Ehrentempeln" der am 9. November 1923 ums Leben gekommenen und als „Blutzeugen der Bewegung" verklärten Opfer des gescheiterten Hitlerputsches. Heusler stellt zur Bedeutung der bayerischen Metropole für das in der preußischen Hauptstadt residierende Regime fest: „Mit einer einzigartigen Verdichtung von NS-Kultorten wurde aus der Stadt nach 1933 ein mythologisch verformtes Zentrum, das nicht nur einer historisch gebundenen, sondern auch einer überzeitlichen, transzendenten Legitimation des Nationalsozialismus dienen sollte. München war der sakrale Mittelpunkt dieser Theokratie von Hitlers Gnaden. Die ganze Stadt wurde zur Ikone des Nationalsozialismus verklärt."

Die Beinamen waren keineswegs bloß propagandistische Spielerei. Heusler unterstreicht mit Blick auf die Reichshauptstadt: „Die Vergabe der kommunalen Ehrentitel folgte herrschaftstechnischem Kalkül. Die Zentralisierung des politischen Machtapparats in Berlin, die Aufhebung der Länderhoheit und die Aushöhlung der kommunalen Selbstverwaltung hatten zu einem Bedeutungsverlust der regionalen und kommunalen Gebietskörperschaften geführt. Durch die Vergabe von exklusiven Etiketten an zahlreiche Städte erfolgte eine graduelle Kompensation dieses Bedeutungsverlustes." Abgesehen davon, dass das Regime münchnerische und bayerische Eigenständigkeit im föderalen Rahmen beseitigen wollte, hat die Erhebung zur „Hauptstadt der Bewegung" Bedeutung für das nationalsozialistische Machtzentrum Berlin. Heusler zum Stellenwert Münchens im NS-Staat: „Der ultimative Spitzenplatz im Ranking der kommunalen Beinamen gebührte jedoch dem Titel ‚Hauptstadt der Bewegung'. In der kommunalen Konkurrenz mit anderen Groß- und ‚Führerstädten' besaß dieser Titel einen kaum zu bemessenden Mehrwert, durch den München einen uneinholbaren Bedeutungsvorsprung hatte."

Was also ist angesichts dieser Feststellung vom „Loblied" Hitlers auf Berlin von 1943 zu halten? Sicherlich lag auch bei diesem Thema die oft geübte herrscherliche Maxime des „teile und herrsche" im Kalkül des Diktators. Symbolisiert wird durch die Würdigung Berlins als Reichshauptstadt und andererseits Münchens als „Hauptstadt der

München, die „Hauptstadt der Bewegung“: Führerhaus, Ehrentempel und Braunes Haus am Königsplatz

Bewegung“ vor allem die durch die nebeneinander bestehenden und handelnden Institutionen Staat und Partei bestimmte Struktur des nationalsozialistischen Staatswesens. Was ist das für ein Staat gewesen, als dessen Hauptstadt Berlin fungierte? Was für eine Verfassung hatte dieses Dritte Reich in der Realität, in der die Weimarer Verfassung als Hülle weiter galt?

„Die Verfassung des Dritten Reiches ist der Belagerungszustand. Seine Verfassungsurkunde ist die Notverordnung zum Schutz von Volk und Staat vom 28. Februar 1933.“ Mit diesen beiden Sätzen beginnt der seit 1926 am Kammergericht zugelassene jüdische Berliner Rechtsanwalt und gebürtige Kölner Ernst Fraenkel seine herausragende analytische Studie über den NS-Staat mit dem Titel *Der Doppelstaat*. Die im Artikel 48 der Weimarer Reichsverfassung vorgesehene Möglichkeit des Reichspräsidenten, 1933 also Hindenburgs, Notverordnungen zu erlassen, habe dazu hergehalten, „den politischen Sektor des deutschen öffentlichen Lebens der Herrschaft des Rechts zu entziehen.“ Fraenkel führt aus, dass Hindenburg durch die Ernennung Hitlers zum Kanzler am 30. Januar, durch die Verhängung des zivilen Ausnahmezustandes durch die Reichstagsbrandverordnung vom 28. Februar und durch die Unterzeichnung des Ermächtigungsgesetzes vom 24. März den Nationalsozialismus „in den Sattel gehoben“ habe. Die „nationalsozialistische Legende der ‚legalen Revolution‘ basiert auf der These, dass jeder dieser drei Akte im Einklang mit der Weimarer Verfassung gestanden habe“, schreibt Fraenkel. Die „anti-nationalsozialistische Theorie des illegalen Staatsstreichs“ stütze sich dagegen auf den „Nachweis der systematisch geplanten missbräuchlichen Durchführung“ der Notverordnung vom 28. Februar 1933, dem Tag nach dem Reichstagsbrand. Fraenkel schlussfolgert, dass die Nationalsozialisten die *kommissarische* Diktatur des Reichspräsidenten in ihre eigene *souveräne* Diktatur verwandelt hatten. Der Berliner Rechtsanwalt mit Wohnsitz in einem Endreihenhaus in einer Sackstraße des ruhigen Eschwegerings in Tempelhof, an dem eine Berliner Gedenktafel hängt und das heute eine Naturheilpraxis beheimatet, liefert in seinem brillanten juristischen Werk *Der Doppelstaat* eine Theorie des nationalsozialistischen Unrechtsstaats.

Was bedeutet „Doppelstaat“? Im Vorwort der deutschen Ausgabe von 1974 spricht Fraenkel von der Überzeugung, „im Nebeneinander eines seine eigenen Gesetze im allgemeinen respektierenden ‚Normenstaats‘ und eines die gleichen Gesetze mißachtenden ‚Maßnahmenstaats‘ einen Schlüssel zum Verständnis der nationalsozialistischen Herrschaftsordnung gefunden zu haben.“ In der Einleitung zur ersten Ausgabe, der amerikanischen von 1940, präzisiert Fraenkel, „daß er nicht das Nebeneinander von Staats- und Parteibürokratie im Auge habe, wenn er vom ‚Doppelstaat‘ spreche.“ Staat und Partei würden einander immer ähnlicher werden, und beide „betätigen sich im Bereich des Normenstaats und des Maßnahmenstaats.“ Die Zuständigkeiten sind nicht definiert, die Grenzen fließend. Fraenkel unterscheidet Handeln ohne jede Rechtsgrundlage z. B. im Sinne ideologischer Zielsetzungen durch *Maßnahmen* vom überkommenen und vom Nationalsozialismus vorgefundenen Handeln auf Grundlage von rechtlichen *Normen* des früheren Rechtsstaats. Dieser juristische Zugriff hat noch 1991 Eingang in die Rechtsprechung des Bundessozialgerichts gefunden. Was ist Funktion dieser *doppelstaatlichen* Struktur? Fraenkel zitiert die erste Rede des neuen Reichskanzlers Hitler im Reichstag vom 23. März 1933 und liefert damit ein Beispiel für den Zweck der Bewahrung von *Normen*: „Grundsätzlich wird die Regierung die Wahrnehmung der wirtschaftlichen Interessen des deutschen Volkes nicht über den Umweg einer staatlich zu organisierenden Wirtschaftsbürokratie betreiben, sondern durch stärkste Förderung der privaten Initiative und unter Anerkennung des Privateigentums." Die kapitalistische Privatwirtschaft, so Fraenkels Argumentation, benötigt Rechtssicherheit, Regeln und ein gewisses Maß an Verlässlichkeit, um zu funktionieren. Deshalb muss der *Normenstaat* mindestens in Teilen aufrechterhalten und der *Maßnahmenstaat* partiell beschränkt bleiben.

Fraenkels Buch ist ebenso wie seine juristischen Publikationen vor 1933 und seine damalige Lehrtätigkeit u. a. an der Deutschen Hochschule für Politik Ausdruck der kulturellen, in seinem Fall rechtswissenschaftlichen Potenz Berlins. Sein Standardwerk *Der Doppelstaat* ist in einer zweiten Hinsicht bemerkenswert für das Berlin besonders der nationalsozialistischen Zeit. Der Jude Fraenkel durfte als Soldat des Ersten Weltkriegs trotz der Diskriminierung, die das Gesetz zur Wiederherstellung des Berufsbeamtentums vom 7. April 1933 vorsah, von 1933 bis 1938 als Rechtsanwalt weiter in Berlin arbeiten. Er schrieb das Buch auf Grundlage seiner alltäglichen beruflichen Erfahrungen heimlich und unter großen Mühen in Berlin. Er wollte den wahren Charakter des Regimes enthüllen, das nur zum Schein die alten Fassaden aufrechterhielt. Der Herausgeber Alexander von Brünneck betont in seinem Vorwort von 2001 mit Bezug auf die Urfassung, die Fraenkel mithilfe eines französischen Diplomaten aus Deutschland herausschmuggelte, was diese Studie so besonders macht:

> *Der Urdoppelstaat von 1938 ist ein singuläres historisches Dokument. Er ist [...] die einzige innerhalb Deutschlands während der nationalsozialistischen Zeit ausgearbeitete umfassende kritische Analyse des Regimes. Nur Fraenkel selbst wies darauf hin, dass der Urdoppelstaat „die einzige wissenschaftliche Untersuchung ist, die in der ‚inneren Emigration' entstanden ist."*

Unter erheblichen Risiken war es im nationalsozialistischen Berlin vor dem Zweiten Weltkrieg möglich, eine solche unabhängige rechts- und sozialwissenschaftliche Arbeit zu leisten. 1974 erinnert sich Fraenkel, dass unter dem sich verschärfenden Terror beim Näherrücken des Kriegs der Nutzen seiner Anwaltszulassung darin bestanden habe, die Bibliothek des Kammergerichts und die Staatsbibliothek Unter den Linden zu benutzen. Dort sammelte er in aktuellen juristischen NS-Publikationen sein Quellenmaterial. In dieser „Oase" habe er „zuverlässige Staatsfeinde" wie den späteren Bundespräsidenten, den Liberalen Theodor Heuss, oder den nachmaligen sozialdemokratischen

Regierenden Bürgermeister von Berlin, Otto Suhr, getroffen und sich mit ihnen ausgetauscht. Suhr holte Fraenkel nach dem Zweiten Weltkrieg zurück nach Berlin an die Deutsche Hochschule für Politik, das spätere Otto-Suhr-Institut der Freien Universität Berlin. Der Mitvater der deutschen Politikwissenschaft wurde 1963 erster Direktor des bald renommierten John-F.-Kennedy-Instituts für Nordamerikastudien. Fraenkel leistete im nationalsozialistischen Berlin Widerstandsarbeit, kooperierte mit dem von der Sozialdemokratischen Partei Deutschlands SPD abgespaltenen Internationalen sozialistischen Kampfbund ISK und vertrat als Anwalt Opfer der Gestapo. Nach einem Tipp, dass seine Verhaftung bevorstehe, floh er am 20. September 1938 nach London und lebte anschließend mit seiner Frau Hanna im Exil in den USA. Vom Erlös des Hausverkaufs blieb durch die faktisch als Enteignung wirkende „Reichsfluchtsteuer" nichts übrig. Das Ehepaar durfte nur 60 Reichsmark über die Grenze bringen.

Eine Machtübernahme eigener Art vollzog sich nach dem 30. Januar 1933 in der Stadt Berlin. Vorerst letzter demokratisch gewählter Hausherr im Roten Rathaus war der gebürtige Anklamer Heinrich Sahm. Der offenbar eigenwillige Jurist, der beim Studium in Greifswald wegen seiner Körpergröße den Spitznamen „der lange Sahm" verpasst bekommen hatte, war am 14. April 1931 ins Amt gekommen. Haushaltssanierung und wirtschaftliche Stabilisierung waren die dringenden Themen. Der parteilose Konservative und auf vielen hohen kommunalen Positionen erfahrene Beamte war seit 1919 mit wechselnden Amtstiteln elf Jahre bis Januar 1931 Oberhaupt der Freien Stadt Danzig gewesen. Er galt als kunstsinnig und hat sich mehrmals von wichtigen Künstlern, darunter Otto Dix, malen lassen. Sahm wurde in der Zeit der Weltwirtschaftskrise und der Krise des Parlamentarismus Berliner Oberbürgermeister. Bei der Wahl 1929 waren erstmals 13 Nationalsozialisten in die Stadtverordnetenversammlung gekommen. Die Kommunistische Partei Deutschlands KPD verfügte mit ihrem Berlin-Brandenburgischen Vorsitzenden und späteren ersten und einzigen Präsidenten der DDR, Wilhelm Pieck, an der Spitze über 56 Sitze. Dem neuen Stadtoberhaupt stand erstmals eine aufgrund neuer Gesetzgebung des Freistaats Preußen, zu dem Berlin gehörte, auf den Oberbürgermeister konzentrierte Kompetenzfülle als „Führer der Verwaltung" zu.

Sahm war Anfang 1932 vor allem auf Reichsebene aktiv. Er wurde Vorsitzender des am 1. Februar 1932 gegründeten „Hindenburgausschusses". Dessen Aufgabe war es, den 84 Jahre alten, amtsmüden Reichspräsidenten zu einer erneuten Kandidatur zu bewegen, um

Oberbürgermeister Heinrich Sahm (l.; 1877–1939) im Abseits: Staatskommissar Julius Lippert (1895–1956) bei der feierlichen Einweihung der neuen Treskowbrücke am 28. November 1935

einen Präsidenten Hitler zu verhindern. Der Ausschuss sammelte für den inhaltlich zur Rechten tendierenden Aufruf mehr als eine Million Unterschriften, darunter die des Dramatikers Gerhart Hauptmann und die des Berliner Malers Max Liebermann. Hindenburg kandidierte. Sahm gab den Vorsitz daraufhin auf. Mit hoher Wahrscheinlichkeit war es Sahms enge Verbundenheit mit dem Reichspräsidenten, die ihn nach dem 30. Januar 1933 vorerst im Amt des Oberbürgermeisters hielt. Bei der Stadtverordnetenwahl am 12. März 1933 legte die NSDAP um 32,4 Prozent zu und wurde mit 38,2 Prozent stärkste Partei. Das Bündnis aus Deutschnationaler Volkspartei DNVP, die auf Reichsebene mit der Hitler-Partei koalierte, und dem rechtskonservativen „Stahlhelm", nach den Farben des Kaiserreichs „Kampffront Schwarz-Weiß-Rot" benannt, kam auf 12,1 Prozent.

Sahm blieb Oberbürgermeister. Berlin war damit eine Ausnahme. Nur in acht der 51 deutschen Großstädte mit mehr als 100 000 Einwohnern wurden die Stadtoberhäupter nicht ersetzt. Bis auf Sahm selbst hatte der kommissarische preußische Innenminister Hermann Göring alle Magistratsmitglieder entlassen. Eingesetzt wurde ein Bevollmächtigter für die Stadt Berlin, der zunächst den Titel „Staatskommissar zur besonderen Verwendung" führte. Er sollte gemäß Verlautbarung des Preußischen Innenministeriums Sorge tragen, „dass die Verwaltung der Hauptstadt Berlin in allen ihren Teilen, sowohl in der Zentrale wie in den Bezirken, voll und ganz nach den Grundsätzen und im Geiste der nationalen Erhebung geführt wird." In Ernst Fraenkels staatsrechtlichem Vokabular formuliert: Der jegliches Recht und Gesetz missachtende *Maßnahmenstaat* hatte übernommen und ließ als Fassade des *Normenstaats* notgedrungen und aus politischer Rücksicht den Oberbürgermeister im Amt. Sahm unterschrieb die Entlassung demokratisch gesinnter Dienstkräfte, die sogenannte „Beurlaubung" der Bezirksbürgermeister, den Ausschluss der gewählten kommunistischen Stadtverordneten aus dem Kommunalparlament und was noch alles kam. Er suchte neue Bewerber für Ämter wie die Bezirksbürgermeister, die „jederzeit rückhaltlos für den nationalsozialistischen Staat" eintreten würden.

Im November 1933 wurde Sahm Parteigenosse. Die NSDAP entledigte sich seiner 1935. Er trat am 9. Dezember zurück. Hindenburg war am 2. August 1934 gestorben. Damit war das Schutzschild Sahms nicht mehr da. Er wurde Botschafter in Oslo, sollte 1939 abberufen werden und starb am 3. Oktober 1939 nach einer Blinddarmoperation. Er ist auf dem Waldfriedhof in Berlin-Dahlem begraben. Sein Grab war bis 2001 Ehrengrab des Landes Berlin. Der Staatskommissar, der Sahm am Gängelband geführt hatte, der 1937 zum „Stadtpräsidenten" der Reichshauptstadt aufsteigen sollte und der damit in den Jahren nach 1933 die Geschäfte der Stadt unter der Diktatur führte, war der in Basel geborene und in Bad Schwalbach in Hessen aufgewachsene Julius Lippert.

Joseph Goebbels – Diktator Berlins und Diktator der Kultur

Der Gauleiter von Berlin in der „Kampfzeit“: der Rheinländer Joseph Goebbels (1897–1945) als Redner

DER SCHRIFTSTELLER und Insektenkundler Ernst Jünger, 1998 im Alter von 102 Jahren gestorben, war kein NSDAP-Mitglied, wohl aber rechtsorientierter Gegner der Weimarer Republik. Er notierte eine Beschreibung Julius Lipperts unter dem 7. Mai 1945 in seinem 1949 unter dem Titel *Strahlungen* erschienenen Tagebuch. Der „Doktor“ im ersten Satz ist Joseph Goebbels: „Auch der Doktor brachte Gefolgsleute mit, die ich vergeblich in die Erinnerung zu zitieren suche, weil sie noch dünndrähtiger waren als ihr Chef. Einer von ihnen fiel mir dadurch auf, daß er sich der jeweiligen Tagesansicht so anzupassen wußte, daß er individuell quasi ausfiel, chamäleonartig mit dem Muster der Tapete verschmolz. Er wurde dann, glaube ich, Oberbürgermeister von Berlin.“

Lippert war Staatswissenschaftler mit Promotion, gelernter Zeitungsmann und soll geschliffene Umgangsformen gehabt haben, die bei den konservativen Beamten im Berliner Rathaus Eindruck gemacht hätten. Seinen Aufstieg verdankte er der Partei und dem Gauleiter von Berlin, Joseph Goebbels. Nach der Lippert prägenden Fronterfahrung des Ersten Weltkriegs war er schon während seines Studiums in Berlin rechtsextrem eingestellt. Er trat 1919 der DNVP bei, wechselte 1922 zur Deutschvölkischen Freiheitspartei, wurde 1923 Redakteur bei deren *Deutschem Tageblatt*. Angeblich hatte er Kontakte zu den Putschisten von 1920 um Wolfgang Kapp und zu den Mördern des jüdischen Außenministers und Industriellen Walther Rathenau. Von seinem Antisemitismus zeugt eine Passage aus seinen 1955 in der Bundesrepublik publizierten Memoiren, die von einer Begegnung mit dem in Berlin tätigen Albert Einstein, dem Physiker und Nobelpreisträger von 1921, in der Weimarer Zeit berichtet: „Herr Einstein hatte das Äußere eines galizischen Teppichhändlers, der sich seit einem guten Vierteljahr der Seife und des warmen Wassers enthalten hat. In jüdelndem Tonfall gab er mit unendlicher Wichtigtuerei seine Weisheit zum besten, die im Grunde genommen nur die Selbstverständlichkeit enthielt, daß nicht nur der Raum, sondern auch die Zeit sich in einer gewissen Abhängigkeit vom Standpunkt des Beobachters in bezug auf das beobachtete System befindet." Einstein, eine der jüdischen Forscherpersönlichkeiten, die dazu beitrugen, Berlin zur Wissenschaftsmetropole von Weltrang werden zu lassen, kehrte nach der Machtübernahme von einer Auslandsreise nicht mehr zurück und emigrierte in die USA. Seinen Besitz in der Stadtwohnung in der Haberlandstraße 5 (heute Nr. 8) im Bayerischen Viertel in Schöneberg und das Einsteinhaus in Caputh bei Potsdam beschlagnahmten die Nationalsozialisten ebenso wie seinen 20er-Jollenkreuzer *Tümmler*. Neben den antisemitischen Stereotypen fällt bei Lippert die geringschätzige Ignoranz gegenüber einer der wichtigsten naturwissenschaftlichen Entdeckungen des 20. Jahrhunderts auf, der Relativitätstheorie. Im Frühjahr 1926 entließ ihn das *Deutsche Tageblatt* nach einem Krach fristlos. Lippert übernahm journalistische Gelegenheitsarbeiten. Im Herbst hatte er erstmals Kontakt zur NSDAP. Er besuchte die behelfsmäßige Gaugeschäftsstelle in einem Keller im Hinterhof eines Hauses in der Potsdamer Straße 109, die intern als „Opiumhöhle" bezeichnet wurde. Angaben zu Veranstaltungen wurden ihm auf einen Zettel geschrieben. Lippert war nicht interessiert. Der Zustand der Partei war desolat. Sie hatte knapp 500 Mitglieder. Parteileitung und Führung der paramilitärischen Sturmabteilung SA waren zerstritten. Die SA des Kurt Daluege, später SS, Polizeigeneral, Chef der Ordnungspolizei und polizeilicher Vertreter Heinrich Himmlers, scherte sich kaum um die Partei und verfolgte eigene Vorhaben. Die Brüder Otto und Gregor Strasser bestimmten die Ausrichtung der Berliner Partei. Sie vertraten eine sozialrevolutionäre Linie, die sich gegen die Haltung Hitlers richtete, der mehrheitlich links ausgerichteten, umtriebigen, quirligen Metropole Berlin eher entsprach und sich von der Münchener Ur-Ortsgruppe deutlich unterschied. Zu den Sympathisanten der Strassers hatte zunächst auch Joseph Goebbels gehört.

Als „Hinkebeinchen" taucht Goebbels wegen seines Klumpfußes in Hans Falladas 1947 erschienenem Roman *Jeder stirbt für sich allein* auf, der von einem Widerstand leistenden Berliner Ehepaar erzählt. Er kam aus einem ärmlichen Elternhaus. Vom Militär wurde er 1917 nach seinem Einser-Abitur wegen seiner Behinderung abgewiesen. Auf dem Gymnasium las er viel Literatur, versuchte zu schreiben. Als Student fehlte meistens Geld, aber er konnte seine Fächer frei wählen. Goebbels studierte Alte Sprachen, Geschichte und Literatur, u. a. in München. Nach der Promotion 1921 misslang der Berufseinstieg als Schriftsteller oder Journalist. Ab Anfang 1923 arbeitete er bei einer Bank, hatte im September erneut keine Stellung, bewarb sich erfolg-

los bei Zeitungen. Über die Position des Sekretärs eines völkischen Reichstagsabgeordneten wurde er im Oktober 1924 Schriftleiter der in Elberfeld erscheinenden Sonnabendzeitung *Völkische Freiheit*, deren Untertitel *Rheinisch-westfälisches Kampfblatt der Nationalsozialistischen Freiheitsbewegung für ein völkisch-soziales Deutschland* lautete. Von hier aus begann seine Karriere in der NSDAP. Zum enthusiastischen Hitler-Anhänger wurde er 1924. Er trat im Februar 1925 in die Partei ein, wurde rasch Gau-Geschäftsführer Rheinland-Nord und trat als Redner auf. Hitler, so die Historikerin Angela Martin, habe seine Intelligenz, Energie und rhetorische Qualität erkannt und gewusst, „daß dieser ‚soziale Nationalist' mit seiner antikapitalistischen Rhetorik ihm bedingungslose Bewunderung und Loyalität entgegenbrachte." Darum sei Goebbels der richtige Mann für das „rote Berlin" und für die Eindämmung des Einflusses der Strasser-Brüder gewesen. Am 28. Oktober 1926 ernannte Hitler ihn zum Gauleiter von Berlin. In den für die Zeit vom Juni 1926 bis zum März 1927 überlieferten *Situationsberichten* über die Entwicklung des Gaues Berlin während der im Jargon so bezeichneten „Kampfzeit" bringt deren Verfasser Reinhold Muchow zum Ausdruck, dass Goebbels' Eintreffen im November 1926 ihm als Erlösung, Aufbruch, Epochenwechsel erschien. Muchow erwähnt in seiner heroisierenden und glorifizierenden Diktion, dass Goebbels gleich am für die Parteigeschichte wichtigen 9. November in Erinnerung an die Toten des gescheiterten Hitler-Putsches in München die erste Rede als neuer Berliner Parteichef hielt: „‚Vorbei ist die schreckliche, die kaiserlose Zeit'. Der heilige Wirrwarr im Gau

Hitler-Widersacher Gregor Strasser (1892–1934) 1928, als er trotzdem Reichsorganisationsleiter wird. Er wird beim „Röhm-Putsch" am 30. Juni 1934 in Berlin erschossen.

ist gelöst: Pg. [= Parteigenosse] Dr. Goebbels ist zum Gauführer von Berlin-Brandenburg ernannt worden. Damit ist eine Epoche im Gau abgeschlossen worden, die seit der Gaugründung vorherrschend gewesen war. Am 7. ds. Mts. traf Pg. Dr. Goebbels auf dem Anhalter Bahnhof ein und mit dem Tage beginnt eine neue Geschichte des Gaues. Bereits am 9. ds. Mts. hielt er seine erste öffentliche Rede auf der ‚Totengedenkfeier' des Gaues im ‚Kriegervereinshaus'. Dann begann Zug um Zug die Neu- bzw. Reorganisation des alten Gaues."

Figur der „Kampfzeit" in Berlin: Reinhold Muchow (1905–1933) kopierte in der NSDAP Neukölln die Zellenorganisation der KPD. Der Berliner übertrug das Modell später auf die Gesamtpartei.

Der junge „kaufmännische Angestellte Reinhold Muchow, Typ des intelligenten, aufstrebenden und ‚fixen' Berliner Jungen", wie ihn 1960 der damals am Institut für Zeitgeschichte in München tätige, 1989 verstorbene Historiker Martin Broszat charakterisierte, war am 3. Dezember 1925 in die nach dem Ende des Parteiverbots in Preußen am 27. Februar 1925 neu ins Leben gerufene Berliner NSDAP eingetreten. Die Partei hatte zwischen 100 und 200 Mitglieder, die wie Muchow aus anderen völkisch-rechtsextremen Gruppen kamen. Muchow hatte sich der Gewinnung der Arbeiterschaft verschrieben und hatte in Neukölln als Propaganda- und Organisationsleiter der Sektion des Bezirks die Zellenorganisation der KPD auf die NSDAP übertragen. Goebbels ernannte ihn am 1. Juli 1928 zum Organisationsleiter der Berliner Partei. Neukölln wurde Modell für die Neustrukturierung des Berliner Gaus. 1931 wechselte der Neuköllner nach München, war für die Reichsbetriebszellenorganisation

„Genosse Zelle“ Walter Ulbricht (1893–1973) lieferte Goebbels am 22. Januar 1931 in Friedrichshain eine Redeschlacht, die gewaltsam endete. Berlins KPD-Chef hatte die Zellenorganisation erfunden.

tätig und wurde 1933 Organisationsleiter der Deutschen Arbeitsfront DAF. Er bereitete den Boykott jüdischer Geschäfte am 1. April 1933 vor, plante die Zerschlagung der Gewerkschaften am 2. Mai 1933 mit und kam am 12. September 1933 unter ungeklärten Umständen in Bacharach am Rhein ums Leben.

Goebbels war unwillig, nach Berlin zu gehen. Er notiert im Juni 1926: „Alle wollen mich nach Berlin als Retter. Ich danke für die Steinwüste.“ Er bringt die Parteigenossen rasch in Aktion, wirbt mit auffallenden roten Plakaten für Aufsehen erregende Veranstaltungen und sucht gewaltsame Auseinandersetzungen mit den Kommunisten und deren Rotem Frontkämpferbund. Berüchtigt ist die Veranstaltung in den Pharussälen in der Müllerstraße im „Roten Wedding“ am 11. Februar 1927. Der Ort galt als „zweites Wohnzimmer“ der KPD. Hier fand 1929 der letzte legale KPD-Parteitag statt, auf dem Ernst Thälmann, Wilhelm Pieck und Walter Ulbricht wieder ins Zentralkomitee gewählt wurden. Goebbels provozierte mit der Wahl dieses Ortes die Saalschlacht, die er wollte. Nach der Machtübernahme wurde dem jüdischen Pächter der Pharussäle gekündigt. Den Konflikt zwischen Partei und der als Schlägertruppe agierenden SA räumte Goebbels aus, indem er SA-Chef Daluege zu seinem Stellvertreter machte. Weitere Beispiele für Goebbels' Terrorstrategie sind die Attacken auf die Vorführungen des nach Erich Maria Remarques Anti-Kriegs-Roman *Im Westen nichts Neues* gedrehten Films über den Ersten Weltkrieg im Dezember 1930 oder die Diskussionsveranstaltung mit dem Kommunisten und späteren SED- und Staatsratsvorsitzenden Ulbricht im Saalbau Friedrichshain mit seinen 1000 Plätzen, die in eine Saalschlacht ausartete.

Der Bau stand unweit des heutigen Filmtheaters am Friedrichshain. Um die Ecke, in der Straße Am Friedrichshain 22, steht heute ein Verlagsgebäude. Dieser nördlich des Volksparks Friedrichshain gelegene Bau wurde 1937/38 fertiggestellt, und zwar als Sitz der NSDAP-Regionalverwaltung Gau Berlin, deren Chef Gauleiter Goebbels war. Lippert stiftete im Namen der Stadt 1936 eine namhafte Summe für den Bau der am Ende der Stichstraße gelegenen, noch heute existierenden Häuser der Dr.-Goebbels-Heimstätte mit 147 Wohnungen für verdiente Parteigenossen.

Friedrichshain ist neben Wedding wohl der für die Nationalsozialisten propagandistisch wichtigste Berliner Bezirk. Der dicht besiedelte Arbeiterbezirk war durch Mietskasernen geprägt, politisch von Sozialdemokraten und Kommunisten beherrscht und einer der Hauptschauplätze der teils bürgerkriegsähnlichen Kämpfe in den letzten Jahren der Republik. Am 14. Januar 1930 schoss der Kommunist Albrecht Höhler auf den aus Bielefeld stammenden Pastorensohn und Friedrichshainer SA-Sturmführer Horst Wessel. Wessel verstarb am 23. Februar im Krankenhaus. Höhler gehörte einer illegalen Sturmabteilung der KPD an und hatte Kontakte zum Organisierten Verbrechen, namentlich zu Ringvereinen im Scheunenviertel. Das war das Milieu, das auch typisch für die Berliner SA war, wo es Arbeitslose, entlassene Soldaten, Kriminelle gab. Das illustrieren Selbstbezeichnungen wie die der SA Neukölln als „Ludensturm", der Abteilung Wedding als „Räubersturm" oder der Charlottenburger als „Mördersturm". Der Goebbels-Schützling Wessel jobbte als Taxifahrer und Hilfsarbeiter beim U-Bahn-Bau. Wessel wird Ende 1926 mit 19 Jahren Mitglied in NSDAP und SA. Kein anderer Berliner Nationalsozialist außer Goebbels tritt häufiger als Redner auf. 1929 absolviert der junge Mann, der sein Studium abgebrochen hat, 56 Auftritte als Parteiredner. Als er ermordet wird, ist er Anführer eines als besonders brutal geltenden Sturms der SA, der durch provokante Aufmärsche im Bezirk auffiel. Nach der Machtübernahme wurde der Bezirk am 28. September 1933 als einziger Berliner Stadtteil umbenannt, in „Horst-Wessel-Stadt“. Nach 1935 hieß er „Verwaltungsbezirk ‚Horst Wessel‘“. Goebbels schuf einen Mythos um die Person Wessel, der in der Propaganda der KPD dagegen als „Zuhälter“ galt. Nach der Beerdigung am 1. März 1930 entwarf Gauleiter Goebbels im Nachruf im *Angriff* vom 6. März 1930 das blasphemische Bild einer messiasähnlichen Figur: „Er hat den Kelch der Schmerzen bis zur Neige getrunken. Er ließ ihn nicht an sich vorübergehen, er nahm ihn willig und voll Hingabe. Dies Leiden trinke ich meinem Vaterland! Hebt ihn hoch, den Toten, und zeigt ihn allem Volk. [...] und fragt man euch, wer dieser Tote sei, dann gebt zur Antwort: Deutschland!“

Unter massivem Polizeischutz: Der Zug mit Horst Wessels Sarg war am 1. März 1930 von 30 000 Menschen gesäumt, hier in der Jüdenstraße am Roten Rathaus, Hakenkreuzfahnen waren verboten.

Das vom „Märtyrer der Bewegung" getextete Lied *Die Fahne hoch!* wurde im Dritten Reich unmittelbar nach der Nationalhymne gespielt. Das heutige Klinikum im Friedrichshain wurde zum Horst-Wessel-Krankenhaus, das Sterbezimmer Kultstätte. Der Bülowplatz mitsamt U-Bahnhof, heute Rosa-Luxemburg-Platz, hieß im Nationalsozialismus Horst-Wessel-Platz, bekam ein Denkmal. Ebenso wurden Volksbühne und ehemalige KPD-Zentrale nach dem Mordopfer benannt. Schon seit 1932 gab es den Roman *Horst Wessel* von Hanns Heinz Ewers, der 1933 verfilmt wurde. Die Hauptfigur im Film hieß jedoch Hans Westmar – aus urheberrechtlichen Gründen. Manfred Gailus, Neuzeithistoriker an der Technischen Universität Berlin, schrieb 80 Jahre nach der Bezirksumbenennung im *Tagesspiegel*: „Der Name Horst Wessel dient der Nazifizierung der Stadt, um dem ‚roten' Berlin einen braunen Anstrich zu geben."

Was aus Alfred Döblins Friedrichshain im Zweiten Weltkrieg geworden ist, erzählt ein Leser von *Vulkan Berlin*: „Bombennächte im Keller, Gang zur Schule durch brennende Straßen, Aufsammeln von Granatsplittern zwecks Tausch in der Schule, neugieriges Zuschauen beim Abtransport von Leichen und die Warnung meiner Mutter, niemandem zu erzählen, dass sie im Volksempfänger BBC abhörte." Diese einprägsamen Bilder auch mit Menschen mit dem „Judenstern" sind dem heute hochbetagten Berliner wieder ins Bewusstsein getreten:

In meiner frühen Jugend bis etwa zum 8. Lebensjahr haben wir etwa 800 Meter von D[öblin]. entfernt gewohnt (Niederbarnimstr., fast an der Frankfurter Allee). Die Frankfurter war unsere Flaniermeile und der Volkspark Friedrichshain manchmal meine Spielwiese. Gegenüber von unserem Haus auf der anderen Seite gab es etliche Hinterhöfe, wo noch Kühe gehalten wurden und wir uns manchmal versorgten. Wenn ich stolz mit meinem uniformierten Vater auf der Frankfurter Richtung Alex flanierte, gingen gedrückt wirkende Menschen am Häuserrand entlang. Sie trugen etwas Gelbes auf der Brust, was ich nicht deuten konnte, aber in mir das Gefühl aufkommen ließ, dass ich wohl zu einer glücklicheren Spezies gehörte. Wie mein Vater auf meine Fragen antwortete, weiß ich nicht mehr. Aber sicher weiß ich noch, dass er mich eindringlich warnte, je einer politischen Partei beizutreten und stets im Geiste unabhängig zu bleiben.

Am 1. Mai 1927, dem erst nach ihrer Machtübernahme durch die Nationalsozialisten dauerhaft zum gesetzlichen Feiertag erklärten

Tag der Arbeit, spricht erstmals seit Goebbels' Installierung in Berlin Hitler in der Reichshauptstadt. Die geschlossene Versammlung findet im Vergnügungslokal Clou in der Mauerstraße 82 statt, weil Hitler nach der Haftentlassung und wegen der Zweifel an seinen Loyalitätsbeteuerungen noch Redeverbot in Preußen hat, also auch in Berlin. Bei dieser Gelegenheit sah und hörte Julius Lippert den Führer zum ersten Mal. Lippert war bereits am 19. April 1927 in die Partei eingetreten. Seine Karriere verkettet sich mit Goebbels' Aufstieg und Erfolg. Er wird als Nachfolger von Willi Krause, der später als Reichsfilmdramaturg unter dem Minister Goebbels die Vorzensur für alle Filmproduktionen unter sich hat, Schriftleiter der Berliner Parteizeitung *Der Angriff*. Sie erscheint erstmals am 4. Juli 1927 und ist für den Erfolg der NSDAP unverzichtbar in einer Zeit, in der die Zeitung das Schlüsselmedium in der öffentlichen Auseinandersetzung ist. Parallel übernimmt Lippert parlamentarische Aufgaben. Nach der Berliner Kommunalwahl vom 17. November 1929 wird er zunächst Fraktionsvorsitzender in der Charlottenburger Bezirksverordnetenversammlung und ist eines der 13 NSDAP-Mitglieder der Stadtverordnetenfraktion. Goebbels ist Fraktionschef, hält aber keine einzige Rede. Über eine Begegnung mit Herbert Treff, nach 1933 neuer Bezirksbürgermeister von Steglitz, und Lippert notiert Goebbels am 23. Januar 1929: „Treff und Lippert denken noch zu bürgerlich. Zu sachlich. Zu sehr in Paragraphen, und meinen, die Opposition habe die Pflichten, die eigentlich nur den regierenden Parteien zustehen. Ich hab sie mit Mühe umgebogen. Aber das alles wird schon werden." Lippert und Goebbels haben ein konflikthaftes Verhältnis, wie aus der Eintragung vom 20. Februar 1930 deutlich wird. Goebbels hatte einen „scharfen sozialistischen Aufsatz" geschrieben: „Der ist nötig, weil Dr. Lippert aus dem Angriff ein deutschvölkisches Blatt machen will. Gestern mittag ernste Unterredung mit Dürr und Muchow, die vollkommen meine Befürchtungen teilen." Weiter schreibt Goebbels über den späteren Berliner Oberbürgermeister: „Ihn werde ich mir heute kaufen. Er [...] bekommt schon einen Schauder, wenn er das Wort Scheiße schreiben soll."

Die Rückblende in die Entstehungsphase der Berliner NSDAP in den 1920er-Jahren zeigt, dass Joseph Goebbels seit dem November 1927 abgesehen von seiner Stellung auf Reichsebene die zentrale Rolle im Berliner Gau und nach 1933 für die gesamte Stadt innehatte, die er bis 1945 beibehielt. Zugleich wird erkennbar, dass die Berliner Strukturen in vielerlei Hinsicht maßgeblich für die gesamte NSDAP gewesen sind. Manche Akteure der frühen Zeit steigen nach 1933 auf und übernehmen hohe Funktionen im Regime. Die Staatspartei wird im Zuge der im ganzen Reich durchgreifenden „Gleichschaltung“ in der Stadtpolitik rasch beherrschend. Der „Kampf um Berlin“, heroischer NS-Begriff, ist Titel eines Buchs von Goebbels. Bereits im Februar 1934 wird er als „Eroberer Berlins“ Ehrenbürger. Als Gauleiter übernahm er repräsentative Aufgaben und kam vielen Berlinern als ihr eigentliches Oberhaupt vor. Als er 1944 offiziell Stadtoberhaupt wird, schrieb das *Amtsblatt der Stadt Berlin*: „Schon seit 1933 ist es den Stellen der kommunalen Verwaltung selbstverständlich gewesen, daß die Führung der Stadt in die Hände des Reichsministers und Gauleiters übergegangen ist, dessen Autorität jeder anerkannt hat.“ Die Gauleitung bestimmte die Personalpolitik der Stadt. Die bereits bei der Kommune angestellten Parteigenossen bekamen regelmäßig ein parteiamtliches Führungs- und Dienstleistungszeugnis durch die Gauleitung. Gemäß dem Gesetz über die Verfassung und Verwaltung der Reichshauptstadt Berlin vom 1. Dezember 1936 konnte der Gauleiter seine Interessen sogar in den Bezirksverwaltungen durchsetzen und sachlich wie personalpolitisch bestimmen. Selbstredend durfte er laut § 3 Weisungen erteilen: „Der Gauleiter ist vor Entschließungen des Oberbürgermeisters von grundsätzlicher Bedeutung auf dem Gebiet des Städtebaus, des Verkehrs, der Kultur, der Kunst, der Presse und der Personalsteuern [sic] zu hören. [...] Die Beteiligung des Gauleiters kann auf dessen Antrag von der Aufsichtsbehörde auf weitere Arbeitsgebiete ausgedehnt werden.“

So wurde der *Maßnahmenstaat* in *Normen* gegossen. Partei und Staat verschmolzen. Das zeigt das Beispiel Berlins. Hinzu traten persönliche Beziehungsgeflechte und der Einfluss Goebbels’ bei Hitler, worin zugleich eine Beschränkung seiner Machtfülle lag, was aber im Ergebnis dazu führte, dass Goebbels seit 1933 sozusagen der Berliner Diktator gewesen ist. So war auch die Ernennung Lipperts nach diesem Gesetz zum Oberbürgermeister und Stadtpräsidenten der Reichshauptstadt Berlin einzuordnen: Er war Untergebener von Goebbels und blieb bis zum Sommer 1940 in seinem nur der Titulatur nach aufgewerteten Amt. Im Konflikt mit Albert Speer um die Umgestaltung Berlins wurde Lippert erst suspendiert, dann entlassen, sein Stellvertreter Ludwig Steeg folgte ihm nach. Lippert diente danach an der Westfront, war in der Truppenbetreuung tätig, gründete 1941 den Wehrmachtssender *Radio Belgrad*, dessen Name sich mit dem sentimentalen Lied *Lili Marleen* verbindet, dessen Text der Dichter Hans Leip 1915 im Ersten Weltkrieg vor dem Abmarsch an die russische Front in Berlin als Wachposten der Garde-Füsilier-Kaserne in der

Chausseestraße erdacht hatte und das als erste deutsche Schallplatte in mehr als einer Million Exemplaren verkauft wurde.

Schon als Staatskommissar hatte Lippert zunächst mit Oberbürgermeister Sahm als Werkzeug die personalpolitische Gleichschaltung nach ideologischen, insbesondere antisemitischen Maßstäben eingeleitet, wie es in dem 2020 zum 150-jährigen Rathausjubiläum erschienenen Werk *Das Rote Rathaus in Berlin* heißt. Die Autoren zitieren aus einem Rundfunkvortrag Lipperts:

> *Weite Gebiete vieler, ja fast aller Verwaltungszweige, sind seit über einem Jahrzehnt systematisch mit Fremdstämmigen und Ausländern, die oft erst durch die Beamtenernennung auf dem Papier zu deutschen Staatsbürgern gemacht wurden, durchsetzt worden. Besonders schlimm liegen hier die Verhältnisse im Gesundheits- und Wohlfahrtsdezernat. Es gibt Krankenhäuser, in denen unter dem ärztlichen Personal vom Chefarzt bis hinunter zum jüngsten Assistenten sich kaum ein Deutschblütiger findet. Im Wohlfahrtswesen hat man die Stirn gehabt, zahlreiche dem Ostjudentum entstammende Elemente im Innen- und Außendienst zu beschäftigen.*

Lippert kündigt das „Aufräumen“ an. Rund 1250 städtische Beamte, das sind fünf Prozent, werden entlassen oder in den Ruhestand versetzt. Jeder vierte Angestellte und jeder zehnte Arbeiter kommunaler Betriebe wird aus dem Dienst entfernt. Existenzen werden zerstört. Diskriminierung, Repression, Verfolgung sind die Konsequenz. Einige Mitarbeiter begehen Selbstmord. Langjährige NSDAP-Mitglieder sollen ungeachtet meist fehlender Qualifikation nachrücken. Lippert verfügt in einem Rundschreiben vom 28. Juni 1933 unter Berufung auf den „Wunsch des Führers“, dafür zu sorgen, „daß die alten Kämpfer der nationalsozialistischen Bewegung, soweit sie im Einzelfall geeignet sind, unter allen Umständen berücksichtigt werden.“ Bis April 1935 sind fast 8000 Parteigenossen in Hauptverwaltung, Bezirken, Kommunalbetrieben untergekommen. Die Verwaltung des Berlins der 1920er-Jahre wird zerstört. Die Reichshauptstadt liegt hinsichtlich des Personalaustauschs durch das nationalsozialistische Regime in der Spitzengruppe der deutschen Städte.

Das Rote Rathaus wurde unter Lipperts Ägide ideologisch korrekt umgestaltet. Ein Beispiel ist die im Mitteltrakt eingefügte, martialisch wirkende „Ehrenhalle für die Gefallenen des Weltkriegs und der Bewegung“ im ersten Stockwerk. Marmorboden, Muschelkalkverkleidungen, eine zentral platzierte steinerne Platte mit Widmungen, dazu Buntglasfenster mit Titeln wie „Kameradschaft“ oder „Treue den Gefallenen“. Viele Umbauten verantwortete der Architekt Richard Ermisch, der in den 1920er-Jahren mit dem sozialdemokratischen Baustadtrat Martin Wagner das Strandbad Wannsee erbaut hatte und nach 1945 den Wiederaufbauplan für Berlin mit entwarf. Ort der Propaganda und der Goebbels-Verehrung war das Rathaus beispielsweise im Herbst 1937. Ein Foto zeigt, wie SS-Obergruppenführer Kurt Daluege und weitere uniformierte Nationalsozialisten die Haupttreppe des Rathauses mit Parteifahnen in den Händen hinaufschreiten. Der Umlauf ist unsichtbar geworden durch dicht an dicht gehängte meterhohe rote Fahnen mit Hakenkreuz. Anlass war das Jubiläum „10 Jahre Kampf um Berlin“, das Bezug nimmt auf Goebbels’ Eintreffen in der Stadt als neuer Gauleiter. Im Rathaus gab es dazu eine Ausstellung, auf der Gegenstände aus dem Besitz der aufgelösten KPD als Trophäen präsentiert wurden. Mit deren Namen wurde der 40 in den gewaltsamen Auseinandersetzungen meist mit dem Roten Frontkämpferbund „Gefallenen der Bewegung“ gedacht. Für Lippert eines der herausragenden Ereignisse seiner Amtstätigkeit sind die Olympischen Spiele von 1936 in Berlin. Über dem Haupteingang des Rathauses hing ein Hakenkreuzbanner, vor der Fassade zur damaligen Königstraße hingen die Fahnen aller teilnehmenden Nationen. Vor dem Rathaus zeigte im Vorfeld der Spiele eine Tafel den Weg des Fackellaufs mit dem Olympischen Feuer nach Berlin, der 1936 das erste Mal stattfand. Im Festsaal gab es einen Empfang für alle olympischen Sieger der Neuzeit, darunter Spiridon Louis, Sieger des Marathons bei den ersten Spielen der Neuzeit 1896 in Athen. Die Stadtverwaltung sorgte dafür, dass „asoziale Elemente“, soziale Randgruppen, in das „Arbeits- und Bewahrungshaus“ in Rummelsburg gesperrt wurden. Die Stadt unterstützte die Einrichtung des Internierungslagers für bis zu 800 Sinti und Roma in Marzahn. Lippert ließ sich in den olympischen Tagen vor dem Rathaus mit dem US-Amerikaner Avery Brundage fotografieren, der den Boykott der Spiele durch die USA ungeachtet des regierungsamtlichen Antisemitismus in Deutschland verhindert hatte. Brundage erlebte als Präsident des Internationalen Olympischen Komitees die vom Attentat auf die Mannschaft des Staates Israel überschatteten Spiele von München 1972 und sagte dort am 6. September den Satz „Die Spiele müssen weitergehen [...].“

Eine Feier seiner selbst zelebrierte Lippert 1937, als die Stadt ihr 700. Gründungsjubiläum beging. Hitler war in der Festwoche vom

15. bis 22. August lieber bei den Wagner-Festspielen in Bayreuth. Am ersten Tag stand Lippert vor dem Hauptportal des Rathauses und nahm den historischen Festzug mit 70 Wagen ab, an dem Tausende von Menschen teilnahmen. Hunderttausende schauten an der Strecke vom Lehrter Bahnhof, heute Hauptbahnhof, bis in den Treptower Park zu. Goebbels, der neben Lippert stand, urteilte am 15. August in seinem Tagebuch: „Großer Schmuck von Berlin. Eine wahre Feststadt. Die Zeitungen streuen Weihrauch auf Dr. Lippert. Der hat am wenigsten Verdienst daran." Lippert fiel danach immer mehr in Ungnade. Dabei hatte er im Zuge der Beteiligung der Stadtverwaltung am Raub jüdischen Eigentums 1936 weit unter Preis das Anwesen der jüdischen Ärztin Charlotte Herz auf Schwanenwerder gekauft und an Goebbels weitergereicht, der dort mit seiner Familie einzog. Lippert dachte auch an sich und sein Amt. Er bewohnte mit seiner zweiten Frau das Jagdschloss Glienicke als Residenz. Er plante, mehr wurde nicht daraus, entsprechend den anderswo üblichen Gauforen die Neugestaltung des Molkenmarkts hinter dem Rathaus mit einem Stadtpräsidentenpalais zum Stadtforum. Sein Amt hieß „Stadtpräsident", weil er mit der Oberbürgermeisterwürde auch die Befugnis eines Regierungspräsidenten bekam. Das Schloss hatte Lippert 1934 in Kooperation

Festumzug zur 700-Jahrfeier Berlins, 15. August 1937, vor dem geschmückten Roten Rathaus: Gauleiter Goebbels (l.) und Staatskommissar Lippert sprechen mit einem Schornsteinfeger.

mit der Dresdner Bank im Zuge der Enteignung der Berliner Engelhardt-Brauerei durch Erpressung an sich gebracht. Es hatte dem jüdischen Großaktionär Ignatz Nacher gehört, der Park der Bank. Das Jagdschloss, das als Teil der Potsdamer Schlösserlandschaft idyllisch gegenüber vom Schloss Babelsberg gelegen ist, passiert man, kurz bevor man aus Berlin kommend zur Glienicker Brücke gelangt.

Goebbels ist der maßgebliche Mann des Regimes für Berlin. Er übernimmt mit der ihm am 14. März 1933 übergebenen Ernennungsurkunde als Reichsminister für Volksaufklärung und Propaganda eine weitere zentrale Rolle für die Kulturgeschichte Berlins in der nationalsozialistischen Periode. Er wird gewissermaßen der deutsche Kulturdiktator. Goebbels' Reaktion im Tagebuch: „Ich bin so glücklich. Welch ein Weg! Mit 35 Jahren Minister. Nicht auszudenken." Aber es war nicht so problemlos gegangen mit der Berufung, wie er aufgrund von Hitlers Versprechungen erwartet hatte. Es dauerte bis Mitte März mit dem Ministeramt, und die zugesagte Zuständigkeit für Volksbildung war es auch nicht geworden. Er amtiert in der bisherigen Pressestelle der Reichsregierung am Wilhelmsplatz, dem von Friedrich Schinkel erbauten, Ende des Zweiten Weltkriegs zerstörten Ordenspalais. Der NS-Erweiterungsbau beheimatete nach 1947 den Nationalrat der Nationalen Front, dann zog Pieck als DDR-Präsident ein, dessen Arbeitszimmer noch erhalten ist. Anfang der 2000er-Jahre ist Wilhelmstraße 49 Dienstadresse des Bundesministeriums für Arbeit und Soziales. Sehr rasch formuliert Goebbels nach dem Amtsantritt erste medien- und kulturpolitische Maßgaben. Es geht Schlag auf Schlag:

15. MÄRZ 1933: Goebbels erklärt in der Rede vor der Presse die Funktion seines Ministeriums. Volksaufklärung sei passiv, Propaganda dagegen aktiv. Die Regierungspropaganda wolle die Menschen gewinnen. Sie müssten so lange bearbeitet werden, „bis sie uns verfallen sind" und „bis sie auch ideenmäßig einsehen [...]."

25. MÄRZ 1933: Goebbels spricht vor 300 Rundfunkangestellten, dann vor den Intendanten der schon seit der Weimarer Zeit existierenden Vorläufer der Landesrundfunkanstalten unserer Zeit. Er stellt sich als „leidenschaftlicher Liebhaber des Rundfunks" vor, notiert sich jedoch über die Zielgruppe seiner Ausführungen: „Ein Teil muss noch weg." Die Radioleute müssten auf „demselben weltanschaulichen Boden" stehen wie das Regime. Das Wichtigste bei ihrer Arbeit sei: „Nur nicht langweilig werden."

28. MÄRZ 1933: Goebbels redet vor Repräsentanten der Filmindustrie. Hier gibt er sich wieder als „ein leidenschaftlicher Liebhaber" des Mediums. Er fordert, den „deutschen Film von der Wurzel aus zu reformieren." Der Minister zählt Filme auf, die bei ihm einen „unauslöschlichen Eindruck" hinterlassen hatten. Der erste Streifen ist *Panzerkreuzer Potemkin* von Eisenstein: „Wer weltanschaulich nicht fest ist, könnte durch diesen Film zum Bolschewisten werden." Feuchtwanger hat das an seiner Figur Klenk in *Erfolg* vorgeführt. Goebbels nennt den US-Stummfilm *Anna Karenina* von 1927 mit Greta Garbo, den Stummfilm *Die Nibelungen* des Berliner Regisseurs Fritz Lang von 1923/24 – dessen zum Katholizismus übergetretene jüdische Mutter spielte offenbar keine Rolle – und Luis Trenkers Historienstreifen *Der Rebell* von 1932. Unterhaltung behält ihren Platz, so Goebbels: „Das Schaffen des kleinen Amüsements [...] wollen wir ebenfalls nicht unterdrücken. Man soll nicht von früh bis spät in Gesinnung machen."

29. MÄRZ 1933: Goebbels hält seine Ansprache vor Zeitungsverlegern und dem Verein für Deutsche Presse. Presse solle informieren, aber auch instruieren. Er bezeichnet es als Idealzustand, dass „die Presse [...] in der Hand der Regierung sozusagen ein Klavier ist, auf dem die Regierung spielen kann."

6. APRIL 1933: Goebbels hält in Anwesenheit Hitlers vor den Berliner Korrespondenten der deutschen Medien die Rede *Presse und nationale Disziplin*. Sie ist das Ende der Pressefreiheit. Goebbels droht, Widerständige müssten gewärtigen, „daß sie aus der Gemeinschaft der aufbauwilligen Kräfte ausgeschlossen und an der Bildung der öffentlichen Meinung des deutschen Volkes mitzuwirken für unwürdig erachtet werden."

Von den „besten Technikern der Lüge" und von der Effizienz des Goebbels-Ministeriums heißt es in Lion Feuchtwangers knapp neun Monate nach der Berufung des Ministers erschienenen Roman *Die Geschwister Oppermann*: „Hermetisch abgeschlossen von der übrigen Welt lag das Reich, preisgegeben den Lügen, die die Völkischen Tag für Tag millionenfach aus Lautsprechern und aus gedrucktem Papier darüber ausschütteten. Sie hatten für diesen Zweck ein Sonderministerium gegründet." Die Begriffe verkehren sich in ihr Gegenteil. Den Hungernden werde eingeredet, dass sie satt, den Unterdrückten, dass sie frei sind. „Lüge und Gewalt gingen ineinander." Feuchtwanger über die Völkischen: „Sie verkündeten, vor ihrem Gesetz sei der Mensch nicht gleich Mensch. Sie führten die Sklaverei wieder ein und ‚tarnten' sie als ‚freiwilligen Arbeitsdienst'."

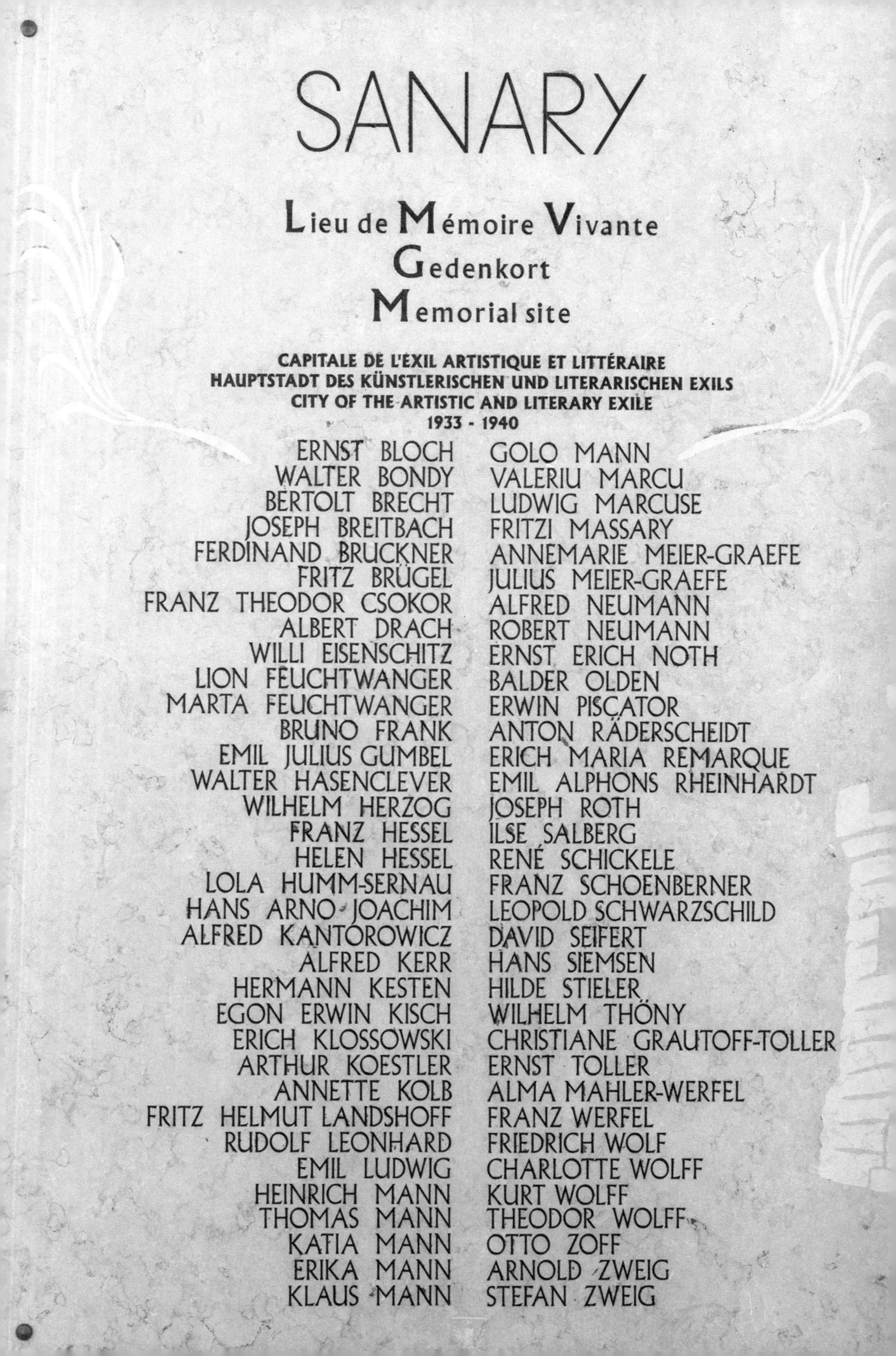
SANARY
Lieu de Mémoire Vivante
Gedenkort
Memorial site
CAPITALE DE L'EXIL ARTISTIQUE ET LITTÉRAIRE
HAUPTSTADT DES KÜNSTLERISCHEN UND LITERARISCHEN EXILS
CITY OF THE ARTISTIC AND LITERARY EXILE
1933 - 1940
ERNST BLOCH
WALTER BONDY
BERTOLT BRECHT
JOSEPH BREITBACH
FERDINAND BRUCKNER
FRITZ BRÜGEL
FRANZ THEODOR CSOKOR
ALBERT DRACH
WILLI EISENSCHITZ
LION FEUCHTWANGER
MARTA FEUCHTWANGER
BRUNO FRANK
EMIL JULIUS GUMBEL
WALTER HASENCLEVER
WILHELM HERZOG
FRANZ HESSEL
HELEN HESSEL
LOLA HUMM-SERNAU
HANS ARNO JOACHIM
ALFRED KANTOROWICZ
ALFRED KERR
HERMANN KESTEN
EGON ERWIN KISCH
ERICH KLOSSOWSKI
ARTHUR KOESTLER
ANNETTE KOLB
FRITZ HELMUT LANDSHOFF
RUDOLF LEONHARD
EMIL LUDWIG
HEINRICH MANN
THOMAS MANN
KATIA MANN
ERIKA MANN
KLAUS MANN
GOLO MANN
VALERIU MARCU
LUDWIG MARCUSE
FRITZI MASSARY
ANNEMARIE MEIER-GRAEFE
JULIUS MEIER-GRAEFE
ALFRED NEUMANN
ROBERT NEUMANN
ERNST ERICH NOTH
BALDER OLDEN
ERWIN PISCATOR
ANTON RÄDERSCHEIDT
ERICH MARIA REMARQUE
EMIL ALPHONS RHEINHARDT
JOSEPH ROTH
ILSE SALBERG
RENÉ SCHICKELE
FRANZ SCHOENBERNER
LEOPOLD SCHWARZSCHILD
DAVID SEIFERT
HANS SIEMSEN
HILDE STIELER
WILHELM THÖNY
CHRISTIANE GRAUTOFF-TOLLER
ERNST TOLLER
ALMA MAHLER-WERFEL
FRANZ WERFEL
FRIEDRICH WOLF
CHARLOTTE WOLFF
KURT WOLFF
THEODOR WOLFF
OTTO ZOFF
ARNOLD ZWEIG
STEFAN ZWEIG

Wahl-Berliner in der Emigration – Lion Feuchtwangers *Die Geschwister Oppermann*

Sanary-sur-Mer gedenkt mit dieser Tafel der deutschen Emigranten, vieler Schriftsteller und Künstler aus Berlin, die hier nach 1933 lebten. 68 Namen sind aufgeführt, auch Marta und Lion Feuchtwanger

LION FEUCHTWANGER begann sein 50. Lebensjahr an seinem 49. Geburtstag am 7. Juli 1933 im Exil an der französischen Riviera. Ungefähr 2500 Schriftsteller aus dem deutschen Sprachraum lebten in der nationalsozialistischen Zeit zeitweise oder ganz im Ausland. Feuchtwanger und seine für sein künstlerisches Schaffen unverzichtbare Frau Marta wohnen zunächst in Bandol, ziehen dann in ein Haus in Sanary-sur-Mer. Marta richtet es her, wie sie es schon mit dem Berliner Haus getan hatte. Jenseits der überlaufenen mondänen Riviera, schreibt Feuchtwanger-Kenner Wilhelm von Sternburg, „treffen sich in diesen Jahren mehr deutsche Schriftsteller als in den besten Zeiten der Weimarer Republik auf dem Kurfürstendamm." Der Berliner Jude, Philosoph und Autor Ludwig Marcuse nennt Sanary ironisch „Hauptstadt der deutschen Literatur". Auch sein Name steht in Sanary auf der Gedenktafel, die an die Schriftsteller, ihre Familien und Freunde erinnert, die sich in der NS-Zeit dort als Flüchtlinge trafen. Auf der Tafel stehen Bertolt Brecht und Erwin Piscator, Bruno Frank, Emil J. Gumbel, Franz Hessel, Alfred Kantorowicz, Egon Erwin Kisch, Arthur Koestler, Erika, Golo, Heinrich, Klaus und Thomas Mann, Joseph Roth, Franz Werfel, Theodor Wolff, Arnold und Stefan Zweig. *Grosso modo* lässt sich sagen: In Sanary traf sich Berlin, die „Hauptstadt der 1920er-Jahre".

Feuchtwangers ebenso wie er selbst literarisch und bibliophil interessierte und ungefähr gleichaltrige Romanfigur Dr. Gustav Oppermann feiert am 16. November 1932 ihren 50. Geburtstag. Wir erleben dieses in die Fiktion umkopierte Ich Feuchtwangers am Morgen dieses persönlich bedeutsamen Tages beim Erwachen im Bett. Die Szene ist der Beginn des Buchs *Die Geschwister Oppermann. Roman*. Dieser neben *Erfolg* von 1930 und *Exil* von 1939 zweite Teil seiner *Wartesaal-Trilogie* ist Feuchtwangers „erstes Prosawerk im Exil und der erste deutschsprachige Roman überhaupt, der die Alltagswirklichkeit im Dritten Reich darzustellen versucht." Präziser noch ist zu formulieren, dass es der erste und vielleicht wichtigste Roman ist, der den Alltag im Berlin der frühen NS-Zeit schildert, und zwar aus der Perspektive einer seit Generationen in der Stadt beheimateten jüdischen Familie. Der Leser folgt Dr. Oppermann, der sich inzwischen „elastisch" aus seinem warmen Bett geschwungen hat, auf der ersten Buchseite auf seinen Balkon:

Vor ihm senkte sich sein kleiner Garten in drei Terrassen hinunter in den Wald, rechts und links hoben sich waldige Hügel, auch jenseits des ferneren, baumverdeckten Grundes stieg es nochmals hügelig und waldig an. Von dem kleinen See, der unsichtbar links unten lag, von den Kiefern des Grunewalds wehte es angenehm kühl herauf. Tief und mit Genuß, in der großen Stille vor dem Morgen, atmete er die Waldluft. Fernher kam gedämpft das Schlagen einer Axt; er hörte es gern, das gleichmäßige Geräusch unterstrich, wie still es war. Gustav Oppermann, wie jeden Morgen freute sich seines Hauses. Wer, wenn er unvorbereitet hierher versetzt würde, konnte ahnen, dass er nur fünf Kilometer von der Gedächtniskirche entfernt war, dem Zentrum des Berliner Westens? Wirklich, er hatte sich für sein Haus den schönsten Fleck Berlins ausgesucht. Hier hat er nur wünschbaren ländlichen Frieden und dennoch alle Vorteile der großen Stadt. Es sind erst wenige Jahre, daß er dies sein kleines Haus an der Max-Reger-Straße gebaut und eingerichtet hat, aber er fühlt sich verwachsen mit Haus und Wald, jede von den Kiefern ist ein Stück von ihm; er, der kleine See und die sandige Straße dort unten, die glücklicherweise für Autos gesperrt ist, das gehört zusammen.

Die Wahrheit ist, das wissen wir aus Feuchtwangers nachgelassenem Tagebuch, dass ihn das Geräusch des Sägewerks der nahen Försterei zur Weißglut getrieben hat. Aber sonst ist dieses morgendliche Idyll, in das die Beschreibung des Hauses in der Nähe von Hundekehle- und Grunewaldsee verwoben ist, bis hin zur Adresse literarisch konservierte Wirklichkeit. Der Text ist die Erinnerung des Verfassers an sein noch heute in der Regerstraße 8 stehendes Heim. Zwei Gedenktafeln für Lion und Marta Feuchtwanger, eine an der Fassade und die andere eingelassen ins Trottoir, erinnern an beide. Die Villa war auch als Geschenk für Marta zu ihrem 40. Geburtstag am 21. Januar 1931 gedacht, finanziert aus den Auslandstantiemen. Sein Durchbruch in der Prosa, der historische Roman *Jud Süß* von 1925, war seit 1926 international erfolgreich und wurde 1934 in Großbritannien verfilmt.

An der Ouvertüre des Romans, den Feuchtwanger von April bis September 1933 in für seine Verhältnisse sehr kurzer Zeit diktierte und der im Herbst im wichtigen Exilverlag *Querido* in Amsterdam erschien, überrascht, dass er die Umbenennung der Straße antizipiert. Denn erst am 3. Oktober 1935, also zwei Jahre später, haben die Nationalsozialisten die Mahlerstraße, wie sie zur Zeit der Feuchtwangers hieß, in Regerstraße umbenannt. Manfred Flügge schreibt in seiner Lebensbeschreibung von Marta: „[...] Lion hatte einmal mehr die realen Ereignisse in einem Roman vorweggenommen. Die Benennung wurde niemals rückgängig gemacht." Oder hatte irgendein Nationalsozialist auf diese Weise ein diabolisches Zeichen gesetzt, indem, wie es 1933 bei Feuchtwanger steht, Max Reger, der protestantische Komponist, den jüdischen Komponisten Gustav Mahler auf dem Straßenschild ersetzte? Der Gedanke ist nicht aus der Luft gegriffen. Ihn macht nicht allein der Übergriff in Sachen des Titels denkbar. Erschienen ist das Buch 1933 nämlich als *Die Geschwister Oppenheim*.Damit beugte sich Lion Feuchtwanger der Drohung eines SA-Führers namens Oppermann, der dem in Halle lebenden Bruder Martin Repressalien in Aussicht stellte, falls der Roman mit dem Namen *Oppermann* veröffentlicht werden sollte. Später nahm Feuchtwanger die erpresste Änderung zurück. Im Tagebuch liest sich der Vorgang unter dem 29. September 1933 in Bandol so: „Ein Eilbrief von Querido, die wirklichen Oppermanns bedrohen mich als Konkurrenten mit dem Konzentrationslager, wenn ich den Namen nicht ändere. Auch Ullstein macht Schwierigkeiten." Der Druck richtet sich auch gegen seinen jüdischen Berliner Verlag.

Noch schlimmer ist, was mit dem Haus in der Mahlerstraße geschieht. Davon erfuhren Marta und Lion Feuchtwanger in St. Anton. Dort war er am 9. März 1933 aus den USA angekommen, um

„[...] in drei Terrassen hinunter in den Wald": das Haus der Feuchtwangers in der Mahlerstraße in Berlin-Grunewald 1932 – Lion auf der Treppe, Marta unter der Markise

seine Frau zu treffen. Am 12. März war Nachricht von seiner Berliner Sekretärin und Geliebten Lola Humm-Sernau gekommen: „Eilbrief der Sernau aus Zürich, mein Haus sei von S.A.-Truppen besetzt, das Auto und die Schreibmaschine beschlagnahmt. Die Akten und Manuskripte herausgerissen und fortgeschleppt. Ich nehme es ruhig auf, auch Marta.“ Die SA suchte Feuchtwanger, verprügelte Angestellte, verwüstete alles, vernichtete Manuskripte. Diese Erfahrung macht auch die Figur Dr. Oppermann: „Sein Haus in Berlin haben die Völkischen beschlagnahmt; es stand fest, daß er so bald nicht nach Berlin zurückkehren konnte.“ Die Niederschrift des zweiten Bandes von Feuchtwangers *Josephus-Trilogie* mit dem Titel *Die Söhne* ist verloren. Er muss von vorne anfangen. Vor der Abreise aus Berlin im November 1932 hatten die ersten, meist positiven Besprechungen des gerade beim zum Ullstein-Konzern gehörigen Propyläen Verlag erschienenen ersten Bandes mit dem Titel *Der jüdische Krieg* in den Berliner Zeitungen gestanden.

Als international bekannter Erfolgsautor ist „Mr. Feuchtwanger“ nicht nur in der englischsprachigen Welt ein angesehener Mann. Das zeigt sich auf der Lesereise in die USA, zu der er im Herbst 1932 aus Berlin aufgebrochen war. Er repräsentiert Deutschland. Er kommt aus der weltweit renommierten Kulturmetropole Berlin. In England hatte er beim Dinner dem Präsidenten der Zionistischen Weltorganisation Chaim Weizmann gegenübergesessen, der einige Semester Chemie an der damals noch Königlichen Technischen Hochschule in Berlin studiert hatte. Auf einem Empfang ist der spätere Kriegs-Premier Winston Churchill zu Gast. Die Einladung von König Georg V. muss Feuchtwanger absagen, weil der Dampfer nach Amerika abgeht. In New York trifft er den Gouverneur, den späteren Kriegs-Präsidenten Franklin D. Roosevelt und seine Frau Eleanor. Sie wird nach dem deutschen Einmarsch in Frankreich 1940 seine Befreiung aus dem französischen Internierungslager Les Milles in Frauenkleidern organisieren, nachdem sein US-Verleger Ben Huebsch ihn zufällig auf einem Foto erkannt hatte. *Unholdes Frankreich* nennt Feuchtwanger 1942 den Bericht aus seiner Lagerzeit, später umbenannt in *Der Teufel in Frankreich*, in dem er seine *Erlebnisse 1940* festhält. Er erzählt darin vom Abstumpfen, von Leiden, Erniedrigung, vom Achselzucken, vom Ausblenden des Geschehens im Lager: „Auch in den Konzentrationslagern der Nazis ist das so gewesen. Es waren viele unter uns, die diese Konzentrationslager hatten kennenlernen müssen, vor allem die Lager Dachau und Buchenwald.“ Feuchtwanger gehört zu den sicherlich wenigen Literaten, die jedem der „Großen Drei“ der Kriegskonferenzen von Teheran 1943 und Jalta 1945 begegnet sind. Josef W. Stalin, neben Churchill und Roosevelt der dritte, war am 7. Januar 1937 sein Gastgeber im Kreml, als Feuchtwanger seine im Sinne des Regimes erfolgreiche Propagandareise in die Sowjetunion absolvierte. Auf sie setzte er, um den Nationalsozialismus zu besiegen, und er resümierte in seinem Reisebericht *Moskau 1937* über Stalins Reich: „Es tut wohl, nach all der Halbheit des Westens ein solches Werk zu sehen, zu dem man von Herzen ja, ja, ja sagen kann." Das bereitete Feuchtwanger im Westen Ärger und brachte ihm die Verehrung der DDR. Wie sehr das „Dritte Reich" dem Regimegegner, Juden und Emigranten Feuchtwanger, und nicht nur ihm, sofort nach der Machtübernahme zusetzte und wie er 1933 in den USA Hitler und den Nationalsozialismus attackierte, erzählt sein Tagebuch:

AM 31. JANUAR 1933, dem Tag nach Hitlers Machtübernahme, vermerkt er in New York: „Scharfer Angriff gegen mich im ‚Völkischen Beobachter'. Alle wollen mich interviewen über Hitler."

AM 6. FEBRUAR bei einer Lesung in New York: „Am Ende mache ich ein paar dumme Sätze über Hitler. Ungeheurer Beifall."

AM 9. FEBRUAR: „Die Sache, die ich gestern über Hitler gesagt habe, groß aufgemacht in den Zeitungen." Feuchtwanger soll ins Radio. Es gibt Ärger mit der ihn betreuenden deutschen Botschaft: „Ich werde ziemlich angegriffen wegen der Hitlersache, aber auch sehr gerühmt. Konsul Schwarz sagt mir, der Botschafter lasse sich entschuldigen, weil ein Herr Lübke über den deutschen Rundfunk so scharf über mich gesprochen habe. Macht mir Vorhaltungen über meine Sachen."

AM 1. MÄRZ auf dem Dampfer *Aquitania* auf dem Weg nach Europa: Im letzten Moment hat er statt der *Albert Ballin* dieses Schiff genommen, „um nicht auf dem deutschen Dampfer Unannehmlichkeiten von den Hitlerleuten zu haben."

AM 6. MÄRZ erfährt er auf See das Ergebnis der Reichstagswahl vom Vortag: „Nachricht, daß Hitler eine große Majorität hat und daß die Ausfuhr amerikanischen Geldes verboten ist."

AM 21. MÄRZ in Bern: „Viele telefonische Versuche, einen Berliner Anwalt herzukriegen. Recht zweifelhaft." Es geht darum, die Konfiszierung des in Berlin verbliebenen Vermögens zu verhindern.

AM 23. MÄRZ ist der Anwalt aus Berlin eingetroffen, den Feuchtwanger unsympathisch und teuer findet: „Sagt nur, daß alles nicht möglich ist, weiß nicht zu raten." Auch in den *Geschwistern* heißt es über einen Rechtsanwalt: „[...] Man sagt mir, einer der unsympathischsten Zeitgenossen."

AM 28. MÄRZ in Wengen in der Schweiz: „In der Post wütende volksdeutsche Angriffe wegen meines amerikanischen Artikels, der ungeheuer gewirkt haben muß." Weitere Versuche zur Rettung des Vermögens: „Scheint alles vergeblich."

AM 29. MÄRZ: „Die Sernau teilt mit, im Radio sei gesagt worden, ob Einstein und mir die Rückkehr nach Deutschland erlaubt werde, sei fraglich."

AM 30. MÄRZ: „Eine Flut wütender Angriffe in der deutschen Presse. [...] Mitteilung, daß mein Konto bei der Dresdner Bank von der Kriminalpolizei beschlagnahmt ist." Er bekommt einen Brief, in dem es heißt, „daß die Juden in Deutschland mich hassen, weil sie den Boykott ihrer Geschäfte auf mich zurückführen."

AM 1. APRIL ruft die Briefschreiberin an: Sie „telefoniert, die Bank Feuchtwanger finde in Deutschland alles richtig und in Ordnung, sie gebe aber mein Bankkonto nicht heraus. Sie rät mir dringend, ich solle alles zurücknehmen, was ich gesagt habe."

AM 16. APRIL in Bern: „Der Filmmensch kommt. Will, daß ich einen Propagandafilm über die jüdischen Dinge schreibe." Der Vorschlag kommt von britischen Regierungsstellen.

AM 26. APRIL in Marseille: „Den Film ‚Kaufhaus Oppermann' begonnen. Er wird besser, als ich dachte, und die Arbeit ist leichter." Spannungen mit Marta, wenig später erwähnt er ihre „berechtigten" Einwände gegen den Film. An diesem Tag erscheint der Name Feuchtwanger auf der „Braunen Liste verbrennungswürdiger Literatur".

AM 10. MAI gehen seine Werke bei der Bücherverbrennung in Flammen auf.

AM 20. MAI in Bandol: „Den Roman ‚Familie Oppermann' begonnen."

AM 22. MAI: „Telegramm von Fellner, daß die Filmgeschichte nichts wird. Sehr ärgerlich." Die britische Absage ist Indiz für das sich andeutende Umschwenken Londons zur Beschwichtigungspolitik gegenüber dem nationalsozialistischen Deutschland.

AM 24. MAI: „Schlecht geträumt. Von einem SA-Mann, der mich holen kommt, er hat ein ganz verwischtes Gesicht und eine blaugraue Uniform wie ein Österreicher. Er ist sehr höflich, hantiert aber immerfort mit dem Revolver."

AM 13. JUNI in Sanary: „Meldung von Secker, dass er den Vertrag der ‚Oppermanns' senden will." Martin Secker ist der englische Verleger. Feuchtwanger will die fremdsprachige Welt über Deutschland aufklären, und das möglichst schnell.

AM 26. JUNI erfährt er, es sei wahrscheinlich, „daß in allernächster Zeit ein Steuer-Steckbrief gegen mich erlassen werde." Er würde auf deutschem Territorium sofort verhaftet.

AM 3. JULI: „Es scheint, daß ich einige Bücher und ziemlich viel Geld doch noch aus Deutschland herauskriegen kann." Wichtig ist Feuchtwanger vor allem seine Bibliothek.

AM 3. SEPTEMBER: „Meine Expatriierung scheint Eindruck gemacht zu haben." Bereits am 23. August hatte Feuchtwanger auf der ersten Ausbürgerungsliste im Reichsanzeiger gestanden, neben Heinrich Mann, oft Gast in der Mahlerstraße, Kurt Tucholsky, Alfred Kerr, der in Grunewald um die Ecke gewohnt hatte, dem Berliner Journalisten und Chefredakteur der Vossischen Zeitung Georg Bernhard, den SPD-Politikern Rudolf Breitscheid, Philipp Scheidemann, Otto Wels, dem kommunistischen Berliner Medienmagnaten Willi Münzenberg und dem Berliner KPD-Funktionär Wilhelm Pieck.

AM 21. OKTOBER: „Oppermanns endgültig fertig und abgeschickt."

AM 3. NOVEMBER: „Das Geld ist glücklich bei Querido eingezahlt, das aus Deutschland gerettet ist."

Der *Oppermann*-Roman ist aus einer britischen Idee für einen Propagandafilm entstanden. Schon früher hatte Feuchtwanger oft aus Stoffen dramatischer Texte Prosawerke gemacht. Die Tagebucheinträge zeigen, unter welchem Druck er in der Phase der Abfassung des Romans über Berlin gestanden hat, wie tief er bis in seine Träume von der Entwicklung in Berlin getroffen war, wie sehr ihn die existenziellen Fragen um sein Vermögen, sein Haus, seine Bücher in Berlin beschäftigten. Es sind die objektiven Schwierigkeiten, die ihm das Regime macht. Es ist noch mehr die perfide psychologische Wirkung von Maßnahmen, Angriffen, Drohungen, die den gesundheitlich nicht eben robusten Schriftsteller unter den erschwerten Lebensbedingungen der Emigration beeinträchtigt. Feuchtwanger reiste noch dazu unentwegt. Zeitraubend waren das Führen internationaler Telefonate und die internationale Briefpost. Seine Probleme sind mindestens mitverursacht durch das Regime, das Feuchtwanger schon in Berlin aktiv bekämpft hatte. Der Nationalsozialismus verfolgte seine Gegner – und Juden – von Anfang an quer durch Europa.

Wie schreibt ein Autor unter solchen Bedingungen im Ausland einen Roman über das nationalsozialistische Berlin? Viele Informationen kommen über die erwähnten Kommunikationswege. Da ist sein eigenes Erleben in der Stadt bis zum Tag der Abreise aus Berlin. Er verwendet Artikel in ausländischen Zeitungen, Erzählungen von Besuchern, die die Stadt nach Feuchtwanger und seiner Frau verlassen haben, die Berichte seiner Sekretärin Sernau und die Briefe seiner Hausangestellten. Wichtige Quelle ist das am 1. August 1933 in Paris auf einer Pressekonferenz der Weltöffentlichkeit vorgestellte *Braunbuch über Reichstagsbrand und Hitlerterror*. Es wird in 17 Sprachen übersetzt und entfaltet weltweit Wirkung. Es ist ein Berliner Produkt des Exils: Der in Berlin tätig gewesene kommunistische Pressemann und Komintern-Funktionär Willi Münzenberg, der den Neuen Deutschen Verlag mit Sitz Unter den Linden 11 geführt hatte, setzte bis 1937 seine Verlagsarbeit in Paris mit den Editions du Carrefour fort. Dort erschien das *Braunbuch*, an dem er federführend mitarbeitete, neben dem KPD-Funktionär und Autor Alexander Abusch und dem KPD-Journalisten, späteren US-Emigranten und Rabbinersohn Albert Norden. Beide werden in der DDR wichtige SED-Größen. Den Buchumschlag hatte der ebenfalls früher in Berlin lebende Grafiker John Heartfield entworfen: Vor dem brennenden Reichstag steht ein mit Blut befleckter Hermann Göring in Uniform, die Hose bedeckt mit Tüchern wie ein Fleischer, in der Hand das Beil. Die Fotomontage zeigt das verzerrte Gesicht des schreienden Göring. Einige der präzisen Zahlenangaben in den *Geschwistern* kommen aus dem *Braunbuch*. 593 ungesühnte Morde habe es in Deutschland seit der Machtübernahme gegeben. Es wurden in den ersten Monaten der NS-Regierung „mehr Menschen hingerichtet als in den fünfzehn Jahren vorher." Dr. Oppermann entgegnet dem Berliner Juden Rudolf Weinberg, Fabrikinhaber in Hygieneartikeln in Ferien, den er, schon als Emigrant, an der Promenade am Luganer See trifft und der die Vorfälle in Berlin herunterspielt: „Haben Sie schon einmal was von einem Konzentrationslager gehört, Weinberg? Es gibt jetzt nämlich Konzen-

Willi Münzenberg (1889–1940) 1933, im Jahr seiner Emigration. Der kommunistische Berliner Medienkonzernchef war in Paris federführend am *Braunbuch* beteiligt.

trationslager in Deutschland, dreiundvierzig sind es bis jetzt. Sollten Sie sich mal eines anschauen, Weinberg. Wieviel Kilometer sind es bis Oranienburg? Einige dreißig, glaube ich. Wenn Sie einmal mit dem Wagen einen Ausflug an die See machen, dann machen Sie doch Station in Oranienburg. Da können Sie allerhand sehen."

In drei Teile ist der Roman gegliedert: *Gestern* beschreibt die Familiengeschichte zwischen dem 16. November und dem 31. Dezember 1932. *Heute* die Wochen vom 30. Januar bis zum 5. März 1933. *Morgen* die Monate vom März bis in den Sommer 1933. Schauplatz ist Berlin. Drei Brüder stehen im Zentrum. Drei Brüder waren auch die Feuchtwangers. Der schon erwähnte Bruder Martin heißt mit Vornamen ebenso wie der Chef des Oppenheimerschen Möbelhauses in der Gertraudenstraße. Edgar Oppenheimer war ein in Berlin und international angesehener Chirurg, der eine nach ihm benannte neue Behandlungsmethode entwickelt hat. Er kann seinen Kandidaten als Oberarzt der „Laryngologischen Station", seinen „Lieblingsassistenten" Dr. Jacoby, schon vor 1933 nicht durchsetzen. Der ist zwar bestens qualifiziert: „Aber er ist ein linkischer Mensch, aus einer armen Familie des Berliner Ghettos, unscheinbar, häßlich, überall gehemmt. Früher wäre so was kein Hindernis gewesen." Der von Feuchtwanger als „kolossalischer" Bayer entworfene Geheimrat Lorenz sagt zwar, dass der bessere Kandidat wohl nicht verhindert werden würde, dass dann aber die wichtigen Zuschüsse nicht kämen. In Lorenz' Rede tritt ohne Namensnennung Oberbürgermeister Sahm vors innere Auge: „[...] Der Bürgermeister ist ein Schisser. Er kriecht dem Ministerium in den Arsch. Er schnüffelt nach jedem Wind, der von oben kommt. Die Subventionen für die Kliniken sind sowieso immer schwer durchzudrücken. Gerade für Ihre Geschichten, lieber Oppermann, für Theoretisches, fürs Labor, da winseln sie um jede

Reichsmark, bis sie damit herausrücken." Der Antisemitismus ist greifbar, wirksam geworden in Berlin, noch vor zwei Wochen wäre Jacoby befördert worden. Noch regiert die NSDAP gar nicht, aber jetzt schon, sagt Lorenz, wird aufs Äußere mehr geachtet als auf die Qualität: „Diese Saupolitik. Unter allen Umständen ist Reimers Ihrem kleinen Jacoby um eine Vorhautlänge voraus. Ich glaube nicht, daß die Herren vom Magistrat eine Aktfotografie verlangen; aber eine persönliche Vorstellung ist sicher dem einen oder dem anderen erwünscht."

Edgar könnte nach London, Paris, an „medizinische Institute der zivilisierten Welt" gehen. Aber er bleibt. Auch am Samstag fährt er trotz der Warnung seiner Frau in die Klinik. Der Patient brauchte den zweiten Eingriff, um zu überleben. Der Boykott gegen die deutschen Juden war angekündigt. So erlebt der Leser aus der Sicht Edgar Oppermanns die Fahrt durch Berlin: „Die Stadt sieht freiertäglich [sic] aus. Man drängt sich auf den Straßen, um den Boykott zu besichtigen. Er passiert zahllose Schilder: ‚Jude', ‚Kauft nicht bei Juden', ‚Juda verrecke', Völkische Landsknechte stehen herum, mit gegrätschten Beinen, in hohen Stiefeln, sie reißen ihre törichten, jungen Münder weit auf, plärren im Sprechchor: ‚Eh nicht der letzte Jude ist tot,/Gibt's keine Arbeit und kein Brot.'" Die SA, die bei Feuchtwanger „Landsknechte" heißt, „Völkische" sind die Nationalsozialisten, stürmt das Städtische Krankenhaus, fragt anhand der Liste nach den jüdischen Medizinern: „Wir haben hier die vierundzwanzig jüdischen Ärzte auszutreiben, auf daß Deutschland gereinigt werde." Personal

Die jüdischen Inhaber mussten „Klebegeld" für die antijüdischen Boykottplakate bezahlen. SA-Mann am 1. April 1933 vor einem jüdischen Berliner Geschäft (eingefärbte Foto-Lithografie)

leistet hinhaltenden Widerstand. Der angesehene Geheimrat Lorenz schreitet ein. Aber er kann nichts verhindern, nur verzögern. Der eben von Professor Oppermann Operierte, bei Bewusstsein, aber unter Morphium, wird bedrängt: „‚Schweinehund', sagen sie zu ihm, und auf seinen Verband drücken sie den Stempel: ‚Ich Schamloser habe mich von einem Juden behandeln lassen.'" Das Geschehnis ist wie ein Widerhall auf Julius Lipperts antisemitische Attacke auf die Zustände in den Berliner Krankenhäusern.

Auch im Möbelgeschäft ist an diesem Samstag die SA. Dem alten Portier Leschinsky haben sie das Plakat „Juda verrecke" umgehängt. So steht er am Haupteingang. Später fordern die „Landsknechte" im Kontor Geld. 18 Boykottplakate hätten sie geklebt, dazu das vom Portier. Zwei Mark „Klebegeld" verlangen sie pro Stück. Nachmittags kommt Packer Hinkel in Uniform zu Martin Oppermann, fordert als „Leiter der völkischen Betriebszelle des Möbelhauses Oppermann", die gerade erfolgten Einstellungen von vier jüdischen Verkäufern, denen anderswo zugunsten von „Ariern" gekündigt worden war, rückgängig zu machen. Am nächsten Tag, frühmorgens, holt die mit Revolver und Gummiknüppel bewaffnete SA Martin Oppermann in der Wohnung in der Corneliusstraße im vornehmen Tiergartenviertel aus dem Bett. Er wird verhört, bleibt fest, wird abgeführt. „Dies also ist der Keller, dachte Martin." Er ist in einem der Folterkeller der SA: „‚Heil Hitler', sagte folgsam Martin. Sie schoben ihn durch die engen Reihen der übel Anzuschauenden, Stöhnenden. Geruch von Schweiß, Kot, Blut war im Raum. ‚In Wartesaal 4 ist kein Platz mehr', sagt der Zweigesternte." Es geht weiter: „‚Stell dich hierher, Saujud' sagte man zu Martin, und er mußte sich neben die anderen stellen. Ein Grammophon spielte das Horst-Wessel-Lied. ‚Die Straße frei den braunen Bataillonen', quäkte es. ‚Die Straße frei dem Sturmabteilungmann. Es schaun aufs Hakenkreuz voll Hoffnung schon Millionen. Der Tag für Freiheit und für Brot bricht an.'" Der Erzähler kommentiert: „Die Völkischen wollen die Industrien, die die fünfhunderttausend Juden aufgebaut haben, für sich selber. Sie wollen ihre Geschäftshäuser, ihre Stellungen, ihr Geld. Dafür ist ihnen jedes Mittel recht."

Das sind Ausschnitte aus dem Leben Berliner Juden in den Monaten nach der Machtübernahme. Das ist die Geschichte, die *Die Geschwister Oppermann* erzählt. Immer wieder werden dem Leser dabei Blicke in das Leben der Stadt geboten. Martin hatte seinen Bruder Gustav Anfang Februar 1933 ins Stammhaus im Zentrum Berlins gebeten. Antisemitismus, Assimilation, Auswanderung sind die Themen, die das Leben der Oppermanns beherrschen. Ihren Geschäften wollten sie von langer Hand das „Odium des Jüdischen" nehmen, so heißt es schon im Teil *Gestern*, indem eine „Aktiengesellschaft Deutsche Möbelwerke" gegründet wird. Der Partner ist aus der Branche, inzwischen Nationalsozialist. Noch vor den Wahlen am 5. März muss das Unternehmen „zu mindestens einundfünfzig Prozent in nichtjüdische Hände überführt sein." Darüber muss die Familie an diesem Tag sprechen. So schildert Feuchtwanger Gustav Oppermanns Fahrt von der Regerstraße in die Innenstadt:

Es war einige Tage nach der Ernennung des Führers zum Kanzler. Die Straßen wimmelten von Menschen. Überall sah man die Braunhemden der völkischen Landsknechte, das völkische Hakenkreuz. Gustavs Wagen, von Schlüter sachkundig und schnell gesteuert, kam nicht sehr schnell voran. Schon wieder hielt man vor einer roten Ampel [...]. Das Geschrei einer alten Frau störte ihn, die aufdringlich Puppen feilbot. Es waren Puppen, die den Führer darstellten. Die Alte hielt ihm eine solche Puppe ans Wagenfenster. Drückte man den Bauch der Puppe, dann streckte sie den rechten Arm mit der flachen Hand aus – eine Geste, die der italienische Faschismus dem alten Rom, der deutsche Faschismus dem italienischen entlehnt hatte. Die Alte, die Puppe streichelnd, schrie: ‚Du Armer, du Großer, du hast gekämpft, du hast gelitten, du hast gesiegt.' [...] Jetzt, bei seiner ersten Fahrt in die Stadt, sah Gustav mit Unlust, wie die Barbaren sich breitmachten. Ihre Truppen beherrschten die Straßen. Die steife Neuheit ihrer braunen Uniformen, die noch nach der Schneiderwerkstatt rochen, ihr Gegrüße mit der antikischen Geste erinnerte ihn an die kleinstädtischen Bühnen. An den Straßenecken hielten sie den Passanten Sammelbüchsen hin, für die Wahlpropaganda bestimmt. Er ließ das Wagenfenster nieder, um zu hören, was sie riefen. ‚Gebt für das Erwachende Deutschland, gebt für die Einbahnstraße nach Jerusalem', hörte er.

Die drei Brüder begegnen einander ein letztes Mal am Pessachfest am Luganer See. Es ist der 11. April 1933. Pessach ist das Fest, an dem sich Juden den Auszug aus dem Sklavenhaus der antiken Großmacht Ägypten vergegenwärtigen. Seit dem 50. Geburtstag von Gustav in Berlin waren sie nicht mehr als Familie zusammen gewesen. Wie an jedem Sederabend wird aramäisch rezitiert: „Dieses Jahr hier, das kommende Jahr in Jerusalem. Dieses Jahr Knechte, das kommende Jahr als freie Männer." Die Oppermanns ahnen, nur der Zufall wird sie noch einmal zusammenführen. „Die Heimat ist ihnen weggeglitten [...], das Haus in der Gertraudtenstraße [sic; alte

Schreibung], das Haus in der Max-Reger-Straße, Edgars Laboratorium, was drei mal sieben Generationen von ihnen in Deutschland aufgebaut haben, ist hin. Martin geht nach London, Edgar nach Paris, Ruth ist in Tel Aviv, Gustav, Jacques, Heinrich gehen wer weiß wohin. Sie werden verweht über die vier Meere der Welt, in alle acht Winde." Eine jüdische Familie aus Berlin betrauert den Verlust ihrer Heimatstadt. Dieses Berlin, das wird an vielen Stellen des Romans spürbar, ist eine Stadt der Angst geworden, Angst vor dem Terror, Angst vor Denunziation, Angst vor den Nachbarn. Das Reich rüste zum Kriege, weiß der Erzähler, der „Führer" versichere, es wolle nichts als Frieden. Gustav Oppermann wird bald noch einmal aus der Emigration zurückkehren nach Deutschland. Er will berichten, was dort geschieht. Er wird verhaftet, kommt ins Konzentrationslager Moosach, wird noch einmal befreit, die Qualen und die schwere Arbeit, er überlebt nicht mehr lange, das Herz. Das „Arbeitserziehungslager" München-Moosach ist erst 1941 oder 1942 in Betrieb gegangen. Hat Feuchtwanger wieder einmal ein Detail vorweggeahnt, diesmal in seiner Geburtsstadt?

Gegen Ende des Romans fällt ein Begriff, der für uns inzwischen eine andere Bedeutung hat als in *Die Geschwister Oppermann*. „Parteifunktionäre, Proletarier, viele Frauen, auch Kinder" gehören dazu, der „Verbrauch an Menschenmaterial ist groß", es geht um eine „Aufklärungsorganisation im Inneren". Sein Gesprächspartner bescheinigt Gustav Oppermann, dass solcher Widerstand wie der der Kommunisten nichts für ihn ist: „Eine beschwerliche Sache, die Innere Emigration, kann ich Ihnen sagen. Man lebt in Restaurants, Hotels, schläft jede Nacht woanders, die Polizei ist immer hinterher. Oppermann-Möbel verkaufen, ist wahrscheinlich leichter." „Innere Emigration" meint hier aktiven politischen Widerstand.

Das Ehepaar Feuchtwanger erwarb in den USA wieder ein Haus, das Marta von Neuem herrichtete, das dritte. Es liegt im Westen der späteren ersten Partnerstadt Berlins, damals West-Berlins, in Los Angeles. Die Manns lebten nicht weit weg. Brecht war dort wie so viele andere, auch aus der Zeit damals in Berlin, zu Gast. Dort lagert immer noch ein Teil von Feuchtwangers Bibliothek. Villa Aurora heißt das Haus heute. Es ist seit 1995 „deutsches Kulturdenkmal des Exils". Nach Marta Feuchtwangers Tod 1987 begründete der Berliner Verleger, Anwalt und Kulturförderer Lothar C. Poll einen Freundeskreis, der initiativ wurde. Der Bundestag beschloss, Geld zu geben, das Land Berlin half durch Lottomittel, damit aus dem Haus die Künstlerresidenz wurde.

Wahl-Berliner, die bleiben – Erich Kästner und Hans Fallada

Erich Kästner (1899–1974) verfasste als Berthold Bürger das Buch des UFA-Farbfilms Münchhausen. Auf der Kugel flog 1943 im Trickfilm Hans Albers (1891–1960).

ERICH KÄSTNER habe das Kinderbuch „nobilitiert", meint sein Biograf, der Münchner Germanistikprofessor Sven Hanuschek. Wolf Durian mit *Kai aus der Kiste* war seit 1924/25 erfolgreich auf dem Buchmarkt mit seiner Berliner Straßenjungengeschichte. Weltbühne-Verlegerin Edith Jacobsohn fragte Kästner, ob er ein Kinderbuch schreiben wolle. Er schrieb. Mitte Oktober 1929 wird *Emil und die Detektive* ausgeliefert. *Emil* spielt in Berlin, die Schauplätze sind wiederzuerkennen. Emil heißt Kästners Vater. *Emil* ist mit Übersetzungen in mehr als 40 Sprachen und acht Verfilmungen Kästners erfolgreichstes Buch und machte ihn zum „Autor von Weltrang". Bis 1934 sind 100 000 Exemplare verkauft. Es ist das einzige seiner Bücher, das laut der ersten „Schwarzen Liste" für Berlin nach 1933 noch in den städtischen Bibliotheken bleiben durfte. Angesichts der Einnahmen traut er sich, eine eigene Wohnung zu mieten. Seiner ihm sein Leben lang verbundenen Mutter Ida schreibt er 1929 über die neue Bleibe in der Roscherstraße, in der er wohnt, bis er im Februar 1944 ausgebombt wird und alles verbrennt: „3 Zimmer, Morgensonne, Balkon, 1 Bad, Klosett, zusammen, 1 Küche, 1 Mädchenkammer, kleine Diele, Speisekammer, zwei eingebaute Schränke. Zentralheizung, Telefon." Er zahlt 170 Mark Miete. Das Haus gibt es nicht mehr. Im Bau der nahegelegenen heutigen Schaubühne am Lehniner Platz war ein Varieté, ein UFA-Kino mit 2000 Plätzen, das der jüdische Berliner Architekt Erich Mendelsohn 1928 mit den für ihn typischen geschwungenen Rundungen errichtet hat. Dort ist Kästners neues Stammlokal, das Café Leon. Auf den Plätzen hinter dem Kino spielt er in den 1930er-Jahren Tennis.

In Berlin hatte der gebürtige Dresdner 1921/22 einen Winter lang studiert. Kästner fasste ähnlich wie Bertolt Brecht beruflich schwer Fuß. „Radaunest" nennt er die Stadt 1926 und berichtet Mutter Ida vom Jahreswechsel aus der Reichshauptstadt: „Berlin ist das einzig Richtige." Im August 1927 landet er am Prager Platz in einem möblierten Zimmer und setzt sich schnell durch. Alfred Döblins epochalen Großstadtroman *Berlin Alexanderplatz* von 1929 hat Kästner positiv besprochen. Erzähltechnisch nimmt er sich das Werk für seinen eigenen Berlin-Roman zum Vorbild. Kästner beabsichtigt in *Fabian. Die Geschichte eines Moralisten* von 1931 „vor und neben dem Einzelschicksal eine ganze Stadt und eine ganze Zeit sichtbar zu machen." Die Hauptfigur, der Germanist Jakob Fabian, findet im 6. Kapitel einen von einem Kommunisten angeschossenen Nationalsozialisten zu Füßen des „märkischen Roland" am Märkischen Museum schießend und sitzend auf und sorgt dafür, dass beide ins Krankenhaus kommen. In *Fabian* ist der „satirisch-mokant-lakonische Kästner-Ton" voll entwickelt ebenso wie die als „neusachlich" bezeichnete, nur scheinbare emotionale Zurückhaltung, die erst recht Gefühle beim Leser provoziert. Kästner porträtiert das Berlin der frühen 1930er-Jahre keineswegs so, wie man es von einem Kinderbuchautor erwarten würde, nämlich beim Stelldichein:

Der Mondschein und der Blumenduft, die Stille und der kleinstädtische Kuß im Torbogen sind Illusionen. Dort drüben, an dem Platz, ist ein Café, in dem Chinesen mit Berliner Huren zusammensitzen, nur Chinesen. Da vorn ist ein Lokal, wo parfümierte homosexuelle Burschen mit eleganten Schauspielern und smarten Engländern tanzen und ihre Fertigkeiten und den Preis bekanntgeben, und am Schluß bezahlt das Ganze eine blondgefärbte Greisin, die dafür mitkommen darf. Rechts an der Ecke ist ein Hotel, in dem nur Japaner wohnen, daneben liegt ein Restaurant, wo russische und ungarische Juden einander anpumpen oder sonstwie übers Ohr hauen. In einer der Nebenstraßen gibt es eine Pension, wo sich nachmittags minderjährige Gymnasiastinnen verkaufen, um ihr Taschengeld zu erhöhen. Vor einem halben Jahr gab es einen Skandal, der nur schlecht zu vertuschen war; ein älterer Herr fand in dem Zimmer, das er zu Vergnügungszwecken betrat, zwar, wie er erwartet hatte, ein sechzehnjähriges Mädchen vor, aber es war leider seine Tochter, und das hatte er nicht erwartet ... Soweit diese riesige Stadt aus Stein besteht, ist sie fast noch wie einst. Hinsichtlich der Bewohner gleicht sie längst einem Irrenhaus. Im Osten residiert das Verbrechen, im Zentrum die Gaunerei, im Norden das Elend, im Westen die Unzucht, und in allen Himmelsrichtungen wohnt der Untergang.

Das Mädchen fragt Fabian, was nach dem „Untergang" käme. Er antwortet: „Ich fürchte, die Dummheit." Die Hauptfigur ist passiv, ohne Orientierung, Haltung. Abwartend ist diese Angestelltenschicht des Berlins kurz vor der Machtübernahme. Meist gute Rezensionen, bald 25 000 Stück verkauft – das ist der Erfolg des am 15. Oktober 1931 erschienenen Romans. Wie dieser Untergang der Stadt geschehen könnte, das sieht Fabian im 14. Kapitel im Albtraum. Wieder fallen Schüsse. „Und überall standen finstere Gestalten mit Revolvern und Schießgewehren." – „Die Schüsse knatterten." – „Die Treppen lagen voller Leichen." – „Aus den Dachluken und aus den Giebeln fielen Schüsse in die Tiefe." – „Flugzeuge schwirrten unter der Saaldecke und warfen Brandfackeln auf die Häuser." Gesichte, die auch in einem seiner gegen die Nationalsozialisten gerichteten Gedicht anklingen, etwa im *Marschliedchen* von 1932:

Ihr liebt die Leute, die beim Töten sterben.
Und Helden nennt ihr sie nach altem Brauch;
denn ihr seid dumm und böse seid ihr auch.
Wer dumm und böse ist, rennt ins Verderben.

Kästner ist ein Linksliberaler, bürgerlich geprägt. Sexuelle Freizügigkeit, ein liberales Frauenbild sind Kennzeichen seiner Einstellung. Politische Texte publiziert der vielseitige und aufs Kulturelle konzentrierte, aber nicht beschränkte Journalist Kästner in der *Weltbühne*. Ihm war bewusst, dass die Nationalsozialisten ihn als Feind sahen.Trotzdem ist er in Deutschland, in Berlin, in der Roscherstraße geblieben. Die Wohnung wird Rückzugsort. Draußen konnte er sich bald nach der Machtübernahme nicht mehr frei, unbehelligt, sorglos bewegen. Notizen in winziger Stenografie über das Leben in Berlin kommen in einen blau gebundenen Blindband mit leeren Seiten, der bis Ende November 1943 „aufs sichtbarste verborgen, zwischen viertausend anderen Büchern im Regal steht." So steht es in dem Band *Notabene 45* von 1961. Er registriert, dass jüdische Nachbarn sich auf die Transporte vorbereiten. Sie bieten ihm Mobiliar, Hausrat, Kunst zum Kauf an. Das „Blaubuch" nahm er ab Ende

Erich Kästner um 1930

1943, „da die Luftangriffe auf Berlin bedenklicher wurden", in der Aktenmappe mit, wenn er unterwegs war, mit dem Bankbuch, dem Reservewaschbeutel, der Taschenlampe, falls es in den Luftschutzkeller ging; so machten das die Berliner in dieser Zeit. Von einem Bekannten hört er: „Von den Judenerschießungen im Osten erzählt jemand, dass vorher ein SS-Mann mit einem Pappkarton von einem zum anderen geht und die Ringe und Ohrringe abzieht." Kästner hat untergetauchten Juden Hilfe geleistet. Aber das steht nicht in seinen Notizen. Aus Sicherheitsgründen.

Warum ist der Sachse Kästner bis Februar 1944 überhaupt in Berlin geblieben? Die Welt hätte dem Erfolgsautor offen gestanden. Der Anfang 1933 gerade 19 Jahre junge Sachse Helmut Flieg aus Chemnitz ist eben in Berlin angekommen. Er muss weg aus Deutschland. Er ist Jude. In der Emigration nennt er sich Stefan Heym. In seiner in der dritten Person abgefassten und als *Nachruf* betitelten Autobiografie von 1988 erinnert Heym sich: „[...] das verrauchte Kaffeehaus, der Kellner, der die Stühle bereits auf die Tische stellt, und draußen auf dem Kurfürstendamm der Morgen, der sich bläulich getönt, von der Gedächtniskirche her ankündigt, und er und Kästner, wie sie da auf und ab gehen, einmal auf Kästners Wohnung zu, dann wieder in umgekehrter Richtung, zur U-Bahn hin, dazu die Kälte, die dem jungen Flieg durch den Mantel dringt, oder sind es die Nerven, die ihn zittern lassen?" Dann wagt Flieg die Frage, und diese Antwort hat er nicht erwartet: „Nein, er will bleiben, sagt Kästner." Fliegs Überlegungen beziehen ihn selbst mit ein:

Er, der unter eigenem Namen nur ein einziges Gedicht veröffentlicht hat, das den Nazis mißfiel, und das auch nur in einem Provinzblatt, lebt in dieser großen Angst, während Kästner, von dem es kaum einen Vers gibt, der den gerade an die Macht gekommenen Deutschtümlern und Maulhelden nicht wie ein Widerhaken im Fleische stäke, ruhig erklärt, er wolle bleiben? Macht Kästner sich etwas vor? Sieht er nicht, was da auf ihn zukommt? Glaubt er, man wird ihn verschonen, weil er zufällig kein Jude ist? Oder will er die Mutter nicht allein lassen, die nichtsahnend in Dresden lebt, beglückt vom Ruhm ihres Sohnes? Oder – und hier denkt der junge Flieg bereits ganz als Schriftsteller – sieht Kästner in dem, was sich hier anbahnt in Deutschland, das Thema seines Lebens, das sich nur schreiben lassen wird, wenn man es von Anfang an miterlebt? Oder, häßlicher Gedanke, den man besser von sich weist, meint Kästner etwa, auch er könne mit ein bißchen Kulanz, ein bißchen Anpassung, überwintern?

Der Literaturkritiker Marcel Reich-Ranicki behauptet 1999 in seinen Memoiren, Kästner, der „Mann zwischen den Stühlen“, habe sich in diesen Jahren dennoch klar entschieden: „Nicht er war emigriert, doch waren es seine Bücher – die konnten damals nur in der Schweiz erscheinen.“ Salomonisch, aber treffend mutet diese Titulierung des Kritikers an: „Erich Kästner war Deutschlands Exilschriftsteller honoris causa.“ In einer in der *Süddeutschen Zeitung* vom 10./11. Mai 1958 abgedruckten Ansprache von 1953 zitiert Kästner den vom Regime verfolgten Publizisten und Nobelpreisträger Carl von Ossietzky, der entschied, nicht zu fliehen. Warum? „Es ist für sie unbequemer, wenn ich bleibe.“

Kästner ist der einzige Schriftsteller, der Zeuge der Verbrennung seiner eigenen Werke gewesen ist und inmitten der SA-Studenten auf dem Berliner Opernplatz stand. Die meisten der 24 anderen deutschen Autoren, deren Werke an diesem 10. Mai 1933 ins Feuer geworfen wurden, waren bereits außer Landes. Der 25. hörte sich an, wie die SA-Studenten Parolen schrien wie „Gegen Dekadenz und moralischen Verfall!“, als sie seine Gedichte und seinen *Fabian* auf den lodernden Scheiterhaufen warfen. 1947 schreibt Kästner darüber in der US-lizenzierten *Neuen Zeitung*, den Tätern sei klar gewesen, dass sie „der gesamten zivilisierten Welt ein unvergesslich widerwärtiges Schauspiel boten“ und dass diese Tat „unauslöschlich in den Annalen der Menschheit eingetragen bleiben würde.“ Goebbels lasse seine „Pöbelparole“ von der „Elite“ ausführen, damit richteten „die deutschen Studenten ihre eigenen Ansprüche auf jede künftige Meinungsfreiheit hin.“ Kästners späte Berlinische Lebensgefährtin Luiselotte Enderle sagte 2013 dazu im *Spiegel*: „Mutig? Och ... ich weiß nich. Mutig hat er sich ja nicht so sehr gesehen. Er war ja auch ein ziemlich schmales Hemd.“ Die Bücherverbrennung, sagte die alte Dame, war für den Erich „schlimmer noch als später die zwei Verhaftungen durch die NS-Heinis. [...] Ich war da mit Erich einer Meinung: Das hat doch in Wahrheit Hinkebein angezettelt ...“

Kästner schreibt, obwohl er verboten ist und obwohl er vergeblich versucht, in die Reichsschrifttumskammer aufgenommen zu werden, ohne die es keine Schreiberlaubnis gab. Das Kinderbuch *Das fliegende Klassenzimmer* erscheint 1933 noch in Deutschland. Kästner schreibt jetzt Kinder- und Unterhaltungsliteratur, gelegentlich versehen mit Spitzen gegen den Nationalsozialismus: Der humoristische Band *Drei Männer im Schnee* und die Fortsetzung *Emil und die drei Zwillinge*, beide von 1934, *Die verschwundene Miniatur* von 1936, *Der kleine Grenzverkehr* von 1938 oder die Sammlung harmloser Gedichte unter dem

1936 im Reich verboten: In den Niederlanden wurde Erich Kästners Unterhaltungsroman *Drei Männer im Schnee* mit diesem modernen Umschlag zwischen 1935 und 1939 verkauft.

Titel *Doktor Erich Kästners Lyrische Hausapotheke*, ebenfalls von 1936, erscheinen im Ausland. *Drei Männer im Schnee* darf ab 1936 im Reich nicht mehr verkauft werden, erscheint aber jenseits der deutschen Grenzen in neun Übersetzungen und wird bis 1939 fünfmal verfilmt. Von 1933 bis 1939 erschienen etwa 50 fremdsprachige Ausgaben, die dem Dritten Reich Devisen brachten. Kästner arbeitet an seichten Stücken für das Boulevardtheater. Dazu zählen *Das lebenslängliche Kind*, das er unter dem Pseudonym Robert Neuner aus dem Stoff der *Drei Männer im Schnee* gestaltet und das 1934 erfolgreich in Bremen uraufgeführt wird. So nutzt er Nischen, die sich in Film und Theater finden, weniger in Literatur und Presse.

Ein Film beendete Kästners schriftstellerische Existenz. Er hatte nämlich unter Pseudonym das Drehbuch des von Goebbels zum

25-jährigen Jubiläum der Filmstudios der UFA in Auftrag gegebenen Films *Münchhausen* von 1943 geschrieben. Hitler hatte schon vor der Premiere erfahren, wer sich hinter dem Namen Berthold Bürger verbarg. Im Dezember 1942 wurde Kästner jegliche Arbeit verboten. Den in seinem Nachlass überlieferten Führerbefehl hatte Kästner später in einem Rahmen an der Wand. Am 14. Januar 1943 hebt die Reichsschrifttumskammer mit Sitz im Gebäude des heutigen Renaissance-Theaters die Ausnahmegenehmigung für das Drehbuch auf. Das Berufsverbot, erläutert später die Schrifttumskammer, bezieht sich auch auf das Ausland. *Münchhausen ist* ein filmhistorischer Klassiker, einer der ersten deutschen Filme in der 1940 erstmals verwendeten Agfacolor-Technik und mit der besten damals technisch möglichen Animation. Münchhausen auf der fliegenden Kanonenkugel – dieses Bild des von Hans Albers verkörperten Titelhelden ist berühmt. Produktionsleiter Eberhard Schmidt hatte den verbotenen Autor Kästner für den Jubiläumsfilm vorgeschlagen. Kästner wiederum schlägt den Lügner als Hauptfigur vor. Unmissverständlich ist die Anweisung vor der Uraufführung am 3. März 1943 im UFA-Palast am Zoo: „Der Schriftsteller Erich Kästner oder sein Pseudonym Berthold Bürger sind in der Presse nicht zu erwähnen." Im Vorspann fehlt der Name. Regisseur war der seit 1927 in Berlin arbeitende Ungar Josef von Báky, der 1951 Kästners Kinderbuch *Das doppelte Lottchen* verfilmt. Münchhausen war mit 18,7 Millionen Zuschauern bis Ende 1944 einer der erfolgreichsten NS-Filme. Der Streifen sollte im In- und Ausland von Diktatur und Krieg ablenken und zeigen, was das Deutsche Reich künstlerisch und technisch leisten konnte. Kästner half dabei. Das ist festzuhalten. Wie auch festzuhalten ist, dass er Sätze wie „Die Staatsinquisition hat zehntausend Augen und Arme, und sie hat die Macht, recht und unrecht zu tun, ganz wie es ihr beliebt [...]" ins Drehbuch schrieb, Sätze, die sich auf das Regime beziehen ließen.

Bei der Wiederbegegnung mit Kästner nach 1945 in München in dem Haus, in dem der *Völkische Beobachter* produziert worden war, trägt Flieg US-Uniform. Kästner ist einer der wenigen Deutschen in der Redaktion der *Neuen Zeitung*, dessen Sprache frei ist vom Sprachduktus der Diktatur. Den Roman über NS-Deutschland hat Kästner nicht verfasst. 1961 schreibt er zu den Gründen: „Ich merkte, dass ich es nicht konnte. Und ich merkte, dass ich's nicht wollte." Erst erkennt er den Soldaten nicht: „Lieutenant Heym? Ach, Flieg heißen Sie, und aus Chemnitz? Der Morgen in dem Café am Kurfürstendamm, unser Abschied? [...]." Ihre Freundschaft hält bis 1974, bis Kästner stirbt, erzählt der Wahl-Berliner Stefan Heym, der große Schriftsteller der

DDR-Literatur und 1994 Alterspräsident des Deutschen Bundestags. Den Wahl-Berliner Kästner ehrt Berlin mit Straße und Schule.

Der Germanist Goebbels liest. Ernst Rowohlt, mutiger und widerständiger Verleger von **HANS FALLADA** erzählte seinem Autor, dass der „Herr Minister Goebbels“ Falladas Bücher „absolut positiv“ einschätze. Das belegt diese Stelle aus Goebbels' Tagebüchern vom Januar 1938, die sich auf Falladas im September 1937 ausgelieferten neuen Roman bezieht: „Nachmittags gelesen: Fallada ‚Wolf unter Wölfen‘. Ein tolles Buch. Aber der Junge kann was.“ Trotzdem waren Fallada-Bücher verbrannt worden. Die Überschrift des Kapitels, in dem Rittmeister Joachim von Prackwitz in Falladas epischem Porträt des Berlins des Inflationsjahrs 1923 in der Friedrichstraße unterwegs ist, heißt *Prackwitz findet Berlin ekelhaft*:

Und zwischen Laster, Elend und Bettelei, zwischen Hunger, Betrug und Gift liefen die jungen, kaum schulentlassenen Mädchen aus den Geschäften mit ihren Kartons und Briefstapeln. Ihren raschen, sicheren Blicken entging nichts, und ihr Ehrgeiz war es, ebenso frech zu sein wie jene, sich von nichts imponieren zu lassen, vor nichts sich zu scheuen, ebenso kurze Röcke zu tragen, ebensoviel Devisen zu raffen. [...] Jawohl, sagten sie und schwenkten Mappen oder Schachteln, jetzt sind wir nur noch Ladenmädchen, Verkäuferinnen, Kontoristinnen. Aber es braucht nur einer ein Auge auf uns zu werfen, der kleine Japs da oder dieser Dicke mit den Koteletten, der seinen Bauch in einer karierten Flanellhose schwenkt – und wir lassen unsern Karton fallen, hier auf der Straße, jawohl, und heute abend sitzen wir schon in einer Bar, und morgen haben wir ein Auto! Dem Rittmeister war es, als höre er sie alle rufen, schreien, jagen: Nichts gilt außer Geld! Geld!! Aber auch das Geld galt nichts, in jeder Minute mußte der größtmögliche Genuß aus ihm herausgepreßt werden! Für was sich bewahren – für morgen? Wer weiß, wie morgen der Dollar steht, wer weiß, ob wir morgen noch leben, morgen drängen schon wieder Jüngere, Frischere an den Start – komm schon, alter Herr, du hast zwar schon weißes Haar – um so mehr mußt du dich daranhalten! Komm, Süßer!

Neben dem Gut Neulohe in der damals zu Brandenburg gehörenden Neumark jenseits der Oder ist Berlin Schauplatz dieses an Figuren und Details reichen Werks. Anfang Oktober 1937 ist die Hälfte der Startauflage von 10 000 Exemplaren verkauft. Der Zuspruch des Parteiorgans *Völkischer Beobachter* am 20. November ist wohlwollend auf eigene Weise. Das Werk wird dargestellt als „meist sumpfig schil-

Hans Fallada (1893–1947) im Jahr der Machtübernahme 1933: Der Erfolgsroman *Kleiner Mann – was nun?* mit Einband von George Grosz war 1932 erschienen. Fallada zaudert mit dem Exil, bleibt.

lerndes“, jedoch „sehr notwendiges Erinnerungsbuch für jene Zeitgenossen, denen es schon wieder zu gut geht.“ *Wolf unter Wölfen* gelesen als Anklage gegen die als „Systemzeit“ denunzierte Weimarer Epoche. Die Vielstimmigkeit des NS-Kulturapparats wird an Falladas neuem Buch einmal mehr erkennbar. Ein Anonymus schickt sich in der Zeitschrift *Bücherkunde* an, „gegen literarische Machwerke, wie die Falladas, auf das Schärfste die Stimme zu erheben.“ Der Roman sei eine „vom wirklichen Erleben völlig losgelöste, durchaus unwahre und zuchtlose Phantasie.“ Das Rezensionsorgan stammt aus dem „Amt Schrifttumspflege“ von Alfred Rosenberg, dem Autor des anderen, nach Hitlers *Mein Kampf* maßgeblichen Grundwerks der NS-Ideologie, des 1930 veröffentlichten *Der Mythus des 20. Jahrhunderts*. Als Beilage der *Bücherkunde* wird der *Gutachtenanzeiger* verbreitet. Dort steht *Wolf unter Wölfen* in der Rubrik „Nicht zu fördernde Bücher“. So funktionierte die Nachzensur, denn tatsächlich stagniert jetzt der Verkauf. Der NS-Staat kannte keine Vorzensurinstanz. Literaturkritik, zumal von einflussreicher Seite, hat die Überwachungsaufgabe wahrgenommen, die sich auf dem Buchmarkt prompt auswirkte. Neben Goebbels und Rosenberg waren die Parteiamtliche Prüfungskommission zum Schutze des nationalsozialistischen Schrifttums und das Reichsministerium für Wissenschaft, Erziehung und Volksbildung aktiv; und das waren nur prominentere Beispiele aus der unübersehbaren Fülle von sich „literaturpolitisch“ zuständig fühlenden Strukturen. Fallada war ohnehin seit September 1935 „unerwünschter Autor“. Andererseits gehört er bald zu den Topverdienern des Dritten Reichs. Der Germanist Christian Adam hat recherchiert, dass Fallada „seine Honorareinnahmen von rund 48 000 Reichsmark im Jahre 1939 auf über 74 000 Reichsmark 1942 steigern konnte“. Zum Vergleich: Der Präsident des Reichsgerichts verdiente 24 000 Reichsmark im Jahr.

Hans Fallada wurde als Rudolf Ditzen geboren. Als Schriftsteller hat er den einen, privat den anderen Namen. Falladas Leben ist begleitet von Drogensucht – Nikotin, Alkohol, Morphium. Es gibt Phasen, in denen er sich frei davon fühlt. Aber Depressionen, Krisen, Abstürze bestimmen sein Leben. Seine Frau Anna, genannt „Suse", berichtete nach seinem Tod: „Ich wollte, daß er schrieb, und tat alles, um es möglich zu machen. [...] Ohne mich wäre er nicht zum Schreiben gekommen." Ihr verdankt der Autor unsagbar viel. Fallada arbeitet diszipliniert, wie im Rausch, als Sucht, als Lebensäußerung. Und sein Verhältnis zu Berlin? Sein Biograf, der gebürtige Berliner Peter Walther: „Berlin ist der Fixpunkt in Ditzens Leben. Als er nach 1899 und 1916 nun zum dritten Mal hier ankommt, hat er den Stoff für ein Buch im Kopf." 1899 war die Familie nach Berlin gezogen, weil die Karriere des Vaters, eines hohen Juristen im Staatsdienst, in die Reichshauptstadt führt. Mitte November 1916 hatte sein Sohn als Angestellter der Kartoffelbaugesellschaft m.b.H. in Berlin angefangen. Zeitlebens hat er eine Ader für das Leben auf dem Land; später arbeitet er auf Landgütern, macht Gefängniserfahrungen. Die Stellung kündigt er Ende August 1918, denn der Vater ermöglicht ihm ein Probejahr, um sich als Schriftsteller auszuprobieren unter der Bedingung, dass er Berlin verlässt und dass er unter einem „angenommenen Namen" veröffentlicht. In der dritten Berliner Zeit macht sich der „Fallada-Ton" bemerkbar, der ihn berühmt machen wird. 1929 holt ihn Rowohlt als Leiter der Rezensionsabteilung von Neumünster nach Berlin, damit er in gesicherter Position schreiben kann. Das Jahr 1932 bringt Fallada den Durchbruch mit dem teils in Berlin spielenden Roman *Kleiner Mann – was nun*? Den Titel zeichnet der frühere Kommunist, Maler und Berliner George Grosz, und zwar so, dass in der weiblichen Hauptfigur *Lämmchen* Falladas Frau Anna zu erkennen ist. Er wird das Buch nach 1933 im Sinne des Regimes anpassen, sodass es weiter erscheinen darf.

Neben diesem Buch gestaltet Fallada zwei weitere große Berliner Stoffe. Die Geschichte des Pferdedroschkenkutschers Gustav Hartmann aus Wannsee, der angeblich aus Protest gegen das Automobil nach Paris fährt, erscheint 1938 unter dem Titel *Der eiserne Gustav*. Die ursprüngliche Fassung „ohne Nazi-Schwanz", wie die Herausgeberin Jenny Williams formuliert, liegt erst seit 2019 vor. *Jeder stirbt für sich allein* ist ein Berliner Stoff, dessen Textgestalt sich bei Erscheinen ebenfalls nach Vorgaben eines – dann kommunistischen – Regimes verändern musste. Bald nachdem Fallada nach Berlin gekommen ist, zieht er mit Frau und Kind vor die Stadt nach Neuenhagen an der Ostbahn, wo die Gemeindebücherei seit 2012 mit Genehmigung der beiden Söhne Anna-Ditzen-Bibliothek heißt, dann nach Berkenbrück bei Fürstenwalde. Dort wohnen Ditzens in der Zeit der Machtübernahme. Am 12. April 1933 ist das Haus von SA umstellt. Er wird verhaftet, kommt ins Polizeigefängnis. Hintergrund war die Denunziation wegen eines Gastes mit dem jüdisch klingenden Namen Ernst von Salomon. Der Rowohlt-Autor war in Wahrheit ein rechtsgerichteter Terrorist gewesen und hatte das Attentat auf Walter Rathenau mit vorbereitet. Im Hintergrund ging es bei der SA-Aktion um eine Immobiliensache. Der Vorfall ist Auslöser dafür, dass Familie Fallada nach Carwitz in Mecklenburg zieht – noch weiter weg von Berlin. Diese Flucht in Etappen aus der Reichshauptstadt mit ihren politischen Gefahren, aber auch denen von Nachtleben, Frauen, Drogen, ist Ausdruck von Falladas doppelter Innerer Emigration. Wiederholt gibt es den Gedanken an Exil. Angebote aus Hollywood überzeugen ihn nicht. Er braucht das „Norddeutsche" als Schreibumgebung. Er will nicht in „irgendeinem doofen Emigrantenschmollstübchen" sitzen. Er teilt zu dieser Zeit mit Thomas Mann die Sorge, seine Leser zu verlieren: „Der Gedanke für die Schreibtischschublade zu schreiben, wäre mir schrecklich, kaum erträglich." Nach dem Novemberpogrom 1938, sein britischer Verlag Putnam hat schon alles arrangiert,

Droschkenkutscher Gustav Hartmann (1859–1938) kam am 12. September 1928 aus Paris zurück nach Berlin. Zehn Jahre später erscheint Falladas *Der eiserne Gustav* – allerdings mit „Nazi-Schwanz".

entscheidet er sich kurz vor Abreise zu bleiben. Dann ist Krieg. Es ist vorbei mit dem Emigrieren.

Fallada ist viele Kompromisse eingegangen. Walther bilanziert: „Es gibt keinen Zweifel, dass der Mensch und Künstler Fallada das Nazi-Regime verabscheut hat. Und es gab dennoch Zeiten, in denen er dem Druck und der Indoktrination erlegen war." Ein Beispiel dieser inneren Widersprüchlichkeit ist das auf dem Prozess gegen die beiden ostjüdischen Industriellen Iwan Kutisker und Henry Barmat aus den 1920er-Jahren basierende Buchprojekt, an das die Kulturbürokratie des Regimes sich nach der Niederlage von Stalingrad und der Ausrufung des „Totalen Krieges" erinnert. Goebbels setzte in dieser Phase verstärkt auf antisemitische Propaganda und schreibt unter dem 29. Mai 1943 in sein Tagebuch, verbunden mit der Herabsetzung regimetreuer Literaten: „Es sollen eine Reihe von antisemitischen Büchern geschrieben werden, und zwar von maßgebenden Schriftstellern, wenn sie auch nicht so vorbehaltlos zum Nationalsozialismus stehen wie etwa unsere Feld-, Wald- und Wiesendichter, die zwar in ihrer Gesinnung sehr tüchtig sind, aber nicht viel können. Ich denke an Fallada [...] und andere Schriftsteller, die in der Systemzeit eine große Rolle gespielt haben."

Fallada hat zeitweilig antisemitische Stereotype benutzt. Er laviert angesichts des Drängens des Reichspropagandaministeriums: „Kutisker ist die Verkörperung des Geld-Wahnsinns, wie man ihn nur bei Juden findet. Ihn interessiert nur das Geld an sich, nie das, was man dafür kaufen kann: kein Schmuck, keine Frauen, nicht einmal Wohlleben, kein Besitz, nur Geld. Er ist der ewige Jude in Reinform." Gegen seine Freundin und Schreibkraft Else Bokanyé, die sich geweigert hatte, an dem Vorhaben mitzuarbeiten, verteidigt er sich in Hinsicht auf *Jud Süß* in der Sache völlig unzutreffend: „Ich kann Ihnen nur sagen, daß mein Roman nicht annähernd so pöbelhaft antisemitisch ausfallen wird, wie ein gewisser Jud Süss [sic] von einem gewissen Lion Feuchtwanger (Die gebildeten Juden waren ja überhaupt immer die schlimmsten Antisemiten)." Das Buch wird nie fertig. Die Reaktionen auf erste Teile sind bezeichnend. Der Roman mache „jede Tendenz- und Kampfschrift zur Judenfrage völlig überflüssig", kommentiert Verleger Franz Schneekluth aus Dresden. Fallada schreibe „einen nicht antisemitischen antisemitischen Roman", lobt der Lektor des Heyne Verlags Hans Franke.

Fallada hat 1944 seine verbliebenen schriftstellerischen Möglichkeiten umrissen: „Ich konnte nicht mehr daran denken, die Bücher zu schreiben, die mir am Herzen lagen. Jede Schilderung dunklerer Gestalten war mir streng untersagt. Ich hatte optimistisch und lebensbejahend zu sein, gerade in einer Zeit, die mit Verfolgungen, Martern und Hinrichtungen den Sinn des Lebens verneinte. So habe ich seit dem ‚Wolf' eigentlich nichts, was mir am Herzen läge, geschrieben. Ich bin in die seichte Unterhaltung abgesackt." Auch in dieser Sparte droht Ärger mit dem Einhalten der ideologischen Linie. Die Kriegszeit ist Zeit des Rückzugs auf Privat-Persönliches, Familie, Kinder. Das gilt auch literarisch beispielsweise mit „Erinnerungsbüchern" wie *Damals bei uns daheim*. Geld bringen Illustriertenromane wie *Die Stunde, eh' du schlafen gehst*. Falladas Selbsteinschätzung: „Im Grunde genommen ist es sowohl nach Handlung wie nach Charakteren ein vollkommen idiotischer Roman." Erst die *Münchner Illustrierte* nimmt den Text. Die *Berliner Illustrierte* hatte abgelehnt; deren Chefredakteur hieß Erik Reger und wird 1945 einer der Väter der Berliner Zeitung *Der Tagesspiegel*. Wie Kästner schrieb Fallada Kinderbücher. Am schönsten sind seine *Geschichten aus der Murkelei* von 1938.

Die letzten Kriegsmonate: Falladas Ehe zerbricht. Die Sucht kommt zurück. Am 1. Februar 1945 heiratet er erneut, im Standesamt Berlin-Schöneberg. Schließlich folgt die letzte Rückkehr nach Berlin in die weitgehend zerstörte und von anderen Menschen belegte Wohnung seiner ebenfalls suchtkranken Frau Ulla in der Meraner Straße in Schöneberg. In der parallelen Bozener Straße, Hausnummer 20, praktiziert Gottfried Benn in seiner Arztpraxis. Beide waren einander 1912 begegnet. Beim literarischen Kollegen versorgt sich Fallada mit Morphium. Manchmal genügt es, über den Hinterhof zu rufen; Benns Arbeitszimmer liegt nach hinten. Ebenso wie Kästner erlebt Fallada Gerüchte über sein Ableben. Er lernt Johannes R. Becher kennen, Kommunist, expressionistischer Dichter in den 1920er-Jahren und schon wieder Funktionär als Präsident des kommunistisch dominierten Kulturbundes. Becher hatte bereits die Gründung des Aufbau Verlags betrieben, war später Kulturminister, hatte selber Drogenerfahrung und 1910 in seiner frühen Jugend einen Doppelsuizidversuch mit seiner Geliebten Franziska Fuß überlebt. Im Sinn hatte das Paar dabei den Doppelselbstmord des preußischen Dichters Heinrich von Kleist und seiner Liebe Henriette Vogel am Kleinen Wannsee 99 Jahre zuvor. Becher bringt Fallada dazu, seinen letzten Roman zu schreiben, den Berlin-Roman *Jeder stirbt für sich allein*. Becher veranlasst, dass Fallada die Gestapo-Akte des Falles des Berliner Paares von 1940/42 bekommt, das Protestkarten gegen das Regime ausgelegt hatte, unvollständig, stellt sich später heraus. Becher sorgt für das Einfamilienhaus in der Pankower Siedlung der künftigen Staatsspitze

In Berlin regte Johannes R. Becher (l.; 1891–1958) Fallada nach 1945 zum letzten Roman an. Im Juli 1943 mit dem Berliner Dichter Erich Weinert (M.; 1890–1953) und General Walther von Seydlitz (1888–1976) in Moskau

der DDR in der Straße, die seit 1994 Rudolf-Ditzen-Weg heißt, und er hält auf dem Städtischen Friedhof Pankow bei 30 Grad unter null die Totenrede auf den am 5. Februar 1947 in Niederschönhausen verstorbenen Fallada.

Sein letzter Roman erscheint 1947 nicht in originaler Fassung. Das kommunistische Regime passte ihn der ideologischen Linie an. Weg fiel beispielsweise, dass das Ehepaar, das nach dem Soldatentod des Sohnes beginnt, die Postkarten mit regimekritischen Aussagen in den Mietskasernen abzulegen, dem Nationalsozialismus zunächst positiv gegenübergestanden hatte. Ungekürzt erscheint der Roman erst 2011. Er wird, auch international, ein Verkaufserfolg. Die erste Fassung des im Druck 600 Seiten umfassenden Buchs hatte Fallada im Herbst 1946 innerhalb von 24 Tagen niedergeschrieben. Endlich kann er sagen: „Ich glaube, es ist seit Wolf unter Wölfen wieder der erste richtige Fallada geworden, trotzdem mir der Stoff doch gar nicht lag." Der Autor hatte im Nationalsozialismus meistens nicht in Berlin gelebt, aber er hat bei anderen recherchiert, sich Details erfragt, Anschauung und Farbe in die Geschichte gebracht. *Jeder stirbt für sich allein* ist ein über die Zeiten gültiges Porträt des Berlins der nationalsozialistischen Zeit. Es ist der erste deutschsprachige Roman über Widerstand gegen das NS-Regime. Vielleicht ist dieses Werk die

Realisierung des großen Romans des Dritten Reichs, vor dem Kästner kapituliert hat. Dessen „Blauem Buch" vergleichbar hat Fallada buchstäblich zwischen den Zeilen u. a. des Manuskripts des Romans *Der Trinker* sein *Gefängnistagebuch 1944* versteckt. Diese Niederschriften über das nationalsozialistische Deutschland wurden später bearbeitet und haben eine komplizierte Editionsgeschichte bis hin zu dem Band *In meinem fremden Land* von 2017. Er wählte diese Form des Verbergens, weil er 1944 drei Monate in der Landesanstalt für „geisteskranke Kriminelle" Neustrelitz-Strelitz einsaß. Grund dafür war, dass sich im Streit mit seiner Frau Suse ein Schuss gelöst hatte. Seine regimekritischen Notizen durften den Bewachern auf keinen Fall in die Hände fallen. Das Berlin von *Jeder stirbt für sich allein* ist die Welt einer totalitären Metropole, die beherrscht ist von Angst. Das hatte Fallada in seinem die Fabel schon unbeabsichtigt skizzierenden 15-seitigen Aufsatz *Über den doch vorhandenen Widerstand der Deutschen gegen den Hitlerterror* im November 1945 mit Bezug auf die Tatsache, dass fast alle der ausgelegten Postkarten bei der Gestapo gelandet waren, so formuliert: „Welche Verängstigung aller, aber auch aller, die sich in der übereiligen Abgabe dieser Karten kundtut! Ein Volk von Verrätern, großgezogen von einem Staats-Verführer, in dem die Denunzianten Ehre und Beförderung erfahren, in dem der Vater nicht vor der Anzeige des Sohnes, die Schwester nicht vor der des Bruders sicher ist!"

Das Ehepaar Quangel im Roman wohnt in der Jablonskistraße 55 im Winsviertel, Prenzlauer Berg, nicht weit vom „Horst-Wessel-Bezirk". Noch heute steht dort Mietshausbestand, den es schon vor 1945 gab. *Jeder stirbt für sich allein* erzählt von der selbstherrlichen Verfügungsgewalt, die sich eine SA-Familie anmaßt, vom Ausrauben einer in den Tod getriebenen jüdischen Mitbewohnerin, von den verqueren Realitätsverkehrungen der ideologisch geprägten Lebenswelt dieses Berlin, vom Misstrauen gegen jedermann, von den Drohungen mit Gewalt und Terror und deren Praxis, von erpresserischen Spitzeln, den Verhältnissen in Staatspartei und Staatspolizei und den Menschen, die dort agieren. Das Mietshaus gerät zum Abbild der Stadtgesellschaft dieser Jahre. Atmosphärisch ähnelt dieses Berlin dem von Feuchtwangers *Geschwistern Oppermann*, obwohl das Geschehen sieben, acht Jahre später datiert. „Mancher Leser wird finden, daß in diesem Buch reichlich viel gequält und gestorben wird", schreibt Fallada im Vorwort vom Oktober 1946. Er schließt es mit dem Satz: „Es hat dem Verfasser oft nicht gefallen, ein so düsteres Gemälde zu entwerfen, aber mehr Helligkeit hätte Lüge bedeutet."

THEATER

Görings Protegé – Gustaf Gründgens macht Theater

Hauptrolle und Regie: Gustaf Gründgens (1899–1966) im Juni 1942 als Mephistopheles in Goethes *Faust II* im Berliner Staatstheater

RUDOLF DITZEN hatte wie Becher in seiner frühen Jugend einen Doppelselbstmord versucht. Er überlebte, sein Freund Hanns Dietrich von Necker nicht. Solche Schülerselbstmorde waren in der späten Kaiserzeit in Deutschland eine häufige Erscheinung. An Ditzens früherer Schule, dem Königin-Carola-Gymnasium in Leipzig, gab es 1910 drei solcher Suizide. 1917 erscheint der Roman *Der Anfang*, der diese Todesfälle thematisiert. Der Verfasser porträtiert den Lateinlehrer Heinrich Degen, der dem Schüler Ditzen Talent zum Schreiben bescheinigt hatte. Der Autor des expressionistischen und stark autobiografischen Romans war ein älterer Mitschüler: Hanns Johst – er wurde 1935 als Präsident der Reichsschrifttumskammer mit dem „bedeutendsten literaturpolitischen Amt des Regimes“ betraut und unterschrieb das Papier, das Hans Fallada das Schreiben erlaubte.

Der noch ganz unbekannte Bertolt Brecht sagte über Johsts Roman: „Diese Arbeit riecht nach Lampenfieber und Schweiß.“ Johsts drittes, ebenfalls noch vom Expressionismus beeinflusstes Theaterstück *Der Einsame. Ein Menschenuntergang*, das am 30. März 1918 an den Münchner Kammerspielen uraufgeführt worden war, ist ein zentrales Moment bei der Abfassung des ersten Brecht-Stücks *Baal* gewesen. Johsts Stück provozierte Brecht zur Ankündigung, er werde ein Gegenstück, eine „Antithese“, zu Johsts *Der Einsame* schreiben und dieses Stück mit seinem *Baal* übertrumpfen. Beide Dramatiker hatten noch 1920 freundschaftlichen Kontakt. Das gilt ebenso für Thomas Mann, der nach Lektüre des Johst-Dramas *Der König* im September 1920 in einem Brief formuliert: „Ich liebe Sie sehr, Herr Hanns Johst und freue mich Ihres Daseins. Sie stellen Jugend dar, Kuehnheit [sic], Radikalismus, staerkste Gegenwart – ohne etwas mit jener gallo-juedisch-internationalistischen Geistigkeit zu schaffen zu haben, von der das deutsche Geistesleben sich eine Weile tyrannisieren lassen zu muessen glaubte.“ Da spricht der Mann vor seiner republikanischen Wende von 1922, gegen die Johst harsch, lautstark, öffentlich protestiert.

Der NS-Dramatiker zur Zeit der Machtübernahme und der Übernahme der Co-Intendanz des Berliner Staatstheaters 1933: der NS-Kulturfunktionär Hanns Johst (1890–1978)

Das Schauspiel *Der Einsame* in neun Bildern war Johsts Durchbruch. Der auf NS-Literatur spezialisierte Osnabrücker Germanistikprofessor Rolf Düsterberg hebt in seiner Untersuchung *Hanns Johst: „Der Barde der SS"* von 2004 hervor, dass dieses Stück dessen einziges Werk sei, das es in *Kindlers Literatur Lexikon* geschafft hat. Die Fabel fasst das Nachschlagewerk so zusammen: „Das Stück bringt in lockerer Szenenfolge und historisch recht freier Gestaltung das Leben des deutschen Dramatikers Christian Dietrich Grabbe auf die Bühne. In etwas sentimentaler Überhöhung wird die Gestalt des revolutionären Melancholikers als Verkörperung der Einsamkeit des ‚höheren Menschen' verherrlicht." Antisemitismus, der Gegensatz von bejahtem Leben und minder geschätzter Vernunft finden in *Der Einsame* ihren Ausdruck. Es ist ein Stück im Sinne des NS-Regimes. Der Dramatiker des Vormärz wird vom Nationalsozialismus als nationaler Dichter gepflegt. Im Jahrzehnt zwischen 1933 und der Spielzeit 1943/44 wurde Johsts Grabbe-Stück 40-mal auf deutschen Bühnen inszeniert. Auch in Berlin stand es auf dem Spielplan 1937/38 der Staatlichen Schauspielbühnen – unter der Intendanz von Gustaf Gründgens. Johst aber steigt im Nationalsozialismus als Kulturfunktionär auf und weniger als Dichter, Autor, Dramatiker. Düsterberg zählt Johsts Ämterfülle und seine Bestallungen im Jahr 1935 auf: „Dem preisgekrönten Dichter der Bewegung Hanns Johst, dem Staatsrat, Reichskultursenator, Präsidenten der Dichterakademie, Präsidenten der Union Nationaler Schriftsteller und seit Ende 1933 tätigem Mitglied des Präsidialrats der Reichsschrifttumskammer, brachte das Jahr 1935 weitere Glanzpunkte seiner politischen Karriere im neuen Staat: einen sehr hohen Rang in Himmlers SS und das Amt des Präsidenten der Reichsschrifttumskammer. Johst befand sich auf dem Zenit seines Lebenslaufes, die ganz große Zeit brach für ihn an." Johst, der sich als

„bedeutendster deutscher Dichter" bezeichnen ließ, wurde als Präsident der Reichsschrifttumskammer „die kulturpolitische Galionsfigur, die in idealer Weise die ideologische Forderung nach der Einheit von Kunst und Weltanschauung verkörperte." Die Einrichtung, der er nun vorsaß, war 1933 gegründet worden. Sie war „der organisatorische Zusammenschluß für alle Gruppen, die an der Herstellung, Verbreitung oder Vermittlung des Kulturgutes Buch mitwirkten." Sie war Teil der Reichskulturkammer. Laut Reichskulturkammergesetz vom 22. September 1933 gab es sechs weitere Kammern für Film, Musik, Presse, Rundfunk, Theater und die Reichskammer für bildende Künste. Das wichtigste Instrument war die Zwangsmitgliedschaft aller im weitesten Sinne kulturell tätigen Berufe, beginnend mit dem Buchhändler zum Zweck lückenloser Kontrolle. Unter Kulturschaffenden sollten „unerwünschte Elemente" und „undeutsches Gut" keinen Platz haben. Über diesen Kulturbürokratien stand Joseph Goebbels' Ministerium in Berlin. Johst behauptete am 4. April 1955 in einem Brief an Gottfried Benn im Nachhinein, er habe das Präsidentenamt als „rein representativ [!]" angesehen. Goebbels habe er 1935 gesagt, dass er nicht bereit sei, seinen „ständigen Wohnsitz Oberallmannshausen gegen Berlin" zu tauschen. Der NS-Multifunktionär aus Seerhausen in Sachsen, der 1978 in Ruhpolding starb, kam „8–10 Tage" im Monat und nur selten „bis zu zwei Wochen" vom Starnberger See in die Reichshauptstadt. Offenbar war Johst schon in den 1920er-Jahren kein Freund Berlins, anders als zum Beispiel Klaus Mann, der in seinem *Lebensbericht*, der 1952 posthum unter dem Titel *Der Wendepunkt* veröffentlicht wurde, verkündete: „Berlin war *meine* Stadt!"

Johst galt als jovial und hilfsbereit. Das zeigt der Fall des Wahl-Berliners Benn, den Klaus Mann einen „großen Poeten" nennt, dem er aber bescheinigt: „Der Nietzsche-trunkene Dermatologe war angenehm berührt von dem antihumanistischen, antichristlichen Radikalismus, der irrationalen Vehemenz der Hitler-Bewegung." Benn praktizierte seit 1917 als Facharzt für Haut- und Geschlechtskrankheiten in der Belle-Alliance-Straße 12, heute Mehringdamm 38. Benn und Johst kannten sich aus den 1920er-Jahren. Benn hatte mitgeholfen, die „Gleichschaltung" der Dichterakademie, die Auflösung des deutschen PEN-Clubs durchzusetzen, und hatte mit Johst den *Aufruf der ‚Union nationaler Schriftsteller'* veröffentlicht. An die emigrierten Kollegen wandte sich Benn 1933 mit nationalsozialistisch inspirierten Worten: „Verstehen Sie doch endlich dort an Ihrem lateinischen Meere, daß es sich bei den Vorgängen in Deutschland gar nicht um politische Kniffe handelt, die man mit der bekannten dialektischen

Manier verdrehen und zerreden könnte, sondern es handelt sich um das Hervortreten eines neuen biologischen Typs, die Geschichte mutiert und ein Volk will sich züchten." Klaus Mann lässt in *Der Wendepunkt* seine Empörung darüber spürbar werden. Gleichzeitig wurde Benn aus Partei und Regime angegriffen. Seine Zuverlässigkeit wurde bezweifelt. Seine Haltung zu Diktatur und Ideologie blieb uneindeutig ambivalent. 1938 folgen Kammerausschluss und Schreibverbot. Immer aber half Johst. „Wegen Benn werde ich mal versuchen, was sich tun läßt", antwortete ihm sein Freund Heinrich Himmler am 4. April 1938. Tatsächlich räumte der Reichsführer SS und Chef der Deutschen Polizei die Probleme des 1935 reaktivierten Stabsarztes Benn offenbar endgültig aus dem Weg, sodass er die Wehrmacht als Fluchtort nutzen konnte. Als erneut Angriffe folgten, telegrafierte „SS-Oberfuehrer" Johst im Mai 1939: „Ignorieren Sie Kritik. Verbuerge mich für Integritaet und Makellosigkeit Ihrer dichterischen Persoenlichkeit."

Das Preußische Staatstheater im früheren Königlichen Schauspielhaus am Gendarmenmarkt war unter der Intendanz Leopold Jessners in den 1920er-Jahren ein renommiertes Haus modernen und avantgardistischen Theaters. Klaus Mann, der die Theaterszene Berlins gut kannte, weil er als „dritter Theaterkritiker" beim Berliner *Zwölfuhrmittagsblatt* gearbeitet hatte, attestiert dem „theatersüchtigen, theaterbesessenen Berlin" dieser Epoche, dass das Theater „damals im allgemeinen auf einem so hohen Niveau" gestanden habe, „daß sogar zweit- und drittklassige Aufführungen sich sehen lassen konnten." Seit Jessners Abgang am 18. Januar 1930 angesichts der immer schwieriger werdenden politischen Verhältnisse geriet das Preußische Staatstheater in eine anscheinend ausweglose Krise. Die Theatermetropole Berlin befand sich im Abstieg. Der Zeitzeuge, Bühnenbildner, Theatermann und Gründgens-Biograf Heinrich Goertz: „Der Ratlosigkeit im Politischen entsprach die Richtungslosigkeit der Theater." Die Zuschauerzahlen gingen zurück, auch wegen der starken Konkurrenz der neuen Tonfilmpaläste. Sogar Premieren waren kaum noch ausverkauft. Nicht umsonst hatte Feuchtwanger bezüglich der frühen 1930er-Jahre in seinen *Geschwistern* prophezeit: „Das Berliner Theater, zwei Jahre zuvor das beste Europas, war infolge der nationalen Bewegung rasch verfallen; gelangten die Völkischen wirklich an die Macht, dann war die deutsche Bühne endgültig verloren."

Der Generalintendant der Preußischen Staatstheater, Heinz Tietjen, wurde 1954 vom Berliner Senat mit der Ernst-Reuter-Plakette geehrt und war Vertrauter der Hitler-Freundin Winifred Wagner, mit der er bis 1944 zehn Jahre lang die Bayreuther Festspiele leitete. Er hatte rasch ein gutes Verhältnis zu den neuen Herren entwickelt und präsentierte zügig die neue Leitung des Schauspielhauses. Goertz formuliert es 1982 so: „Am 1. März 1933 marschierten Franz Ulbrich, bis dato Intendant in Weimar, und der Dramatiker Hanns Johst, nunmehr in SS-Uniform, in die Intendantenbüros in der Oberwallstraße ein.“ Johst selbst, der für die neue Aufgabe in die wenig geliebte Reichshauptstadt kommen muss, hält 1943 in einer Notiz fest: „Als ich damals, vor zehn Jahren, in der Nacht nach Berlin fuhr, um von der ersten Stunde an mithelfen zu dürfen, an Stelle kritischer Forderungen praktische nationalsozialistische Kulturpolitik zu leisten, hätte ich nicht geglaubt, dass die völlige Wandlung aller künstlerischen Disziplinen so reibungslos von statten gehen würde.“ Er war tatkräftig dabei, das Schauspielhaus ideologisch auf Linie zu bringen und das personalpolitisch umzusetzen. Der 1,83 Meter große Blonde trug im Theater gern die schwarze SS-Uniform.

Lebte, schrieb und praktizierte in Berlin: Der Dichter Gottfried Benn (1886–1956) kollaborierte erst mit dem NS-Regime und war ab 1935 Wehrmachtsarzt an mehreren Standorten (koloriertes Foto, um 1932).

Immer wieder war schon zuvor Gustaf Gründgens im Gespräch gewesen, als diskutiert wurde, wie die Situation am Schauspielhaus, dem heutigen Konzerthaus Berlin, zu überwinden sein könnte. Der gebürtige Düsseldorfer aus gutbürgerlichem Hause hatte Erfolge in Hamburg gefeiert. Der stark kurzsichtige, damals noch Monokel tragende Gründgens, der das Publikum von der Bühne aus nicht erkennen konnte, hatte schon in der Hansestadt das Empfinden, er gehöre eigentlich nach Berlin. Das gelingt durch die Casanova-Rolle des *Florindo* in Hugo von Hofmannsthals *Cristinas Heimreise*, die er im Theater in der Josefsstadt in Wien spielt. Ende der 1920er-Jahre hatte der Theatermagnat Max Reinhardt begonnen, sich aus Berlin zurückzuziehen. Nach dem Gastspiel in Wien macht Reinhardt Gründgens ein Angebot für Berlin. Der Durchbruch kommt am

Auf dem Grünen Hügel: der Theatermann und Dirigent Heinz Tietjen (l.; 1881–1967) als Generalintendat bei den Bayreuther Festspielen u. a. mit Winifred Wagner (1897–1980)

23. Oktober 1928 bei der Uraufführung eines von dem berühmten Regisseur Heinz Hilpert inszenierten Stücks. Klaus Mann schildert in *Der Wendepunkt* rückblickend den Berliner Einstandserfolg seines seit 1929 ehemaligen Schwagers:

Während verbrecherische Elemente in der politischen Sphäre sich immer dreister bemerkbar machten, war ein Stück namens „Verbrecher" (von Ferdinand Bruckner) ein sensationeller Erfolg im Deutschen Theater. Die große Attraktion der Vorstellung war Gustaf Gründgens in der Rolle des morbiden Homosexuellen. Der Hamburger Star war schließlich von Kennern der Metropole entdeckt worden. Berlin war hingerissen von seiner „aasigen" Verworfenheit, dem hysterisch beschwingten Gang, dem vieldeutigen Lächeln, dem Juwelenblick. Erika, übrigens, hatte sich mittlerweile von ihm scheiden lassen.

Der Wunsch-Berliner Gründgens ist fortan auf Rollen der gehobenen Unterhaltung festgelegt, die ihm nicht gefallen, wie er 1949 sagt: „Auch meine erste Berliner Rolle in ‚Verbrecher' von Bruckner war eine Rolle, die ich sehr gehaßt habe, die ich aber spielen mußte, einfach um leben zu können, nicht?" Die finanzielle Situation bessert sich rasch. Gründgens arbeitet viel. Bald mietet er eine Villa in der Hagenstraße in Grunewald, nicht weit weg vom Haus der Feuchtwangers. Gründgens lebt dort mit seinem Vater und seiner Mutter, die den Haushalt erledigt. Aber er leidet künstlerisch. 1961 sagt Gründgens in einem Interview: „Ich löse einen Vertrag, dessen Erfolge mich diskreditieren. Ich mache mich ungern und gezwungenerweise selbständig, die Theater haben kein Geld, keine Zeit und keine Nerven mehr für systematische Arbeit, wie ich sie gewöhnt bin. Die logische und natürliche Entwicklung ist zerstört." Gründgens gerät an den großen jüdischen Dirigenten Otto Klemperer, kommt als Regisseur an die von ihm geleitete Krolloper, in der nach dem Reichstagsbrand der Reichstag zusammenkommen wird. Gründgens hat Erfolg in der Dependance der Staatsoper Unter den Linden. An der Krolloper ist Gründgens im Blick des Generalintendanten Tietjen. Der gewinnt Gründgens als Regisseur fürs Schauspielhaus, indem er ihm einen Vertrag gibt, in dem Gründgens' persönliche Lebensrolle *Hamlet* und die Inszenierungen von Johann Wolfgang von Goethes *Faust I* und *Faust II* zugesagt sind. Der Generalintendant stand unter Druck: Im 100. Sterbejahr Goethes 1932 wäre es sonst nicht mehr gelungen, die beiden *Faust*-Dramen auf die Bühne zu bringen, denn niemand anders stand zur Verfügung. *Faust Erster Teil* mit Gründgens als *Mephistopheles* hat am 2. Dezember 1932 Premiere, der zweite Teil am 21. Januar 1933. Es gibt nur wenige Vorstellungen. Am 30. Januar 1933 ist Gründgens in Spanien für Film-Außenaufnahmen. Er zweifelt, ob er zurückfahren soll, tut es dann aber. Die gleiche Frage stellt er sich im Frühjahr, als er in Paris ist und als in Deutschland die jüdischen Geschäfte boykottiert werden. „Warum mußte ich zurückfahren?" Seine Antwort formuliert er 1950 so: „Weil ich zu diesem Zeitpunkt für das Wohl und Wehe von fünf Menschen verantwortlich war; das waren zunächst meine Eltern und dann ein Freund von mir, der sich kommunistisch stark exponiert hatte, meine jüdische Freundin Ida Liebmann, und als fünfter ein Freund von mir, dem ich noch 1944 nach Schweden verhalf und der heute in Amerika lebt. Diese fünf Menschen lebten in meinem Haus in der Hagenstraße." Im April 1933 teilen die neuen Leiter des Schauspielhauses Gründgens mit, dass sein Vertrag gelöst wird. Er sei nicht erwünscht. Nach dieser Eröffnung steht Gründgens in *Faust I* auf der Bühne, und er berichtet aus der Rückschau: „Am Abend dieser Vorstellung lernte ich dann Göring kennen, der damals als Preußischer Ministerpräsident auch der Chef der Staatstheater war. Göring zeigte sich von meiner Darstellung des Mephisto sehr beeindruckt und erklärte dann kategorisch, daß der zwischen dem Staatstheater und mir bestehende Vertrag bindende Gültigkeit sowohl für das Staatstheater als auch für mich haben müsse." Das war die Niederlage für Johst.

Als Autor erlebt Johst in diesem April 1933, mit Düsterberg zu sprechen, den „größten Triumph seiner literarischen Karriere". Am 20. des Monats, Hitlers Geburtstag, Johst ist gerade sechs Wochen in der Theaterleitung, wird sein Stück *Schlageter* im Schauspielhaus uraufgeführt. Die Titelrolle gibt der gebürtige Berliner Lothar Müthel, der im Mai der NSDAP beitritt. Das 1932 in München veröffentlichte Drama ist Adolf Hitler gewidmet „In liebender Verehrung und unwandelbarer Treue" und huldigt dem ähnlich wie Wessel vom Nationalsozialismus zum Märtyrer verklärten Freikorpsangehörigen und rechtsextremen Terroristen der Zeit der Ruhrbesetzung Albert Leo Schlageter, der durch ein französisches Militärgericht verurteilt und hingerichtet wird. Die letzte Szene ist die Exekutionsszene, in der Lastwagenmotoren von der Bühne dröhnen. Nach dem Kommando an den Peloton folgt als Letztes diese Regieanweisung:

(Vorher werden die Scheinwerfer langsam eingezogen, so daß die Feuergarbe der Salve wie greller Blitz durch Schlageters Herz in das Dunkel des Zuschauerraumes fetzt. Alles Licht erlöscht jäh. Vorhang stürzt herab. Die Motore donnern, die Clairons gellen Triumph. Einen Augenblick lang, dann jähe und unbedingte Stille ... Totenstille. Licht im Zuschauerraum.)

Das Stück wird ein Erfolg. Klaus Manns Bruder Golo allerdings notiert nach dem Besuch der Vorstellung am 13. Mai: „Gehässig, gemein und öde, wie zu erwarten. Übrigens halbgeschickt und nicht schlecht in der Technik ..." Der *Schlageter* wird 1933/34 von 115 deutschen Theatern und in mehr als 1000 Städten gespielt, und er wird Schullektüre. Bald jedoch wird das Stück von den Bühnen verbannt, weil es das Verhältnis zu Frankreich stört und zu sehr von revolutionärer Stimmung getragen ist. Hitler will die nationalsozialistische „Revolution" beenden. Das ist wieder eine Niederlage für Johst. Zu seiner Spielplangestaltung stellt Düsterberg fest: „Zunächst jedoch wurden – auch in Johsts Verantwortung – das Staatstheater am Gendarmenmarkt wie die Berliner Bühnen überhaupt mit unzähligen ‚Blut-und-Boden'-Stücken überschwemmt." Internationales Aufsehen erregte die Entlassung des Schauspielers und ehemaligen KPD-

Mitglieds Hans Otto, der zehn Tage nach seiner Verhaftung, nach Folter und Verhör, an den Folgen eines Fenstersturzes im SA-Hauptquartier ums Leben gekommen war. Der Eklat um die von Regisseur Jürgen Fehling offenbar absichtsvoll ideologisch übertreibende Inszenierung von Johsts *Propheten* zum Jahresende 1933 brachte den Preußischen Ministerpräsidenten Göring dazu, für Johsts raschen Abgang zu sorgen. In *Mephisto*, seinem *Roman einer Karriere* von 1936, lässt Klaus Mann auch Johst auftreten: Cäsar von Muck, wie das Alter Ego heißt, antwortet auf die Frage, ob er nicht einmal Staatstheaterintendant gewesen sei, „mit einer gewissen Schärfe: ‚Gewiß.'"

Was war der Grund des Rauswurfs? Eine Ursache war die Rivalität der Regimegrößen. Johst stand auf der Seite von Goebbels und Rosenberg, nicht auf der Görings. Der wünschte für die Reichshauptstadt, in der internationale Presse und diplomatisches Corps zum gesellschaftlichen Leben gehörten, ein repräsentatives Theater, das internationalen Ansprüchen genügte: „Meine Herrschaften, Gründgens hat den Auftrag, dieses Theater zum ersten Deutschlands zu machen und damit der Welt." Gustaf Gründgens wurde am 26. Februar 1934 Intendant, später Preußischer Staatsrat und 1937 als Nachfolger Tietjens Generalintendant der Preußischen Staatstheater. Zu diesem Imperium zählten das Kleine Haus des Staatstheaters in der Budapester Straße 35, wo Stars wie Emil Jannings und Heinz Rühmann auf der Bühne standen, und das Lustspielhaus an der Weidendammer Brücke. In einer überlieferten Textvariante seines *Lebensberichts* charakterisiert Klaus Mann die Rolle seines ehemaligen Schwagers so: „Binnen kurzem wurde Gustaf zum Intendanten des Staatstheaters ernannt und wurde so zum Leiter, um nicht zu sagen, zum Führer des Theaterlebens im Dritten Reich." Für Goertz ist er ein „großer Theatermann, der nicht nur Theater für sich machte, sondern auch Theater an sich, für alle."

Mit seinem Credo als Regisseur vor und nach dem Nationalsozialismus bleibt sich Gründgens treu. Es geht ihm um Kunst um der Kunst willen, die trotzdem an eine andere Welt appelliert: „Der Theaterabend soll heute keine Fortsetzung eines von Sorgen zerrissenen Tages sein, es soll in eine andere, bessere Welt entführen, deren Sorgen und Kümmernisse den unseren nicht gleichen und zu ihnen wunderbarerweise in gar keiner Beziehung stehen ... Es lassen sich keinerlei Parallelen ziehen, es drängen sich keine unliebsamen Vergleiche zwischen dem Alltag auf, man wird erst wieder in die Wirklichkeit gerissen, wenn der Vorhang fällt." Gründgens will „Werktreue", den Dichter authentisch auf die Bühne bringen, liest die Texte

Wort für Wort, naiv, als Partitur. Klassiker stehen auf seinem Spielplan. In der Spielzeit 1937/38 *Egmont, Maria Stuart, Don Juan, Hamlet, Richard III., König Lear,* neu bringt das Haus *Faust* in beiden Teilen, beide Teile *Wallenstein,* William Shakespeares *Heinrich*-Dramen. Und es sind große Namen, die bei Gründgens Theater machen, bei der Regie ebenso wie bei den Schauspielern. Es steht auch das auf dem Plan, was die Zeit „Drama der Gegenwart" nennt: *Henrik Ibsens Peer Gynt. In freier Übertragung für die Bühne.* Das ist die Bearbeitung von Hitlers ideologischem Lehrmeister Dietrich Eckart von 1912. Ebenso wird Johsts *Der Einsame* gespielt. Gründgens gibt Friedrich den Großen im von ihm uraufgeführten *Der siebenjährige Krieg* des NSDAP- und SA-Mitglieds Hans Rehberg.

Misserfolge gehören dazu: Den *Orest* in *Iphigenie auf Tauris* will Gründgens unbedingt spielen. Premiere unter Regie von Müthel, der 1932 Gründgens als *Mephisto* zum Erfolg führte, ist am 2. Januar 1943, aber der *Orest* misslingt.

Gustaf Gründgens inszenierte sich selbst als Friedrich der Große: Der Intendant des Schauspielhauses gab den Preußenkönig hier am 2. Juni 1938 im Stück des Nationalsozialisten Hans Rehberg.

Gustaf Gründgens' Biografie zu Beginn der zehn Jahre am Staatstheater, die Goertz als Gipfel seines künstlerischen Wegs ansieht, ist in der Literarisierung der inselhaften Bühnenwelt am Gendarmenmarkt durch Klaus Manns Roman *Mephisto* zu einem denkwürdigen Abbild der Theaterstadt Berlin der nationalsozialistischen Epoche geworden. Das Bemühen, Gründgens' Handeln und seine Motive auf den Punkt zu bringen, scheitert an seiner unscharfen Relation zu seinem Selbst. Memoiren hat Gründgens nie geschrieben. Manns Hendrik Höfgen als Alter Ego ist nicht Gustaf Gründgens im Sinne der Realbiografie. Diese voyeuristische Lesart begründet das durch Gründgens' späteren Lebenspartner und Alleinerben Peter Gorski 1966 angestrengte Verbot des Mann-Buchs, das durch eine bis heute bedeutsame Entscheidung zur Kunstfreiheit durch das Bundesverfassungsgericht erst 1971 aufgehoben wurde. Doch gedeutet als Verkörperung einer spezifischen künstlerischen Existenz in der nationalsozialistisch kontrollierten Kulturmetropole Berlin, bringt die Höfgen-Figur eine innere Wahrheit des Kulturlebens der Epoche zur Anschauung. Die Figur überschreitet den sich selbst permanent inszenierenden Gründgens als Person und stellt dem Leser das theatralische Wortgemälde des NS-Berlins vor Augen, wie es Klaus Mann wahrgenommen hat. *Mephisto* ist ein weiteres Beispiel für die Schwierigkeit, das Berlin des Dritten Reichs und diese Zeit als Roman – und erst recht satirisch – gelingend in Literatur zu übersetzen; wir denken an den daran gescheiterten Kästner mit seinem distanzierten „Kästner-Ton" und an Brechts von ihm nie veröffentlichten *Arturo Ui*. In einer nicht verwendeten Passage seines *Lebensberichts* bringt Mann die Absicht seines als Satire angelegten und deshalb bewusst übertreibenden *Mephisto* pointiert ins Wort:

> *Das individuelle Problem Gründgens interessierte mich nicht. Aber das Problem des „kultivierten" Mitläufers, des talentvollen Opportunisten, der gesinnungslosen Begabung – das schien mir doch des Interesses wert! Es reizte mich, dieses Problem dieses Phänomen, diesen moralischen Skandal erzählerisch darzustellen. Als Exempel hätte mir genausogut [sic] ein anderer dienen können – der beliebte Dirigent Staatsrat Furtwängler, zum Beispiel, oder der nicht minder angesehene Komponist Richard Strauß.*

Im endgültigen Text von *Der Wendepunkt* betont Mann an dieser Stelle weniger schroff, er habe sich für Gründgens entschieden,

Der große Hans Hilpert (1890–1967) führte das Haus in der NS-Zeit: Kammerspiele (l.) und Deutsches Theater in der Schumannstraße um 1940

„[...] nicht weil ich ihn für besonders schlimm gehalten hätte (er war vielleicht sogar eher besser als manch anderer Würdenträger des Dritten Reichs), sondern einfach, weil ich ihn besonders gut kannte." Manns Empörung, Unverständnis, Wut sind begründet: „Wie, man hatte mit ihm gelebt, gearbeitet, diskutiert, gespielt, gezecht, Pläne gemacht, gute Freundschaft gehalten, und nun saß er am Tisch des monströsen Reichsmarschalls? Und nun zechte, spielte, diskutierte er mit den Mördern?" Diese Auseinandersetzung zwischen dem Emigranten und dem Aufsteiger ist prototypisch für das Verhältnis derer, die das Berliner Kulturleben nach 1933 hinter sich gelassen haben, und denen, die geblieben, erst recht aber denen, die sich eingelassen haben mit den Nationalsozialisten.

Gründgens kam beim Berliner Publikum an. Gründgens war immer ausverkauft. Nachts gab es Warteschlangen, sogar im Winter. Der Berliner Theatermann Alfred Mühr schreibt in dem in seinem Sterbejahr 1981 erschienenen Band *Mephisto ohne Maske*, Gründgens habe vieles so gemacht wie Max Reinhardt: „Die ersten ‚Ausverkauft'-Schildchen auf dem Wochenspielplan waren die beste Publicity." Mühr war Theaterkritiker der rechtsorientierten *Deutschen Zeitung* gewesen, schrieb gegen die „Verjudung des Berliner Theaters", stand den Nationalsozialisten sehr nahe, war Schöpfer des von ihnen propagandistisch genutzten Begriffs „Kulturbolschewismus“ und wurde Gründgens’ Schauspieldirektor und Vertreter als Generalintendant. Gründgens, so schildert es Mühr, suchte zum Beginn ihrer Zusammenarbeit die offene Aussprache unter vier Augen, in der Mühr mit Blick auf Gründgens’ „homophile Neigungen“ seine Vorurteilsfreiheit beteuerte, während Gründgens „sehr offen“ über Finanzen, Spielpläne und Rollen sprach. Mühr wurde der loyale „Zerberus“, „Rausschmeißer“, die „Axt im Haus“. Um Theaterkritik musste sich Mühr bald nicht mehr kümmern. Im November 1936 erließ Goebbels das Kritikverbot; es durfte nur noch „Kunstbetrachtungen“ geben.

Auf der „Insel“ Schauspielhaus im nationalsozialistischen Berlin war das „Heil Hitler!“ verpönt, und bei einem Einstellungsgespräch konnte der Intendant sagen: „… und außerdem erwarte ich von Ihnen, daß Sie kein Nationalsozialist sind.“ Schauspieler mit jüdischen Frauen gehörten bis zuletzt zum Ensemble, und wenn es bedrohlich wurde, kamen die Frauen mit ins Theater. Solch eine „Insel“ war auch Hilperts Deutsches Theater in der Schumannstraße. Gründgens machte im Verhältnis zu seinem Schutzherrn Göring im übertragenen Sinne Theater und setzte dabei auf die von Mühr bezeugte, offenbar rückhaltlose und möglicherweise entwaffnend wirkende Ehrlichkeit. Ein Beispiel dafür, aber auch für Gründgens’ immer wieder aufflammende Angst, ist die Episode nach der brutalen und massiv homophob motivierten Liquidation der zu mächtig gewordenen SA-Führung unter Ernst Röhm mit ihren Forderungen einer „zweiten Revolution“ durch Hitler und auch durch Göring im Juni 1934. Gründgens gesteht Göring seine dem Ministerpräsidenten sicherlich längst bekannte homosexuelle Neigung und ersucht um Entlassung und Emigration. Göring will auf Gründgens nicht verzichten. Angesichts der sich verschärfenden Verfolgung Homosexueller in deren ehemaliger Hochburg Berlin richtet Gründgens am 28. Dezember 1934 ein „ausgesprochenes Rücktrittsgesuch“ an Tietjen, das allerdings folgenlos bleibt. Gründgens hatte geschrieben: „Der einzige zwingende Grund sind die wiederholten Aktionen gegen eine bestimmte Gruppe von Menschen, mit denen i c h mich keineswegs identifiziere, mit denen man mich aber identifiziert. Und ich würde mich eher in Stücke hauen lassen, ehe ich in dieser Sache ein Wort zu meiner Verteidigung über die Lippen brächte.“ Er heiratet 1936 die Schauspielerin Marianne Hoppe. Die 1946 geschiedene Ehe schützte beide. Denn beide lebten keine ausschließlich heterosexuelle Orientierung, wie sie das Regime ideologisch forderte. 1935 hatte

Gründgens das ehemals in jüdischem Eigentum befindliche, vor der Berliner Stadtgrenze hinter Königs Wusterhausen gelegene Schloss Zeesen gekauft. Dort entstehen 1938 Außenaufnahmen des in den UFA-Studios in Babelsberg gedrehten Films *Der Schritt vom Wege* nach *Effi Briest* von Theodor Fontane, dessen Exposé Gründgens Hoppe zur Hochzeit schenkte; sie spielte die Effi. Es ist der erste Film von Gründgens' eigener Produktionsfirma und läuft nach der Uraufführung im Capitol-Kino in Berlin – dort steht heute das Bikini-Haus – am 9. Februar 1939 auch in Dänemark und den USA. Heute ist das ehemals prachtvolle Schlossgebäude am Zeesener See verwahrlost.

Thomas Mann schreibt am 6. März 1936 in sein Tagebuch über seinen früheren Schwiegersohn: „In Blüte steht Gründgens mit 120 000 Mark Einkommen, Lebensführung eines Landedelmannes, Landgut mit Pferden etc. Gegen Rosenberg, der ihn verfolgt, deckt ihn Göring, erwirkt ihm Empfang beim Führer mit großer Presseaufmachung, bevor R[osenberg]. in einer Versammlung gegen ihn spricht." Nicht zuletzt im Gefolge dieser Verwicklungen ernennt Göring Gründgens sicherheitshalber zum Staatsrat. In der Spielzeit 1941/42 folgt der letzte schauspielerische Gipfel für den Intendanten und Schauspieler: Wieder inszeniert er beide *Faust*, und wieder gibt er den *Mephisto*. Am 18. Februar 1943, Gründgens hatte vorher Wind bekommen, berichtet Goertz, entzieht er sich der scheinbar freundlichen Abholung zu einer „kleinen Versammlung im Sportpalast" mit der SS-Limousine, indem er sich im Dienstwagen Stunde um Stunde durch Berlin fahren lässt. Heinrich George, Intendant des „Schiller-Theaters der Reichshauptstadt Berlin", wird überrumpelt und ist bei Goebbels' Rede *Wollt Ihr den totalen Krieg?* in der *Wochenschau* sichtbar anwesend. Wenig später meldet sich Gründgens zur Luftwaffe und wird dort Wachtmeister, mit gleichzeitiger voller Amtskompetenz als Generalintendant; in anderer Weise als Benn nutzt er die Wehrmacht als Fluchtort.

Gründgens überlebt das Dreivierteljahr Haft bei den Sowjets, die nicht verstehen wollten, dass Generalintendant bei den Deutschen kein militärischer Rang ist. Heinrich George starb am 25. September 1946 im sowjetischen Speziallager Nr. 7 Sachsenhausen. Gründgens setzte seine Karriere in der Bundesrepublik fort. „Berlin schien vergessen", schreibt Mühr über den Gründgens der Nachkriegszeit. Einmal soll er in der Garderobe in Hamburg gesagt haben: „Ich kann, ich kann es nicht glauben, daß es Berlin nicht mehr gibt." 1949, zu seinem 50. Geburtstag, schrieb ihm der Regierende Bürgermeister Ernst Reuter, schlug Rückkehr vor, es wurde nichts. Gründgens verfilmte 1960 mit Will Quadflieg den – seinen – *Faust*. Er starb in der Nacht vom 6. auf den 7. Oktober 1963 in Manila an den Folgen einer Überdosis Schlafmittel. Die Heimatstadt Düsseldorf hat vor ihrem Schauspielhaus den Gustaf-Gründgens-Platz, Hamburg die Gustaf-Gründgens-Straße, Berlin nichts.

Der Südflügel des Schauspielhauses am Gendarmenmarkt brannte am 23. September 1943 infolge eines Bombentreffers aus. Joseph Goebbels verfügte in seinem Amt als Reichsbevollmächtigter für den totalen Kriegseinsatz zum 1. September 1944 den „Totalen Kriegseinsatz der Kulturschaffenden". Diese sogenannte „Theatersperre" bedeutete die Schließung aller Theater und Kultureinrichtungen. Mühr schildert die Odyssee seiner Ehefrau durch das in Flammen stehende Berlin der letzten Kriegstage. Die Gebäude an der Oberwallstraße waren in sich zusammengebrochen, schwarzer Rauch lag über der Generalintendanz mit Gründgens' Etage: „Die ganze Innenstadt um den Gendarmenmarkt und das Kronprinzenpalais brenne, hieß es. Ein Traum war ausgeträumt. Nicht einmal mehr die Reliquie eines Programmheftes war vorhanden." Das bislang unbeschädigte Innere des Schinkelbaus verbrannte während der letzten Tage der „Schlacht um Berlin".

Goebbels proklamiert am 18. Februar 1943 den „totalen Krieg": Schillertheater-Intendant Heinrich George (r.; 1893–1946) ist mit seiner Frau Berta Drews (1901–1987) im Sportpalast dabei.

MUSIK

Wilhelm Furtwängler – Dirigent im Pilgerschritt

Großer Mann, großer Dirigent: Der Berliner Wilhelm Furtwängler (1886–1954) repräsentierte das Dritte Reich, hier um 1937 in London nahe der Royal Opera in Covent Garden.

ENTSAGUNG heiligt Kriegs- und Pilgerschritt / Sie treibt's zu leiden weil der Höchste litt." Diese Verse stammen aus Goethes *Prolog zur Eröffnung des Berliner Theaters* am Gendarmenmarkt vom Mai 1821, das 1817 abgebrannt und dann neu erbaut worden war. Angeblich hat die Bezeichnung Pilgerschritt mit seinem Vor und Zurück ihren Ursprung in der Echternacher Springprozession. Die Bildlichkeit solcher Schrittfolgen veranschaulicht, wie sich der international renommierte Dirigent Wilhelm Furtwängler gegenüber dem nationalsozialistischen Regime verhielt. Geboren ist er am 25. Januar 1886 in der Stadt Schöneberg, die erst 1920 zu Berlin kommt. Er war der Sohn des zugezogenen, in Freiburg geborenen Archäologieprofessors Adolf Furtwängler, der in Olympia Grabungen gemacht hatte und den seine Studenten „Vasen-Adolf" nannten. Wilhelm kam im vierten Stock eines Hauses in der Maaßenstraße nahe dem Nollendorfplatz zur Welt. An dessen Stelle steht inzwischen ein zehn Stockwerke hoher Betonbau, dessen apricotfarbene Fassade von einem grauen Schmutzfilm überzogen ist. Eine leicht zu übersehende Erinnerungsaufschrift am nüchternen Hauseingang stellt Furtwängler als „Komponist und Chefdirigent der Berliner Philharmoniker von 1922–1954" vor. Diese Bezeichnung betont das, was den Geehrten am engsten mit Berlin verbindet. Die bruchlose Kontinuität suggerierende Zeitangabe ist irreführend, denn er hatte von 1945 bis 1947 Dirigierverbot. Wilhelm wächst in Berlin, dann in München auf.

Ein Schritt zu auf die Machthaber war es sicherlich, dass Furtwängler am 7. November 1935 im Rahmen der opulenten Gründgens-Inszenierung des Goethe-Trauerspiels *Egmont* Ludwig van Beethovens opernhafte Musik zu dem Drama dirigiert, dem wir die Redensart „Himmelhoch jauchzend, zu Tode betrübt" verdanken. Anlass der feierlichen Festvorstellung war die Wiedereröffnung des Staatstheaters nach dem Umbau, in dessen Verlauf seit Mai 1935 eine Drehbühne installiert und die Hinterbühne so verlängert wurde, dass ein bühnenbreiter Torbogen zum gegenüberliegenden Haus Charlottenstraße 55 entstand, wo sich technische Räume wie das Kulissenlager befanden; die Bühne des Hauses liegt in Höhe des ersten Stocks. Unter dem Baldachin der Ehrenloge saß Adolf Hitler zwischen Emmy Göring, geborene Sonnemann, und dem Gastgeber Hermann Göring. Frau Göring war Gründgens' Schauspielerkollegin, die ihm den direkten Draht zu ihrem Mann vermittelt hatte. Das diplomatische Corps war geladen. Mehrere Reichsminister waren erschienen. Ein Staatsakt hatte die Aufführung sein sollen, erklärt Goertz, und sie wurde es: „Gründgens hatte den Großen des Dritten Reiches eine repräsentative Festveranstaltung mit Goethe, Beethoven, Furtwängler, Protagonisten, Delfter Kacheln, Brüsseler Spitzen und feurigen Rössern geliefert." Gründgens ließ Egmont mit leibhaftigen Pferden über die neue Hinterbühne auf die Vorderbühne anreiten. Drei Stunden durfte das Spektakel dauern. Der Text wurde deshalb radikal gekürzt. Vor allem wurden dem Klassiker, wo es nur ging, die Zähne gezogen. Die Reden des Aufrührers wurden entschärft. Dem Freiheitshelden ging es zuvörderst um die Liebe, nicht um Politik. Der Eroberer war rechtschaffen inszeniert, nicht etwa rücksichts- und gewissenlos.

Furtwängler ist bis in die Gegenwart ein großer Dirigentenname weit über Berlin, Deutschland, Europa hinaus. Bei den Philharmonikern gehörten die Tourneen dazu, die das Orchester in viele deutsche Städte, aber auch rund um den Globus führten. Der groß gewachsene, hagere und sportliche Furtwängler hatte die klassische Musikszene schon der „Hauptstadt der 1920er-Jahre" Berlin wesentlich geprägt. Als Nachfolger von Arthur Nikisch hatte er 1922 die Berliner Philharmoniker übernommen. Das erste Konzert als Nikisch-Nachfolger fand am 9. Oktober 1922 statt. Gespielt wurden Anton Bruckners *7. Sinfonie*, die *Variations symphoniques* von César Franck, Franz Liszts *Totentanz* und Richard Wagners *Meistersinger*-Vorspiel. Furtwänglers Biograf Herbert Haffner zählt auf, was der mit Schwerpunkt in Berlin tätige Furtwängler elf Jahre vor der Machtübernahme vorweisen kann: „Jetzt ist Furtwängler nicht nur dreifacher Vater, sondern für gewisse Zeit gar Chef der Wiener Tonkünstler- und Frankfurter Museumskonzerte und zugleich Leiter der Preußischen Staatskapelle, des Leipziger Gewandhausorchesters sowie der Berliner Philharmoniker und damit auf dem Gipfel seines Ruhms. Nicht einmal Herbert von Karajan schafft eine derartige Ämterhäufung." Der Dirigent wird in seinem Leben noch mehr Kinder haben, darunter weitere uneheliche. Nach seinem Tod 1954 folgt Furtwängler bei den Philharmonikern der ihm im Berlin der nationalsozialistischen Epoche in Abneigung verbundene, höchst ehrgeizige Herbert von Karajan für 34 Jahre bis 1989. Einer der bekannten Nachfolger des

Furtwängler, Gründgens, Beethoven: Bei Eröffnung des umgebauten Staatstheaters am 7. November 1937 sitzen (v. l.): Preußens Finanzminister Johannes Popitz, Emmy Göring, Hitler und Göring in der Staatsloge.

Staatskapellmeisters Furtwängler ist der 1992 gewählte Generalmusikdirektor Daniel Barenboim, der im Alter von sieben Jahren Furtwänglers *Matthäus-Passion* in Buenos Aires hörte und von dem es als Elfjährigem ein Foto mit Eltern, Furtwängler und kurzen Hosen gibt, als er ihm in Salzburg vorspielen durfte und einen lobenden, karrierefördernden Brief bekam. Furtwängler nennt Barenboim 1954 „[...] ein Phänomen."

Während der Verhandlungen mit Leipzig hatte Furtwängler damals erklärt, dass er seinen Hauptwohnsitz in Berlin, Matthäikirchstraße 31, behalten wollte; im Zuge des Scheiterns seiner Ehe mit Zitla wird er 1928 nach Potsdam in die noch heute existierende Fasanerie im Park von Sanssouci in eine Drei-Zimmer-Wohnung ziehen. Die Berliner Öffentlichkeit war skeptisch, ob Staatskapelle und Philharmonisches Orchester vom selben Chef geleitet werden sollten. Furtwängler selber war es, der in den Worten seines Konkurrenten Bruno Walter „Himmel, Hölle und noch eine Anzahl anderer Sphären in Bewegung setzte, um die Stelle zu erhalten". Die Phil-

harmoniker sind das erste eigenverantwortlich seine Belange entscheidende Orchester, die Rede ist von einer „Republik". Die Musiker votierten ohne Gegenstimme für Furtwängler, nicht zuletzt, weil sie sich mit ihm höhere Einnahmen erhofften. Die Philharmoniker spielten in der Alten Philharmonie in der Bernburger Straße 22a, einer umgebauten Rollschuhbahn mit exzellenter Akustik und 2500 Plätzen, darunter 900 Stehplätze. Sie ist am 30. Januar 1944 bei einem alliierten Luftangriff zerstört worden.

Im Dienst der Kriegspropaganda: Furtwängler und seine Philharmoniker geben wie hier 1944 Konzerte vor Arbeitern in Industriebetrieben wie bei Stock & Co. in Berlin oder bei Siemens.

Der musisch veranlagte Schüler Berthold Oppermann, der sich angesichts von Erniedrigung, Demütigung, Qual durch den völkischen Lehrer umbringen wird, sinnierte in Feuchtwangers *Geschwistern* darüber, was Deutschland sei. Ihm fallen Dinge aus seiner Berliner Lebenswelt ein: „Und das Philharmonische Orchester war Deutschland. Und auch das Autorennen auf der Avus und die Arbeitersportvereine waren Deutschland. Aber, leider, auch das Nationalsozialistische Liederbuch war Deutschland und das Pack in den braunen Uniformen." Zuerst also kommen die Philharmoniker, über die bei Oppermanns ganz selbstverständlich beim Abendbrot gesprochen wird. „Berthold ging gewöhnlich zu den Generalproben am Sonntag vormittag [sic]", lesen wir bei Feuchtwanger: „Morgen vormittag wird Generalprobe zu der Brahmsschen Vierten sein, dazu das Violinkonzert. Furtwängler dirigiert, Flesch spielt." Die Universität der Künste in Berlin hat einen Carl-Flesch-Saal, der diesem weltberühmten, international tätigen, einzigartigen Violinisten und Geigenprofessor gewidmet ist. Als Karoly geboren, gehörte der Jude aus Ungarn, der in den 1920er-Jahren Marlene Dietrich unterrichtete, zu einem der berühmtesten Kammermusiktrios der Epoche, wurde 1928 außerordentlicher Professor an der Berliner Hochschule für Musik und 1930 deutscher Staatsbürger. Die Hochschule entließ ihn 1934, die deutsche Staatsbürgerschaft verlor er 1935, die ungarische 1942, in den Niederlanden musste er den „Gelben Stern" tragen, durfte weder unterrichten noch konzertieren, wurde mit seiner Frau zweimal verhaftet. Sein Sohn berichtet, sein Vater habe einen Brief Furtwänglers vorlegen können, „der ihn in einer ganz anderen Angelegenheit an einen hohen deutschen Beamten empfahl und ihn in das günstigste Licht setzte". Flesch kam dadurch frei. Sein Sohn: „Es besteht jedenfalls kein Zweifel, daß dieser Brief einer der Faktoren war, der meinen Eltern das Leben rettete." Flesch bekam die ungarische Staatsbürgerschaft zurück, wird 1944 in die Schweiz eingeladen, wo er im selben Jahr stirbt. Carl Flesch war ein großer Virtuose, und er spielte und arbeitete in Berlin.

Zweifellos ist es vor allem Wilhelm Furtwängler, der die Kulturmetropole Berlin in den 1920er-Jahren zur Metropole konzertanter klassischer Musik gemacht hat. Als junger Dirigent fuchtelte er gewaltig mit dem Taktstock und bewunderte Nikischs zurückhaltende Bewegungen. Mit ihm ist und bleibt Furtwängler überzeugt, dass Bildung, Ausbildung sich an Klassikern und nicht an Modernen orientieren muss. Das bedeutet keine Ablehnung der Modernen, aber vielleicht eine gewisse Ähnlichkeit mit dem Klassiker und Werktreue bevorzugenden Gründgens. Furtwängler sagt man suggestive, wenn nicht hypnotische Ausstrahlung nach.

Fünf Tage vor der Machtübernahme, am 25. Januar 1933, feiert Furtwängler in den Büros der Philharmoniker seinen 47. Geburtstag. Es ist eine fröhliche Feier, auf der man sich zu Leopold Mozarts *Kindersinfonie* in Kinderkleidern verkleidet. Paul Hindemith, der Komponist der modernen „Neuen Musik", trägt ein eigenes Stück vor, eine Parodie auf Richard Wagners Ouvertüren. Am 30. Januar ist Furtwängler in Berlin, aber das politische Geschehen scheint ihn nicht berührt zu haben. Er hat Grippe, sagt das Konzert am 2. Februar in Leipzig ab. Die Vorbereitung der am 7. Februar startenden Tournee durch Deutschland, nach England, Belgien und in die Niederlande fordert seine Konzentration. Aus diesen Tagen wird kolportiert, dass bei einer Bühnenprobe, die er mit „Guten Morgen, meine Herren" betritt, aus einer Ecke der Hinweis kommt, das heiße jetzt „Heil Hitler". Aber das „Guten Morgen" bleibt bei den Philharmonikern üblich. Auch in dieser Hinsicht behalten sie wie Gründgens' Staatstheater und Hilperts Deutsches Theater als „Inseln" in der nationalsozialistischen Kulturstadt Berlin eigene, nonkonforme Regeln.

Finanziell war es den Philharmonikern spätestens seit dem Geschäftsjahr 1930/31 schlecht gegangen. Der Magistrat hatte seinen Zuschuss um ein Drittel gekürzt. Gehalts- und Preissenkungen halfen nicht. Der Konkurs war 1931 mit einem zweifelhaften Trick verhindert worden. So kommt es zur Fusion mit dem Berliner Sinfonieorchester, heute Orchester des Konzerthauses Berlin. Mit 23 von dort übernommenen Musikern haben die Philharmoniker jetzt 105 Mitglieder. Auch für 1933 droht weiterhin Konkurs. Die Lösung ist die Übernahme durch das Reich. Furtwängler verlautbart am Schwarzen Brett: „Der Führer und die Reichsregierung haben mir die Versicherung abgegeben, dass das Philharmonische Orchester unter allen Umständen erhalten wird. Herr Reichsminister Dr. Göbels [sic] hat an diese Zusicherung die Bedingung geknüpft, dass mir die absolute Führung des Orchesters in künstlerischer und personeller Hinsicht übertragen ist.“ Der Aufsichtsrat des Orchesters spricht dagegen von „Übergangslösung“ und betont, der „Führer“ wolle die Philharmoniker wie Bayreuth zur „nationalen Angelegenheit machen“, und weiter: „Zur Rassenfrage betonte Dr. Furtwängler nochmals seine nationale Einstellung und wies auf seinen Grundsatz hin, bei annähernd gleichwertigen Leistungen dem deutschen Musiker gegenüber dem fremdrassigen den Vorzug zu geben.“ Er erklärt im Rückblick, seine Sekretärin und die jüdischen Musiker seien geblieben: „Solange ich dem Orchester vorstand, d.i. bis zuletzt, ist nie ein Mitglied desselben seiner Rasse wegen gekündigt worden. Ich erklärte damals, dass ich sofort zurücktreten würde, falls man dies verlangte.“ Das Orchester wird „Reichsgesellschaft“. Hitler hat genehmigt, dass es ein „Reichsorchester“ ist. Musiker und Dirigent sind abgesichert, inklusive Pensionsanspruch. Die Fusion mit dem Sinfonieorchester wird rückabgewickelt, womit mehrere Parteigenossen verschwinden. Das Deutsche Reich, vertreten durch den Propagandaminister, ist Eigner des Orchesters. Die seit 1882 bestehenden Selbstverwaltungsrechte sind dahin. Gespielt werden muss bei offiziellen Anlässen von Staat und Partei einschließlich Indienstnahme für die Propaganda. So dirigiert Furtwängler am 21. März 1933, dem „Tag von Potsdam“, dessen Hauptereignis der Händedruck des Reichspräsidenten von Hindenburg und des Reichskanzlers Hitler ist, in der Lindenoper die von

In der Alten Philharmonie in Kreuzberg um 1937: Furtwängler verbeugt sich mit Blick auf die Staatsspitze, in der ersten Reihe u. a. Göring und Hitler.

Richard Wagner als Nationaloper konzipierten und vom Wagnerianer Hitler als solche verstandenen *Meistersinger*. In der zweiten Pause der Vorstellung gibt es einen weiteren denkwürdigen Händedruck. Furtwängler muss – totenblass – zum Kanzler. Die Inszenierung in Potsdam und Furtwänglers Wagner-Darbietung in der Staatsoper bilden eine politisch-propagandistische Einheit. Das sind im Jahre 1933 viele Schritte in Richtung auf die neue Regierung.

Staatsrat war Furtwängler wie seit 1936 Gründgens und wie auch Johst. In der Weimarer Republik war das Gremium „Staatsrat" die Vertretung der preußischen Provinzen mit beratender Befugnis im Gesetzgebungsverfahren. Ministerpräsident Göring gründete das Gremium neu. Dieser Akt sei die „Todesstunde des Parlamentarismus", verkündete er in seiner Eröffnungsrede am 15. September 1933, die Furtwängler in der Neuen Aula der Berliner Universität mit anhörte. Der Jurist Carl Schmitt verwendete in der Broschüre *Staat, Bewegung, Volk* für die Institution, der er selber angehörte, den Begriff „Führerrat" und erklärte: „Führer und Führerrat [...] haben in dem Preußischen Staatsrat, dem großen konstruktiven Werk des preußischen Ministerpräsidenten Göring, die erste anschauliche und vorbildliche Gestalt gefunden." Vier Tagungen gab es, die letzte am 5. März 1936. „Führer" hatten im Nationalsozialismus keinen, schon gar nicht institutionellen Rat nötig. Hochrangige Parteileute wie diverse Gauleiter oder SS-Funktionäre überwogen dort neben hohen Beamten. Kulturschaffende, Gelehrte, Künstler waren die große Ausnahme. Frauen fehlten. Der einzelne Staatsrat stand in einem persönlichen Schutzverhältnis zu Hermann Göring. Gründgens hätte also nur mit seiner Billigung verhaftet werden können. Nur Göring konnte den Titel entziehen. Furtwängler bekommt als Staatsrat eine Dotation von 6000 Reichsmark im Jahr. Und er leistet den Eid, dass er sich „in unwandelbarer Treue zum Volk und seinem Führer, Adolf Hitler, der geschichtlichen Größe Preußens bewusst, für das neue Reich mit allen meinen Kräften einsetzen werde." Furtwängler vollzieht in der dankenden Annahme des Titels einen großen Schritt zu auf die Diktatur.

Es gibt auch Schritte in die entgegengesetzte Richtung. Im Sommer 1933 reist Furtwängler zu zwei Wagner-Aufführungen nach Paris, was schon lange eine eingeführte Gewohnheit war. Von dort, also aus dem Ausland, schickt er ein Memorandum an den preußischen Kultusminister – und gescheiterten Rechtschreibreformer – Bernhard Rust. Der Stardirigent erneuert seine Forderung, das Leistungsprinzip anstelle von Nationalität oder „Rasse" bei der Berufung und Beschäftigung von künstlerischem Personal anzuwenden. Rust reagiert mit dem kurz darauf von Goebbels reichsweit übernommenen „Konzerterlass“, der als „Neuregelung des Konzertwesens“ festschreibt: „Indessen muss hervorgehoben werden, daß in der Musik, gleich wie in jeder Kunst, die *Leistung stets der ausschlaggebende Faktor* bleiben muß; dem Leistungsprinzip gegenüber müssen, wenn erforderlich, *andere Gesichtspunkte zurücktreten. Jeder wirkliche Künstler* soll in Deutschland tätig sein *und nach Maßgabe seiner Fähigkeiten gewürdigt* werden können.“ Offen bleibt dabei die Machtfrage, wer die Leistungen beurteilt.

In entgegengesetzter Richtung vollzieht Furtwängler den Schritt, unter dem Präsidenten der Reichsmusikkammer, Richard Strauss, Vize zu werden, weil er, wie er später argumentiert, hoffte, so mehr beeinflussen zu können: „Man glaubte damals in Deutschland ja vielfach: erst wenn alle Anständigen sich um die Verantwortung drücken, werden die Nazis sich durchsetzen.“ In der reproduzierenden Musik, auch der Komposition, ist es weit schwieriger, nachvollziehbar zu definieren, was „undeutsch“ und also vom Regime nicht gewollt ist. Die Rechtsprechung kann statuieren, dass der Wille des „Führers“ und das Recht eins sind. Mit der Musik funktioniert das nicht. Werke jüdischer oder politisch nicht genehmer Komponisten lassen sich aussondern; Goebbels wird es in den Kriegsjahren Zug um Zug mit den Schallplattensortimenten tun. Aber warum sollen die Zwölftonmusik und der „Arier“ Hindemith nicht akzeptabel sein, Franz Lehárs *Die Lustige Witwe* und der „Arier“ Hans Pfitzner aber schon? Die von Goebbels zu den Ersten Reichsmusiktagen 1938 in Düsseldorf inszenierte Propagandaschau *Entartete Musik* hat das angeblich Vorbildliche nicht wirklich darzustellen vermocht.

Furtwänglers politische Grundstimmung ist der konservative Humanismus des deutschen Bildungsbürgertums, das Hegemonialansprüche nach dem verlorenen Ersten Weltkrieg wenigstens noch der deutschen *Kultur*nation zubilligen will. Deshalb sieht Furtwängler trotz wiederholter Diskussionen und Zweifel keinen Grund zur Emigration. Freilich findet etwa 1937 abgesehen von Bayreuth beinahe jede zweite seiner Verpflichtungen im Ausland statt. Furtwängler meint, im Inneren mehr tun zu können als von draußen. So setzt er sich für Arnold Schönberg ein, den jüdischen Komponisten der Zwölftonmusik. So fängt er sich von Himmler die Bemerkung ein: „Ja, ja, Herr Staatsrat, von Ihnen wissen wir ja, daß Sie sich gerne für Verbrecher einsetzen.“ Angeblich, so Furtwänglers Sekretärin Berta Geißmar, geriet der Dirigent mit dem „Führer“ auf dem Obersalzberg aneinander und beide „schrieen sich etwa zwei Stunden lang gegenseitig an.“

Auch der Arbeitersohn und „Bürgerschreck" Paul Hindemith mit seinen Dissonanzen, ungewohnten Rhythmen, mit absolutem Gehör und nahezu unbegrenztem instrumentalem Können hatte zu den großen Musikerfiguren der 1920er-Jahre in Berlin gehört. Hindemith war seit 1927 Professor an der Berliner Hochschule für Musik und lehrte an der Musikschule Neukölln. Mit Brecht und Kurt Weill erarbeitete er 1929 für den Rundfunk das experimentelle Hörbild *Der Flug der Lindberghs*. Hindemith bekam 1934 Sendeverbot im Rundfunk, und sein Werk wurde auf der Ausstellung *Entartete Musik* angeprangert. Auch seine Chöre und Lieder, die auf christlichen Texten basierten, waren den Nationalsozialisten zuwider. Wilhelm Furtwängler nimmt in der Spielzeit 1934/35 den von Hitler missbilligten Hindemith ins Konzertprogramm, so im Februar 1934. Einen Monat darauf dirigiert er die Uraufführung von Hindemiths *Symphonie Mathis der Maler*, die ausgehend vom Lebensgang des Malers Matthias Grünewald eine musikalische Umsetzung des Triptychons des von diesem Renaissancekünstler geschaffenen Isenheimer Altars ist. Für das positive Echo steht diese Kritik der Berliner Zeitung *B.Z. am Mittag*: „Der einstimmige, jubelnde, durch keinen Protestruf getrübte Erfolg hat den Einwand widerlegt, daß diese moderne Musik volksfremd sei, daß sie kein Publikum habe." Vorgeschichte und Ablauf der Affäre sind kompliziert. Aber dieses positive Echo führt zu schroffen Reaktionen bei den Parteigrößen, vor allem beim „Amt Rosenberg". Furtwängler fordert und bekommt Audienz bei Hitler, veröffentlicht aber schon zuvor in der national-bürgerlichen, noch der Industriellenfamilie Stinnes gehörenden *Deutschen Allgemeinen Zeitung* den Artikel *Der Fall Hindemith*, der am 25. November 1934 auf der ersten Seite erscheint. Chefredakteur Karl Silex, der 1955 die Leitung des *Tagesspiegels* in West-Berlin übernahm, hatte beim Autor rückgefragt, ob ihm klar sei, was er tue.

Furtwängler verwahrt sich in dem Essay dagegen, Hindemith „öffentlich zu diffamieren" und „ihn – worauf es schließlich hinauskäme – aus Deutschland zu vertreiben." Die Quintessenz findet sich in diesen Sätzen: „[...]; wo kämen wir überhaupt hin, wenn politisches Denunziantentum in weitestem Maße auf die Musik angewendet werden sollte? [...] Und weiter noch – auch darüber müssen wir uns klar sein: wir können es uns nicht leisten, angesichts der auf der ganzen Welt herrschenden unsäglichen Armut an wahrhaft produktiven Musikern, auf einen Mann wie Hindemith so ohne weiteres zu verzichten." Für „Fu", wie ihn die schnoddrigen Berliner nennen, geht es um die Frage staatlichen Eingreifens in die Sphäre der Kunst.

1933 noch einmal gemeinsam musizieren: Paul Hindemith (l.; 1895–1963) muss emigrieren, der Berliner Georg Schünemann (1884–1945) wird als Direktor der Berliner Musikhochschule entlassen, wendet sich aber dem Regime zu.

Er meint, nach wie vor als „freier Mann“ handeln zu können. Am Morgen des Erscheinens des Artikels bekommt er bei der Generalprobe ebenso wie beim Konzert am Abend lang andauernden, zustimmenden Beifall des stehenden Publikums. Das wiederholt sich. Hitler sagt die Audienz ab. Göring steht zur Verfügung. Furtwängler bietet Rücktritt an. Göring lehnt überrascht ab. Am 2. Dezember beim *Tristan* in der Staatsoper in Anwesenheit von Göring und Goebbels wieder stehender Applaus. Am nächsten Tag nach der Unterredung Görings mit Hitler das Ultimatum an Furtwängler, binnen zwei Stunden zurückzutreten, sonst werde er entlassen. Am 4. Dezember 1934 bittet er um Entpflichtung als Chef der Philharmoniker, als Vize der Reichsmusikkammer und als Direktor der Staatsoper; auf den Titel Staatsrat kann er nicht selber verzichten. Minister Rust rät Hindemith zur Beurlaubung von seiner Professur. Der Komponist geht nach Ankara, wohin auch der Architekt Hans Poelzig wollte, aber vorher starb, und wo Ernst Reuter, Sozialdemokrat, Groß-Berlins Stadtrat für Verkehr, erster Regierender Bürgermeister, sein Exil verbrachte. Der Fall Hindemith ist mehr als nur ein einziger Schritt Furtwänglers weg von der Diktatur.

Göring lässt ihm das Gehalt von der Staatsoper: „Alles im Leben kann wieder eingerenkt werden.“ Furtwängler sind die Grenzen aufgezeigt. Er wird bleiben, er wird keine offiziellen Ämter mehr übernehmen, und er wird jeweils gegen Honorar Konzertaufgaben bis zum Ende auch im Sinne des Regimes wahrnehmen. Der neue Gastspielvertrag mit der Staatsoper für 1937/38 verdoppelt das Abendhonorar auf 4000 Reichsmark. Dazu gehört auch Bayreuth mit den Wagner-Festspielen. Allerdings ist das kein dauerhaftes, erquickliches Engagement. Schon seinen dreifachen Rücktritt hatte die resolute Hitler-Freundin Winifred Wagner in eigener Weise in einem Privatbrief kommentiert: „Was sagt Ihr bloß zu Fu? Nun haben sie nur das Kind mit der Wanne ausgeschüttet! – Meiner Ansicht nach hätte man ihm seine Kunst lassen sollen und seine politisch kunstanschaulichen Ämter nehmen sollen, denn ein Nazi wird der nie!“ Furtwängler wird mit den Philharmonikern reisen, nie in Länder, wo er im Gefolge deutscher Panzer auftreten müsste. Er verliert offiziell die Leitungsfunktion seines Orchesters ebenso wie seine jüdische Sekretärin und Vertraute Berta Geißmar. Kommentar des Präsidenten der Deutschen Kunstgesellschaft, Staatsrat Prinz August Wilhelm von Preußen: „Endlich ist es uns gelungen, Furtwängler von der Juden-Sau zu befreien!“ Im Entrée der Philharmonie hängen jetzt die Schilder „Nichtariern ist der Zutritt nicht gestattet.“

Furtwängler bleibt in Deutschland, in Berlin, es gibt Konflikte. Friedelind Wagner, Komponisten-Enkelin und Winifred-Tochter, die 1939 emigriert, erinnert sich an ein Gespräch Furtwänglers mit Hitler vor dem Hintergrund der Olympischen Spiele, in dem Hitler dem Dirigenten erklärt, er werde eben propagandistisch benutzt. Wagner ist sich sicher, dass Furtwängler sich weigerte: „Hitler wurde ganz ärgerlich und ließ Furtwängler wissen, in diesem Falle wäre ihm ein Platz im Konzentrationslager sicher. Furtwängler hielt einen Moment inne und sagte dann: ‚Herr Reichskanzler, dann werde ich in guter Gesellschaft sein.' Hitler war von dieser Abfuhr so überrascht, daß er nicht eine seiner langen Tiraden begann, sondern einfach wegging." Furtwängler dirigiert im Berlin der NS-Zeit, er bleibt der Stadt erhalten und ist dem Regime mal mehr, mal weniger zu Willen. Die Verhältnisse sind von Intrigen, wohl von beiden Seiten, bestimmt. Der einflussreiche Tietjen war mutmaßlich Auslöser der Affäre um den von Furtwängler abschätzig so genannten „Herrn Ka". Der ambitionierte österreichische Dirigent konnte nicht erkennen, in welchem Haifischbecken er schwamm. So kam es zu einem eindrucksvollen Höhenflug, dem der Absturz folgte:

KARAJANS START: Er debütiert am 30. September 1938 in der Staatsoper mit Beethovens einziger Oper *Fidelio*. Ein erfolgreiches Konzert, er lernt Gründgens kennen, der in ihm den lang gesuchten Dirigenten für seine Produktion der *Zauberflöte* von Wolfgang Amadeus Mozart findet.

KARAJANS DURCHBRUCH: Am 21. Oktober 1938 ist sein Tristan der bahnbrechende Berliner Erfolg. Edwin von der Nüll widmet ihm in der *B.Z. am Mittag* den lobenden Artikel *Das Wunder Karajan*: „Dieser Mann ist die größte Dirigentensensation des Jahrhunderts." Erwähnt wird das Karajan-typische Auswendigdirigieren, dann der Satz über Lebensalter: „Ein Mensch von dreißig Jahren stellt eine Leistung hin, um die ihn unsere großen Fünfzigjährigen mit Recht beneiden dürfen." Der Artikel dankt dem Mann, der Karajans Auftritt ermöglicht hat: „Staatsrat Generalintendant Heinz Tietjen". Elisabeth Furtwängler, zweite Ehefrau, wird später davon ausgehen, dass Tietjen den Artikel bestellt hat.

FURTWÄNGLERS BESCHWERDE: Im Mai 1939 nutzt der 53-Jährige einen Ministertermin. Goebbels' Reaktion: „Aber er hat recht, wenn er sich dagegen wehrt, daß der Dirigent Karajan mit seinen dreißig Jahren ihm in der Presse gleich oder gar übergestellt wird. Ich werde das auch in Zukunft verhindern."

KARAJANS DEMÜTIGUNG: Tietjen sagt ihm unverblümt: „Wenn Furtwängler eines Tages in dieses Haus zurückkommt, verlassen Sie es durch die Hintertür. Versuchen Sie erst gar nicht, das zu verstehen. Das ist hohe Politik."

KARAJANS PANNE: Auf dem Konzert aus Anlass des Staatsbesuchs des jugoslawischen Prinzregenten Paul dirigiert er das erste Mal vor Hitler – die NS-Nationaloper *Die Meistersinger von Nürnberg.* Der Sachs-Interpret Rudolf Bockelmann kommt aus dem Takt. Hitler bemerkt das. Tietjen lässt er ausrichten, er werde die Staatsoper nicht mehr betreten, wenn Karajan dirigiert. Staatsakte und Führergeburtstage sind damit für ihn passé.

KARAJANS PARTEIMITGLIEDSCHAFT: Die Heirat mit Anita Gütermann am 22. Oktober 1942, einem Mitglied der Nähseiden-Unternehmerfamilie und Enkelin eines jüdischen Großvaters, ist zwar nach den Nürnberger „Rassengesetzen" zulässig, schadet aber dem Image des NSDAP-Mitglieds; anders als Furtwängler, der diesen Schritt niemals getan hat, war Karajan bereits 1933 in die österreichische NSDAP eingetreten.

KARAJANS ABGANG: Am 18. Februar 1945 dirigiert er sein letztes Berliner Konzert. Am Abend sind zwei Plätze in einem Flugzeug frei, mit dem er und seine Frau Berlin verlassen.

Der Fall Karajan und der *B.Z.*-Artikel werden Furtwängler nach 1945 in seinen Entnazifizierungsverfahren beschäftigen. Karajan nimmt in Berlin noch teil am Fortschritt der Aufnahmetechnik. Ende Juni 1944 begeistert ihn die neuartige Stereo-Aufzeichnung des Finales der unter seiner Leitung von der Staatskapelle eingespielten *8. Sinfonie* Anton Bruckners. Furtwängler dagegen stand neuen Aufzeichnungsmedien eher skeptisch gegenüber. Bald war es bei Schallplattenaufnahmen möglich, längere Abschnitte zu speichern, was zu Furtwänglers Freude den Spielfluss nicht mehr so stark hemmte. Während die Schallplattentechnologie in den 1930er-Jahren weltweit bekannt war, ist das Tonband eine Erfindung, die vor allem bei der AEG in Berlin erfolgt. Furtwängler ist einer der ersten Nutznießer. Aus Poelzigs architektonisch eindrucksvollem Haus des Rundfunks in der Masurenallee überträgt der Deutschlandsender am 16. Dezember 1940 ein Konzert der Berliner Philharmoniker und zeichnete mit einem Vorserien-Hochfrequenz-Magnetofon den knapp 17 Minuten langen vierten Satz der *1. Sinfonie* von Brahms auf. Es ist Furtwäng-

lers erste Tonbandaufzeichnung. Hans Schießer, Laborleiter der AEG, erinnert sich: „Furtwängler war von der Aufnahmequalität begeistert, er ließ sich die Aufnahmen immer und immer wieder vorführen. Er hatte noch nie erlebt, dass man während und kurz nach der Aufnahme, und mit einer solchen Qualität abhören kann." Seit dieser Zeit beginnt den Dirigenten ihr Nachleben in Gestalt ihrer Aufnahmen wichtig zu werden, auch als neue Einnahmequelle.

Als die „Schlacht um Berlin" sich ihrem Ende nähert, hat sich Furtwängler in die Schweiz abgesetzt. Am Dienstag, dem 1. Mai 1945, zwischen 22.30 und 23.00 Uhr erfahren Berlin und, soweit die Sendung noch empfangen werden kann, Deutschland die verfälschte Nachricht der Reichs-Rundfunk-Gesellschaft aus dem Führerhauptquartier, „dass unser Führer Adolf Hitler, heute Nachmittag in seinem Befehlsstand in der Reichskanzlei, bis zum letzten Atemzug gegen den Bolschewismus kämpfend, für Deutschland gefallen ist." Nach der Meldung werden von der Schallplatte Teile aus Bruckners *7. Symphonie* und aus Wagners *Götterdämmerung* gesendet. Es sind Aufnahmen des Dirigenten Wilhelm Furtwängler.

Ambitionierter Dirigent: Herbert von Karajan (1908–1989) dirigiert 1939 eine Plattenaufnahme im Studio der Deutschen Grammophon in Berlin.

Zwei Berliner Künstler – George Grosz und Karl Hofer

Eigenwillige Persönlichkeit: der Berliner Maler Karl Hofer (1878–1955) um 1928

DAS GEMÄLDE des Berliners **GEORGE GROSZ** von 1944, das vorwegnehmend den toten Hitler in der Hölle abbildet, kennen wir vom Anfang dieses Buches (s. S. 9). Er malte Hitler als *Kain* auf Long Island. Die Geschichte von Grosz' Auswanderung beginnt Ende der 1920er-Jahre: Die Angriffe von Rechtsaußen auf Künstler hatten seit 1929 zugenommen. Grosz steht in einer Reihe mit vielen auch Berliner Künstlerkollegen wie Käthe Kollwitz, Heinrich Zille, Ernst Barlach, Emil Nolde, Karl Schmidt-Rottluff, Otto Dix, Paul Klee, Marc Chagall und Karl Hofer. Ende des Jahres 1930 schildert Grosz in einem Brief in der ihm eigenen prägnanten Sprache die politische Lage in Berlin:

> *Alles, was einst da war, aber etwas vergangen schien ... lebt wieder auf ... der Antisemitismus, Kriegsbegeisterung und ein hysterischer Nationalismus. Ich kann Dir sagen toll! ... man glaubt es kaum, wenn man nicht hier lebt und täglich diese Hakenkreuzkolonnen mit Gesang und gemeinsamen ‚Juda-verrecke'-Gebrüll vorbeiziehen sieht ... einem grösseren Judenfreien Deutschland entgegen. [...] Ich glaube nun natürlich nicht an einen neuen Krieg schon nächste Woche ... aber bei unserem ‚rätselhaften-kriegerischen' Volke ist schließlich nichts unmöglich.*

Für den Familienvater Grosz kommt in diesen Tagen der Zusammenbruch des Berliner Kunsthandels durch die Wirtschaftskrise hinzu. Sein Galerist Alfred Flechtheim kündigt ihm im Herbst 1931 die Zusammenarbeit, weil er kommerziell ruiniert ist. „Kunst ist vorbei mein Lieber!", schreibt Grosz sarkastisch. Im Jahr 1932 organisiert Flechtheim Ausstellungen in Brüssel und Zagreb, aber Grosz wird nichts los. Er macht kleinere Arbeiten, darunter 25 Illustrationen für *Drei Soldaten* von Bertolt Brecht. Im selben Jahr will Flechtheim die Geschäftsbeziehung wiederaufnehmen, doch Grosz lehnt ab. Der Galerist versuchte vergeblich, vier Aquarelle an die Berliner Nationalgalerie zu verkaufen. Am 4. Juni 1932 trifft Grosz auf dem Dampfer in

New York ein. Amerika hat ihn schon von früh auf begeistert. Er wird als Dozent bei der linksliberal ausgerichteten Art Students League of New York arbeiten, die ihn schon im März 1931 umworben hatte, als die Akademie der Künste in Berlin nicht das frühere KPD-Mitglied, sondern den antisemitisch eingestellten, ab 1934 „Pg." Emil Nolde aufgenommen hatte. Grosz ist verblüfft, dass er in den USA wegen eines um seine Einladung entstandenen Skandals ohne eigenes Zutun prominent ist. Das angesehene Nachrichtenmagazin *Time* druckt am 20. Juni ein Porträt:

Ein Monster namens George Grosz ist letzte Woche hier angekommen [...]. Es war seine erste Amerikareise, wilde Gerüchte und Alarmmeldungen haben ihn vorab in ein Ungeheuer verwandelt. [...] Der neue Lehrer, der letzte Woche in der Art Students League erschien, war ein höflicher kleiner Mann mit gutgeschnittenen Gesichtszügen und genau abgemessenen Gesten. [...] Seine Kleidung war die jedes gutsituierten amerikanischen Bürgers beim Baseballspiel. Dies war kein Ungeheuer, sondern George Grosz, 38, normaler Bürger, Ehemann & Vater. Er ähnelt in nichts jenen von ihm Porträtierten, mit Ausnahme der leicht bisamrattenfarbenen Zähne. [...] Er ist kein Kommunist, sondern hat bei der letzten Wahl in Deutschland für Hindenburg gestimmt.

Diese Wahlentscheidung hat Grosz mit seinem Berliner Bekannten Lion Feuchtwanger gemeinsam. Grosz ist fasziniert von New York. Im Jahre 1929 hatte ihm das bisher an zeitgenössischer deutscher Kunst uninteressierte Museum of Modern Art bereits die Pforten geöffnet. Es wird 1946 sein bedrückend-großartiges Berlin-Porträt *Metropolis* aus dem Jahre 1917 erwerben. Der Ankauf des Gemäldes *A Married Couple* (Verheiratetes Paar) durch den in Hollywood und Berlin arbeitenden Filmregisseur Josef von Sternberg, der der Berlinerin Marlene Dietrich den Weg in die USA ebnete, wird in der Kunstpresse vermeldet. Ein Moment von Grosz' US-Begeisterung wird wohl gewesen sein, dass er aus der amerikanischsten Stadt Europas kommt – aus Berlin. Diese Euphorie wird sich legen, und der depressive, niedergeschlagene, trinkende Grosz hervortreten. Die knappe Skizze seiner Existenz in den Übergangsjahren von der „Hauptstadt der 1920er-Jahre" ins nationalsozialistische Berlin macht verständlich, warum Grosz seine Übersiedelung in die USA ausdrücklich als Auswanderung bezeichnet und nicht als Emigration. Voller Hoffnung auf ein neues Leben mit neuen Aussichten herrscht er seine Frau Eva am

7. September 1932 brieflich an: „Auswanderung ist nun nicht mehr aufzuhalten, gewöhne dich an diesen Gedanken."

Zurück in Berlin bereiten er und die Familie den Umzug vor. Die SA betreibt während der Jahreswende 1932/33 Telefonterror. Grosz geht bald auf Distanz zur entstehenden Exilpresse. Er stimmt Gottfried Benns Kritik an den deutschen Emigranten zu, schickt ihm nach Kriegsende CARE-Pakete nach Berlin. Grosz kritisiert Arbeiterbewegung und Kommunisten: „Wie dämlich, die Agitation damals, immer die Sozis als Faschisten hinzustellen." Inzwischen seien die echten Faschisten da. Am 12. Januar 1933 legen George und Eva Grosz mit der *Stuttgart* in Bremerhaven ab. Die Söhne Peter, knapp sechs Jahre, und Martin, bald zwei, bleiben in Berlin bei Cläre, der Schwester des Vaters. Er hat notiert, was sie mitnehmen: „3 Kisten/1 Bücher/1 Material/1 Papier/3 Koffer//2 grosse blaue und ein alter brauner v. Cläre". Im Haus Savignyplatz 5 in Charlottenburg, das seiner Frau bzw. ihrer Familie gehörte, bleiben wichtige Gegenstände

Berliner Jungs malen mit dem Vater: George Grosz 1933 mit den Söhnen Peter und Martin in der Emigration in New York, an der Wand der New-York-Wimpel

zurück: Die berühmten Gemälde *Sonnenfinsternis* und *Stützen der Gesellschaft*, heute die Ikone linker Gesellschaftskritik der Weimarer Zeit und im Besitz der Neuen Nationalgalerie, bleiben den Krieg über unbeschadet zusammengerollt auf dem Dachboden. Im Kohlenkeller wird 1989 ein Koffer mit Zeichnungen und Dokumenten entdeckt. Am 23. Januar ist das Ehepaar Grosz in New York.

Was der Schriftsteller Feuchtwanger erfahren musste, den der Maler rund zwei Wochen nach Ankunft im Hotel Waldorf-Astoria in New York trifft, erlebt Grosz ähnlich: Berlin als Ursprung des Bösen. Am 31. Januar, dem Tag nach der Machtübernahme, sucht ihn in Berlin die SA. Er wird als „bolschewistischer Schmierer“ beschimpft. Sie findet die Wohnung in der Trautenaustraße leer, wo heute eine Gedenktafel hängt, ebenso das Atelier in der Nassauischen Straße. Später sagt er, er habe „‚instinktives‘ Schwein“ gehabt, rechtzeitig zu verschwinden. Der *Völkische Beobachter* hetzt vor der Wahl am 5. März 1933 auf einer ganzen Seite, hält ihm vor, er habe „die bolschewistische Hölle auf das deutsche Kunstempfinden losgelassen und die öffentliche Moral durch Verbreitung unzüchtiger Abbildungen geschändet“. Der Katalog der Ausstellung *Entartete Kunst* von 1937 nennt ihn „knallroter Kulturbolschewist“. Er gehört zu den Künstlern, von denen Hitler in der schon zitierten Rede vom 18. Juli in München (s. S. 35) sagt, dass sie „ausgehoben und beseitigt“ werden. Zu diesem Zeitpunkt sind alle 286 Grosz-Werke, die deutschen Museen gehörten, aus den Häusern geholt und mehr als die Hälfte zerstört. Als seine Frau im Juli 1933 in Berlin ist, um den restlichen Umzug zu organisieren und die Söhne nachzuholen, steht ihr Mann in Amerika höllische Angst aus, weil am 14. Juli auch ihre Ausbürgerung bekannt wird. Er befürchtet Schikanen, Ausreiseverweigerung, „Concentrationslager“. Die Gestapo hat das Konto der Bank um die Ecke von Wohnung und Atelier am Hohenzollernplatz in Wilmersdorf gesperrt, über das die Unterstützung an

Der Berliner US-Emigrant George Grosz starb in seiner Heimatstadt. Daran erinnert die liebevoll gestaltete Gedenktafel am Haus Savignyplatz 5.

Grosz' Mutter fließt. Eva Grosz schreibt zu den seelischen Auswirkungen auf den scheinbar so robusten, oft grobianhaften, sehr auf sein Äußeres bedachten Ur-Berliner:

> *Mein Ehemann George Grosz, mit dem ich seit 1920 verheiratet bin, hat sich in der Emigration völlig verändert. Als wir die Nachricht erhielten, daß ein großer Teil seines Lebenswerkes von den Nazis verbrannt wurde, erfolgte ein totaler Zusammenbruch. Von diesem Tage an hat er sich in seiner Psyche verändert. Er selbst hat es nie wahrhaben wollen und wird es auch niemals zugeben, wie tief es ihn getroffen hat, daß man sein Werk zerstörte, daß man ihn unter diffamierenden Umständen ausbürgerte und daß man ihm schließlich nach dem Leben getrachtet hat. Seit diesem furchtbaren Schock litt er in zunehmendem Maße an Angstzuständen. [...] Ich bin der Ansicht, daß die Nazis nicht nur einen großen Teil seines Lebenswerkes, sondern auch seine Gesundheit völlig zerstört haben.*

Grosz wird 1938 US-Bürger. Seine innere Disposition drückt sich in seinem Werk aus. In der folgenden Periode malt er viele Aquarelle. Im Unterschied zu den Berliner Jahren mit ihren düsteren, braungrauen, stumpfen Farben malt er jetzt zeitweise bunte Bilder. Die satirischen Inhalte, für die er berühmt war, beginnen zurückzutreten. Die amerikanische Kunstkritik registriert das und vermisst den früheren Grosz. Er macht Illustrationen für US-Zeitschriften, ab 1936 für *Esquire*, malt New York statt wie einst Berlin. Bald hat er wieder ein Atelier mit Platz für Staffelei und große Formate. Der in Dresden ausgebildete akademische Maler, der Grosz nie sein wollte, beherrscht das Handwerk, so beginnt er, „richtige" Ölgemälde zu malen. Seinem Berliner Freund Max Pechstein schreibt er Ende 1934: „Es kostet Nerven und Anstrengung, sich hier zu behaupten. Überlege es Dir gut. Du bist furchtbar einsam – einsamer wie sonstwo." In Grosz' künstlerischer Arbeit treten vor dem Hintergrund der Entwicklung im nationalsozialistischen Berlin und unter den Emigranten Apokalypse und Bürgerkrieg düster hervor. Hier reiht sich später der *Kain* ein. Hierin spiegelt sich seine Psyche: „Aber die Welt ist so voller Grotesken und höllischen Ereignissen, dasz [sic] man schon kaum noch Witze machen kann ... alles brandrot, blutrot ... schwarz und tiefdunkel ... und bespritzt diese blutige Pastete mit stinkendem Mostrich ... lachen vergeht da." Diese Kunst scheint anzuknüpfen an die im Berlin der frühen 1920er-Jahre geschaffene Bilderwelt, mit der der Kriegsteilnehmer den Ersten Weltkrieg dargestellt und seelisch ver-

In der Emigration verliert Grosz seinen früheren politischen Biss: Er malt Naturbilder, oft mit Dünen, wie 1940 diese *Landschaft mit Sonnenbaderin.*

arbeitet hat. Jetzt hängen Reproduktionen von Brueghel, wohl dem „Höllenbrueghel" genannten Pieter dem Jüngeren, von Hieronymus Bosch, Francisco de Goya an den Wänden, die für drastisches Darstellen der Grausamkeiten von Krieg, Welt, Menschenexistenz stehen. Wie viele andere Künstler dieser Zeit verarbeitet Grosz 1937 den Spanischen Bürgerkrieg mit einer apokalyptischen Bilderserie. Klaus Mann schreibt Ende 1936 in der *Pariser Tageszeitung*, dem deutschsprachigen Emigrantenblatt, das Feuchtwanger in seinem Roman *Exil* porträtiert, eine Beurteilung des damaligen Grosz, die seitdem die Diskussion über dessen Spätwerk bestimmt: „Er hat sich verändert; ein sehr langer und mit grosser Leidenschaft geführter Kampf hat ihn müde werden lassen. Er ist ‚unpolitisch' geworden – oder versucht es doch zu sein. Er behauptet, an den Wert, ja, an die Daseinsberechtigung der politisch-satirischen Kunst – die er selber zur Vollendung gebracht hat, die in Deutschland niemals gekannt und niemals anerkannt wurde – nicht mehr zu glauben."

Finanziell hat Grosz Glück. Im Frühjahr bekommt er das Guggenheim Fellowship, das dann verlängert wird. Die Familie zieht in ein Haus auf Long Island. Mitte Februar 1937 erfährt seine Frau per Telegramm von ihrer Schwester, dass ihr Anteil am Haus am Savignyplatz beschlagnahmt ist. Die SS hat dort jetzt Büros. 1939 zeichnet Grosz US-Kriegsanleihen. Er malt kaum noch Karikaturen, überhaupt selten Menschen, lieber Tiere, Vögel, Natur, Dünen. Das Aktuelle wird in diesen Arbeiten ausgeblendet. Nach 1940 greift er in die Kunstgeschichte zurück, betreibt Malerei um ihrer selbst willen, er zeigt, was er handwerklich kann, und findet Anklang. Für die Kritik wird er der Virtuose; Galerien, der Kunsthandel, die Museen kaufen. Er habe Sicherheit gefunden und den Säbel an den Nagel gehängt, stellt ironisch die Kunstzeitschrift *Art Digest* fest. Doch in den 1940er-Jahren bildet sich auch das Trauma vor dem Hintergrund der Schrecken des zweiten Weltkriegs, den er nach dem Ersten Weltkrieg erlebt, in seinem Schaffen ab. *I Woke Up One Night, and I Saw a Burning House* heißt das Gemälde von 1942, das mit dem nächtlichen Erwachen und dem Gesichte des brennenden Hauses, wie der Titel es sagt, eigenes Erleben reflektiert. Grosz schreibt, und sein Text erinnert entfernt an Erich Kästners Berliner Albtraum in *Fabian*:

> *Solche Visionen hatte ich oft [...] lange zurück, oft erwachte ich schweißgebadet und ‚depressed'. Immer gingen meine Gedanken nach drüben, oft dachte ich an meine Mutter bis sie eines Tages in solch einem Haus verschwand – nachher war da nur ein grosser Explosionstrichter – Als Symbol ist es das im Zerfallen begriffene Gebäude deutscher Anmassung unter NAZI Führung. note oben: Bruderkampf, note: Ratten, note: Gewehre aus Fensterluken, note: parachuters links.*

Der Berliner George Grosz reist nach dem Krieg nach Deutschland, nach München, besucht den Voralpenkurort Bayrischzell, ist in Berlin. 1959 scheint sich die Rückkehr anzubahnen. Vielleicht kommt für ihn das Atelier des Bildhauers Arno Breker am Käuzchensteig in Dahlem, neben dem Brücke-Museum, infrage, vielleicht eine Wohnung in der Hagenstraße in Grunewald, in der Gründgens sein Haus hatte. Am 6. Juli gibt es einen feuchtfröhlichen Abend, erst im Weinlokal Habel, dann geht es zum alten Boxerkumpel Franz Diener in dessen Kneipe in der Grolmannstraße. Ein witziger, heiterer, benebelter Abschied ein paar Schritte weiter an der Haustüre Savignyplatz 5. Am Morgen findet ihn die Zeitungsausträgerin noch lebend, zusammengebrochen, erstickend am Erbrochenen. Am Hauseingang erinnert daran hinterm wuchernden Efeu eine sehenswerte rotmetallene Gedenkplatte, die den Maler und seine Figuren zeigt.

Im Mai 1947 hatte Grosz ein Angebot aus Berlin abgelehnt, an der neuen Hochschule für Bildende Künste in Wilmersdorf zu unterrichten, ein Angebot mit großer individueller Freiheit für ihn, was Lehre, Titel, Wohnort anging – mit „‚Entlohnung' nach dem Hochschultarif". Der Brief kam vom stellvertretenden Direktor Heinrich Ehmsen, den Grosz aus dem Berlin der 1920er-Jahre kannte. Ehmsen war Kommunist geblieben, wurde 1949 entlassen und zog 1950 nach Ost-Berlin. Direktor und Mitbegründer der neuen Kunsthochschule, erst noch in Zusammenarbeit mit dem kommunistisch initiierten Kulturbund Johannes R. Bechers, war der seit dem Ersten Weltkrieg in Berlin ansässige Maler und Professor Karl Hofer. Ihn ehrt eine Straße in Zehlendorf, Grosz ein Platz am Kurfürstendamm. Begraben sind beide in Berlin.

Mit der Hochschulgründung enden die *Erinnerungen eines Malers*, die der Wahl-Berliner **KARL HOFER** im Jahr 1953, zwei Jahre vor seinem Tod, in einem West-Berliner Verlag veröffentlichte. Hofer war ebenso wie Grosz „entarteter" Künstler, aber er ist anders als Grosz in Berlin geblieben. Die Frage einer Emigration scheint sich ihm nie gestellt zu haben. Er stammt aus Karlsruhe, ist in ärmlichen Verhältnissen und bald als Waise aufgewachsen. Als Kind habe er die ihn selbst beklemmende Fähigkeit gehabt, Feuer vorherzusehen, bevor sie ausbrachen. Maler will er früh werden. Er macht eine Lehre, bekommt ein Stipendium, gewinnt einen Mäzen. Reisen bestimmen seine frühen Jahre, er lebt in Paris, kennt Italien, lebt in Rom, besucht die Niederlande, macht eine Seereise auf der Nordsee. Er besucht Museen, saugt Bilder, Kunst, Kultur in sich ein, malt, zeichnet, gestaltet.

An seinem Wohnhaus in der Grunewaldstraße 44 erinnert eine Tafel an „Prof. Dr. h.c. Karl Hofer", der dort von 1913 bis 1934 gewohnt hat. Das ist im Bayerischen Viertel, fünf Fußminuten entfernt von Benn in der Bozener Straße. 1905 hat Hofer die erste eigene Ausstellung. 1908 stellt er bei Max Liebermanns Berliner Secession aus, die sich gegen die versteinerte Malerei des Wilhelminismus richtet. 1913 stößt Hofer zur Freien Secession, zu der neben Liebermann die von den Nationalsozialisten verfemten Maler Erich Heckel, Ernst Ludwig Kirchner, Max Pechstein, Karl Schmidt-Rottluff gehören. Im Sommer 1914 geht er mit seiner ersten Frau und den drei Söhnen auf Urlaub nach Frankreich, obwohl er die Gefahr ahnt. Als der Krieg ausbricht, wird er interniert. Er kehrt erst 1919 zur Familie in Berlin zurück, kommt 1920 an die Hochschule für die bildenden Künste in Charlottenburg, die Vorgängerin der von ihm nach 1945 neu begründeten Hochschule. 1921 wird Hofer Professor. Es ist eine beachtliche Berliner Künstlerkarriere. Seine Werke hängen in Museen. Er hat einen internationalen Namen und trägt zum Ansehen des 1920-Jahre-Berlins als Kunstmetropole bei. In seiner Autobiografie betont er, dass mit der Republik die Kunst „ihre neue Freiheit" gewonnen habe und dass „die ersten Werke der Expressionisten" auftauchten. Sein Anspruch auf nahezu solitäre Eigenständigkeit wird deutlich. Für ihn sei jedes große Kunstwerk „Expression", „nur eben ohne die aufdringliche Doktrin, der, um ihr Genüge zu tun, Wichtigeres geopfert werden mußte, wie das bei allen doktrinären Ismen der Fall ist." Er hebt Oskar Kokoschka hervor, der ihn beeindruckt. Zum Berliner Kulturleben schreibt Hofer: „Von all diesem Betrieb habe ich mich stets ferngehalten und gern das Odium auf mich genommen, jeweils ‚unmodern' und von den entsprechenden Propheten verachtet zu sein. Auch das ist heute nicht anders." In Erinnerung geblieben ist ihm der Stummfilm *Panzerkreuzer Potemkin*. Er spricht von „an Hysterie grenzender Erregung" auch bei „braven Bürgern", betont die große Wirkung bloßer Bilder. „Im ganzen war es eine hektische, ungesunde Zeit, wozu nicht wenig die beginnende Inflation beitrug." Den Begriff „Maschinenzivilisation" benutzt Hofer oft, und zwar im negativen Sinne. Sein Ideal ist die uralte, beschauliche, menschliche Welt, die vor dem Ersten Weltkrieg endgültig zu Ende gegangen ist. Über die USA hält er fest: „Eine seltsame Erscheinung ist es, daß nahezu alle europäischen Künstler in dieser Welt der Maschinenzivilisation in ihrer Arbeit vor die Hunde gehen." Er vergleicht: „Leicht ist man geneigt, sich New York wie ein Über-Berlin vorzustellen, doch ist es in seiner inneren Wesenstemperatur eine heiße Stadt des Abenteuerlichen."

Kunsthistoriker ordnen Hofers Werk einem „magischen Realismus" zu. Er grenzt sich vor allem von allem ab, vom Expressionismus, vom Impressionismus und von Jeglichem, was abstrakt, modern, experimentell ist. Das zeigt diese Passage, die ausgeht von der Musik der Epoche: „Meine Ansicht über [Arnold] Schönberg trifft, wiederum im Gegensatz zur Meinung der Kunstintellektuellen, auch für [Wassily W.] Kandinsky zu, dessen Farbkonstruktionen mich langweilen. Es kann dies keine Frage des Mißverstehens, des Nichtmitkommens sein, denn nichts ist leichter zu verstehen als dieses tote Prinzip und seine Resultate. Wer zweifelt schon, daß hier schöne, wohlklingende Farben in interessanter Geometrie auf die Leinwand gebracht worden sind. Dies kann nicht das Endziel der Kunst sein, wie gewisse Kunsthysteriker meinen, sondern ein avantgardistisches Vorurteil. Abgründe trennen Kandinsky von Paul Klee, dem er

Triste Brauntöne, der bloße Mensch im Nichts: Karl Hofer nimmt 1937 mit *Mann in Ruinen* seherisch vorweg, was Berlin bevorsteht.

stets als zugehörig bezeichnet wird.“ Was aber sind das Seinige, seine Kunst, seine Gegenstände? Seine Antwort lautet: „Der Mensch und das Menschliche war und ist immerdauerndes Objekt meiner Darstellung.“ Die Hofer-Ausstellung 2012 in der Kunsthalle Emden akzentuierte die Kontinuität einzelner Motive in seinem Werk, die er immer wieder von Neuem bearbeitet, verändert, verbessert. Die Künstlerin und Kuratorin Lena Nievers zitiert seine Aussage, es bestehe „die eigentliche Aufgabe der bildenden Künste von Anbeginn an, zu allen Zeiten, bei allen Völkern, [...] in der Hauptsache in der Darstellung des ruhenden Zuständlichen.“ Porträts, viele Selbstbildnisse, Frauenakte, Jungen mit Ball, Mädchen mit Schallplatte, Menschen in der Tischrunde, Frauen mit Blumen und Früchten, Tanz und Tanzende, darunter die legendären Berliner Tiller-Girls – das sind Motive, die er bevorzugt, wiederholt, variiert. Politische Bezüge sind dann und wann greifbar, erkennbar, unübersehbar. Da ist sein Gemälde *Alarm* von 1945. Die Farblichkeit ist trübe, gefärbtes Grau. Wir sehen einen Fensterausschnitt. Fugen des bräunlichen Mauerwerks sind sichtbar. Das Innere des Gebäudes ist schwarz, dunkel, unerkennbar. Vor der Düsternis der Mann, kahler Kopf, gelblich-beige Jacke, Unterarm und rechte Hand auf der Fensterbank, hinter ihm ein Mädchen, bläulich-grünliches Kleid, weißer Kragen, die rechte Hand auf der Schulter des Mannes. Beide blicken nach oben. Er hat den im Profil sichtbaren Kopf im Nacken, nach oben gestreckt. Nievers interpretiert: „Was die beunruhigten Blicke der beiden Figuren ausgelöst hat, ist für den Betrachter nicht zu sehen, doch deuten Werktitel und Entstehungsjahr darauf, dass hier die ängstliche Erwartung eines Bombenangriffs im letzten Kriegsjahr dargestellt ist.“ Für das Seherische Hofers mag das Bild *Mann in Ruinen* stehen, das bereits 1937 einen Mann mit kahlem Schädel und nacktem Oberkörper aufgestützt zeigt, vielleicht auf eine ehemalige Fensterlaibung, im Hintergrund die Trümmerstadt des Krieges. Das ist, was Berlin in dem zwei Jahre später beginnenden Zweiten Weltkrieg bevorstand und was die Menschen der Stadt mit Beginn des Bombenkriegs erlitten. Hofer, der mit Abscheu von der „Kloake des Dritten Reichs“ spricht, schildert in seinen Erinnerungen einen Luftangriff:

> *Der Himmel war rot des Nachts, und tagsüber besah man sich die Ruinen. Es naht die Nacht des 1. März 1943. Mit zur Brandwache gehörend, sah ich vom Speicher unseres Hauses, wie sich in unheimlicher Langsamkeit die Christbäume [so hießen die minutenlang vielfarbig an Fallschirmen niedersinkenden Phosphor-Brandbomben, KUM] senkten, einst Zeichen der Menschenliebe. Dann fiel das mörderische Phosphor, wie Erbsen auf einem Blech sprangen die Ziegel und knisterte im Feuer das Gebälk. Unser Haus ward nicht getroffen, aber ringsum tobte das Feuer und stürzten die Häuser. [...] Ein paar Schritte weiter, und ich sah ein Flammenmeer dort, wo einst meine Arbeitsstätte gewesen war. Etwa einhundertfünfzig Bilder, über tausend Zeichnungen nebst allem, was mich an mein früheres Dasein band, alles was diese Aufzeichnungen hätten illustrieren können, war dahin, bis auf den Schlüssel, den ich in der Tasche trug. [...] Nach vier Tagen stand ich mit neuem Material vor einer neuen Staffelei und setzte meine Arbeit fort. In der Folge hat man mir den Vorwurf gemacht, daß ich verbrannte Bilder wiederholt hätte. Das geschah in der Tat, aber nur bei solchen wenigen Werken, die ich ohnehin zerstört und daran weitergearbeitet hätte, ein Vorgang, der sich im stillen in jeder Werkstatt ereignet.*

Nach dieser Nacht zog Hofer mit seiner zweiten Frau in ein Nervensanatorium nach Babelsberg. Sie überlebten. Im November 1943 wurde auch die Wohnung ausgebombt und der Rest der Habe verbrannte. In einem in Babelsberg verfassten Text beklagt Hofer sein Schicksal als Künstler, nämlich „daß seine Werke, die Arbeit von Jahrzehnten, sinnloser Vernichtung anheimfielen". Hofer weiter: „Ein Tod bei lebendigem Leibe. Es trifft mich schwer das Leid der Welt. Aber wie widerwärtig ist mir jene neudeutsche Auffassung, daß der Mensch beileibe nicht frohgesinnt und glücklich sein dürfe, sondern vom Morgen bis zum Abend sich zu opfern habe, – wofür?" So hat Hofer den „totalen Krieg" umschrieben. „Neudeutsch", das ist offenbar ein lakonisch gemeintes Synonym für nationalsozialistisch. Dem Dritten Reich widmet Hofer in der Autobiografie kein eigenes Kapitel. In kurzen Passagen und beiläufigen Randbemerkungen wird es Thema. Im Abschnitt über seine Italienreise schildert er seinen Aufenthalt in Neapel und erwähnt die „millionenfachen Öldrucke" des ausbrechenden Vulkans Vesuv, dessen aber die Menschen als Kitsch überdrüssig geworden seien: „Böcklings [sic] Toteninsel nimmt nun seinen Platz ein." Der Titel *Die Toteninsel* stammt von dem Kunsthändler Fritz Gurlitt, der den Maler Arnold Böcklin 1883 um die dritte von fünf bekannten Fassungen des Sujets der von Zypressen bestandenen, offenbar mediterranen Felseninsel bat. 1936 kaufte Hitler dieses Bild. Es hing zunächst am Obersalzberg und kam 1940 in die Neue Reichskanzlei nach Berlin.

Hitler kaufte dieses Bild 1936: Die dritte Version von Arnold Böcklins (1827–1901) *Toteninsel* hing ab 1940 in der Neuen Reichskanzlei.

Ihm seien unter den bildenden Künstlern, behauptet Hofer nach 1945, seitens der Nationalsozialisten „die Ehre der heftigsten Angriffe zuteil“ geworden, „allerdings waren es meist Antworten auf die meinen.“ Das Berliner Parteiblatt *Angriff* habe ihn attackiert und gefragt: „Wie lange tanzt die Akademie noch nach der Pfeife des Juden Hofer?“ Nach 1945 entgegnet er: „Ich habe nie gepfiffen und leider die Akademie nie tanzen sehen und bin kein Jude.“ Aus der Preußischen Akademie der Künste wurde er 1938 ausgeschlossen. Er hat 1931 an der Umfrage von Willi Münzenbergs Zeitung „Wie kämpfen wir gegen ein Drittes Reich?“ teilgenommen. Hofers Antwort damals: „Menschen mit Brillen, Bäuchen und Glatzen vermögen nicht gegen ein drittes Reich zu kämpfen.“ Es sei keine Feuerwehr mehr zur Hand gewesen. Der Reichstag habe gebrannt: „Es erfolgte ‚die vom deutschen Volk gewünschte‘ Machtergreifung, das ‚tausendjährige Reich‘ begann, und der hinkende Dämon konnte zynisch verkünden, dieses deutsche Volk sei das freieste der Welt.“ Als „Bestgehaßter“ sei Hofer der erste aus dem Amt entfernte Hochschuldozent gewesen. Widersprüchlich sind die folgenden Sätze: „Es wurde mir Arbeit, Ausstellung und Verkauf meiner Bilder verboten. Ich habe nie soviel verkauft als zu jener Zeit. [...] Fürderhin hat man mich in Ruhe gelassen, es gab Wichtigeres zu tun.“ Diese letzte Aussage trifft, wie sich zeigen wird, nicht zu. Auf dem Kurfürstendamm sei er Zeuge gewesen, „wie Juden blutend aus ihren Wohnungen geschlagen wurden.“ „Spießerpöbel“ habe gegafft, den Verkehr aufgehalten: „Diesem Volk anzugehören ist nur erträglich durch die Gedanken an die großen Geister, die großen Künstler, die es hervorgebracht hat.“ Ähnlich wie bei Furtwängler steht hier die Instanz *Kultur*nation gedanklich im Hintergrund.

Hofers Erinnerungen sind geglättet. Der Sozial- und Wirtschaftshistoriker Gerd Hardach zitiert einen Hofer-Artikel vom 13. Juli 1933 in derselben *Deutschen Allgemeinen Zeitung*, in der Furtwängler seinen Hindemith-Vorstoß unternommen hatte. Hofer kritisiert die Republik, dann in positiver Wertung: „Eine bedeutungsvolle Erscheinung der nationalen Bewegung ist das leidenschaftliche Interesse, das sie den Künstlern entgegenbringt.“ Offenbar sieht sich Hofer verkannt und wäre damit dem Maler Emil Nolde ähnlich, der ebenfalls als „entartet“ galt, aber im Unterschied zu Hofer sogar Mitglied der Partei war. Die wahre deutsche Kunst, „eine in der Tiefe, nicht an der Oberfläche rein nationale Kunst“, werde angegriffen und verfolgt. Und weiter: Es sei „schlechthin unfassbar, wie eine junge, leidenschaftliche und stürmische Bewegung, eine Bewegung der kraftvollen Jugend auf dem Gebiet der Kunst das Mittelmaß, das

Epigonentum, eine falsche Biedermeierei, das Schmückedeinheimbild, der Öldruck, eine Kunst des plattesten Liberalismus, gegen den man sonst kämpft, daß alle diese saft- und kraftlosen Machwerke Ausdruck der mächtigsten Bewegung sein sollen, die Deutschland je wachgerüttelt hat." Hofer verneint in seinem Text den großen Anteil jüdischer Kunstschaffender an der Kunst in Berlin, in Deutschland. Offenbar erlischt Hofers Begeisterung für das neue Regime rasch, weil er nicht durchdringt und „entartet" bleibt.

Merkwürdig ist, wie Hofer in seinen Memoiren von seinen beiden Ehen spricht. Nie nennt er die Namen dieser Frauen. Er spricht nur von der *ersten*, dann von der *zweiten* Frau. Namen erfahren wir nicht. Sie erscheinen in seiner Erzählung nur beiläufig. Dagegen erfahren seine Leser die Namen von insgesamt vier Mädchen, Kindern, Hofer sagt „Genossinnen", Dambaj, Gewri, Lackshmi und Puri, die gegen Geldzahlung auf seinen beiden Indienreisen mit ihm lebten und Modell stehen sollten. Hofer schreibt, da „ja keinerlei Männcheneitelkeit eine Rolle spielen kann", müsse er davon berichten, „den Tadel unsittlichen Lebenswandels fröhlich auf mich nehmend [...]." Tut sich bei Hofer ein moralischer Abgrund auf, der es rechtfertigt, wie Hardach es tut, auf die auch schon damals bestehende Strafbarkeit sexuellen Missbrauchs mit bis zu zehn Jahren Zuchthaus hinzuweisen? Hofer schreibt am 14. Dezember 1917 an seine Frau Mathilde: „Ich hab und behalte Euch lieb, aber die Idee eines Familienlebens, das mich von der Arbeit abzieht, ist mir unerträglich." Zu dieser Zeit ist er interniert. Seine Frau muss sich und die Kinder allein durchbringen. Zehn Jahre später, seit 1927, leben sie und Hofer getrennt. Er hat die Beziehung mit seiner späteren zweiten Frau Elisabeth Schmidt begonnen. 1931 betreibt er die Scheidung. Sie willigt nicht ein. Die juristischen Details des damaligen Scheidungsrechts, Stichwort Schuldprinzip, tun nichts zum Kern der Sache. Der liegt darin, dass die musikalisch ambitionierte Mathilde Scheinberger, so lautet ihr Geburtsname, aus jüdischer Familie stammt, nicht jüdisch erzogen wurde, zum Protestantismus konvertierte. Die Machtübernahme der Nationalsozialisten und die Nürnberger Gesetze von 1935 ließen die Verbindung zu einer „privilegierten Mischehe" werden. Der jüdische Teil hatte dadurch zunächst noch Schutz. Hofer betrieb die Scheidung erneut vor dem durch die rassistische Gesetzgebung veränderten rechtlichen Hintergrund, scheiterte wieder. Hofer sah für sich Nachteile, namentlich in Hinsicht auf die Mitgliedschaft in der Reichskammer der bildenden Künste, die 1937 das Prüfverfahren gegen ihn einleitete. Er veranlasste seine Frau, dass nunmehr sie

Karl und Thilde Hofer heißt das Doppelporträt, das Hofer 1903, dem Jahr der Hochzeit, von sich und seiner aus jüdischer Familie stammenden ersten Frau Mathilde Scheinberger (1874–1942) malte.

gegen ihn Scheidungsklage einreichte. Sie hatte immer die künstlerische Berufung ihres Mannes ohne Rücksicht auf sich selbst unterstützt und wurde im Unklaren über die damit verbundene Schutzlosigkeit gelassen. Das Landgericht Berlin sprach die Scheidung am 8. Juli 1938 aus.

Karl Hofer bekam nach Ausscheiden aus dem Lehramt seine Pension, arbeitete in Berlin als freier Künstler, war durch Galeristen vertreten. Er erklärt selbst, oben ist es zitiert, dass er sehr viel verkauft hat. Er hatte auch noch nach 1933 Ausstellungen im Ausland, bekam dort Auszeichnungen. Für die Leitung der Berliner Kammer war er allerdings eine der „bekanntesten Systemgrößen". Seine Scheidung erlaubte ihm trotzdem, dass er nach vier Monaten, am 28. Februar 1939, wieder in die Kammer zurückgelangte und so, wie er berichtet, noch 1943 Bezugsscheine für Malutensilien bekam, die jedoch im Berliner Handel kaum mehr angeboten wurden. Dieser abgründige, eigenbrötlerische, verschlossene, aber hochgeehrte Mann, der 1953 den Kunstpreis der Stadt Berlin bekam, beschwieg viel. Über das Schicksal seiner ersten Frau ist keine öffentliche oder private Äußerung überliefert: Mathilde Scheinberger wurde am 21. November 1942 im Konzentrationslager Auschwitz-Birkenau ermordet.

SKULPTUR

Zwei Berliner Bildhauer – Renée Sintenis und Arno Breker

Der Wahl-Berliner Emil Rudolf Weiß (1875–1942) malte Renée Sintenis (1888–1965) mehrfach. Hier das Porträt seiner früheren Schülerin und Ehefrau von 1925.

RENÉE SINTENIS fiel auf. Sie war 1,79 Meter groß, schlank, sportlich. In den Weimarer Jahren galt sie als die am meisten fotografierte Frau Berlins. Sie verkörpert den Typus der „neuen Frau", wie er für die „Hauptstadt der 1920er-Jahre" kennzeichnend war. Die Künstlerin bevorzugte die kleinformatige Skulptur, oft Tiere darstellend, handtaschengroß, geeignet für die Wohnung schon des mittleren Bürgertums. Gegen die monumentale Plastik hatte sie seit ihrer Kunstausbildung eine tief empfundene Abneigung. Sie gehörte zu den ersten Bildhauerinnen vielleicht sogar weltweit, die kommerziell erfolgreich waren. Sintenis wurde nach 1945 ebenso wie Karl Hofer vielfach ausgezeichnet. Von einer Ordensübergabe an beide gibt es ein Foto aus dem Rathaus Schöneberg, nicht weit von der ihr 1945 zugewiesenen Wohnung in der Innsbrucker Straße 23, in der sie bis zu ihrem Tod 1965 lebte. Es zeigt sie und Hofer, beide Professoren der Berliner Kunsthochschule, 1953 mit dem Regierenden Bürgermeister Ernst Reuter. Den Kunstpreis der Stadt Berlin bekam Sintenis bereits bei der Erstvergabe 1948, und 1952 als erste Frau das bundespräsidial genehmigte Ehrenzeichen, den Orden Pour le Mérite für Wissenschaften und Künste.

Der juristische Beruf des aus hugenottischer Familie stammenden Vaters bestimmte ähnlich wie bei Fallada den Wohnort. Deshalb wächst die in Glatz in Schlesien geborene Renate Alice Sintenis in Neuruppin auf. In der ländlichen Kleinstadt prägen sich wesentliche Züge ihres Wesens: „Ich war daher in frühester Jugend immer zwischen erdhaften Gebundenheiten, als ob ich ein Stück Erde selber wäre." Sintenis' Selbstbild der Kinderjahre: „Dabei war ich ein unendlich schüchternes Kind, und es war mir unmöglich, mich vor Menschen zu äußern, mit ihnen zu sprechen oder mich von ihnen sehen zu lassen." Die lebenslange Liebe zu Tieren, die sie den Menschen vorzog, stammt aus der Kindheit in der Mark. Sintenis: „Im eigentlichen Sinne des Wortes lebte in meinem Herzen vor allem anderen eine beinahe abgöttische Liebe und Anbetung für Pferde." Legendär ist, wie sie in den 1920er-Jahren als eine der wenigen Frauen morgens im Tiergarten ausreitet. Der Umzug nach Stuttgart 1902 bedeutet eine Krise ebenso wie die Pubertät. Die Jugendliche wendet sich vom Glauben ab, ist zugleich die einzige Nichtkatholikin im Nonnenstift mit Uniformzwang. Die jüdische Konfession der Mutter spielt keine Rolle. Chanukka wird begangen wie Weihnachten, Pessach wie Ostern. Kunst ist das Fach ihrer Wahl: „Sie lernt, feuchte Tonklumpen nach ihrem Willen zu formen." Als der Vater Anstellung beim Kammergericht bekommt, geht die Familie 1905 nach Berlin, wo Sintenis ihr ganzes Leben verbringen wird.

Die Familie fördert die künstlerische Begabung nach dem abschlusslosen Abgehen vom Gymnasium. Sintenis kommt an die Königliche Unterrichtsanstalt des Kunstgewerbemuseums in der Prinz-Albrecht-Straße. Sie entdeckt: „Da ich die Malerei so ablehnte, so blieb mir, wie es scheint, nur die Bildhauerei übrig." *Hauen* ist nicht ihre Sache, sie will *formen*. Die Krise bricht aus, als der Vater sie von der Schule nimmt, um sie zu seiner Schreibkraft zu machen. Sie bricht mit der Familie. „Ich sank in tiefe Depressionen. Alles in mir war wie tot." Sie nennt sich Renée. Im gesprochenen Französisch unterscheidet der Name nicht Mann oder Frau. Sie erzählt, dass sie in dieser Zeit „mein erstes Tier" formte. Sie kreiert sich neu: „Der Zopf ist ab!" Die Haare sind kurz, einige Zeit darauf folgt noch die Verkürzung des Bubikopfs im Nacken. Einer ihrer Lehrer, Freund Hofers, der Maler Emil Rudolf Weiß, wird „väterlicher Freund". Sie steht Modell beim Berliner Bildhauer Georg Kolbe, der ein lebensgroßes, verloren gegangenes Bildnis von ihr formt. Kolbe ist fasziniert vom Vater der modernen Plastik, dem Franzosen Auguste Rodin, und von dessen Widersacher Aristide Maillol – wie Arno Breker. Neben dem greisen Maillol wird Sintenis 1930 bei dessen Berlin-Besuch sitzen. Er wird über sie sagen: „Grandiose Renée Sintenis."

Sintenis' Durchbruch kommt 1915, im Ersten Weltkrieg. Es besteht Gussverbot. Trotzdem lässt sie in der Gießerei Noack, Ecke Fehler- und Varziner Straße in Friedenau, kleinformatige Pferde, Rehe, Fohlen und eine Selbstbildnismaske gießen. Die Kleinplastik war neu, fand reißenden Absatz, obwohl die Berliner abschätzig von „Ladenplastik" redeten. Den Weg in den Kunsthandel bahnen Rodins zeitweiliger Sekretär Rainer Maria Rilke und der Berliner Homme de Lettres Harry Graf Kessler. Ihr Freund Weiß trennt sich von seiner Frau. Sintenis zieht in seine neue Wohnung Magdeburger Straße 34, in einen eigenen Trakt mit separatem Zugang. Sie heiraten 1917. Im Jahr 1919 bringt die angesehene Berliner Kunsthandlung Fritz Gurlitt drei Mappen mit Radierungen von ihr auf den Markt. Erstmals erscheinen Federzeichnungen: „Die 30 Blätter der ‚Badenden Mädchen' kommen einer Bejahung der gleichgeschlechtlichen Liebe gleich." Ihre Biografin Silke Kettelhake zur laut dem Netzmedium *Queer* von der lesbischen Szene vereinnahmten Künstlerin, die nicht neben dem Ehemann, sondern neben ihrer angeblichen Haushälterin und Alleinerbin Magdalena Goldmann begraben liegt: „Ein Stil, ein Markenzeichen – ein Bekenntnis." Es entwickelt sich die unentwegt rauchende und von ihrem Terrier begleitete Berliner Gesellschaftserscheinung „die Sintenis", die am Hausvogteiplatz Herrenkonfektion in ihrer Größe einkauft. „Ideal ist die Garçonne, berlinisch definiert als ein Mädchen, das aussieht wie ein Mann, der aussieht wie ein Mädchen, das aussieht wie: Renée Sintenis." Mit dem Führerschein kommt der Studebaker-Wagen namens Nurmi. 1920 wechselt sie zum berühmten Berliner Kunsthändler Alfred Flechtheim, einem Förderer der Modernen, bei dem auch Hofer ausstellt, der Kolbe, Ernst Barlach und jetzt Sintenis zeigt, die neuerdings auch männliche Akte produziert. Sammler und Museen kaufen sie, weltweit, auch in Amerika. Ihre Statuette des Läufers Paavo Nurmi von 1926, der 1924 bei den Olympischen Spielen in Paris fünf Goldmedaillen erringt und die das ganze Gegenteil der monumentalen Athleten darstellt, die Breker zehn Jahre später in Berlin herstellen wird, schafft es in die Berliner Nationalgalerie und nach Paris ins Musée Rodin – und in die Privatwohnung der Flechtheims. 1931 beruft Preußens Kultusminister Adolf Grimme sie als erste Frau im Fach Bildhauerei an die Akademie der Künste. Hanna Kiel, Freundin und 1935 Autorin der ersten Sintenis-Monografie, beschreibt ihre Arbeitsweise mit erhitztem Wachs:

> *Das Drahtgestell wird zurechtgebogen, und dann fangen die Finger an zu modellieren, eine Stunde, mehrere Stunden. Sie trägt das Brettchen mit sich herum, hat es neben sich auf dem Teetisch, die Hand hält die Tasse, aber die Augen schauen schon wieder auf das Wesen neben sich, das da im Entstehen ist. Die Finger greifen schon wieder zum Modelliereisen, auch während der Mahlzeiten, auch wenn es dunkel wird draußen und die Lampe über dem Tisch brennt. So geht es bis zum Einschlafen und weiter am nächsten Tag, bis der letzte Griff getan ist, der letzte Daumendruck gepreßt, und nun rasch ein Papier um das Ganze geschlagen und gleich zum Gießer damit, zitternden Herzens, es könnte etwas verbiegen oder brechen.*

Politisch ist Sintenis bis 1933 nicht gewesen. Ihr homosexueller Freund Hans Siemsen lebte seit 1919 als Schriftsteller in Berlin, war

Weltbühne-Autor, Pionier der Gattung Filmkritik und seit 1931 in der von der SPD abgesplitterten Sozialistischen Arbeiterpartei SAP, der auch der junge Willy Brandt angehörte. Siemsen berichtet von einem Zusammensein, bei dem man im März 1933 auf die Rückkehr der dänischen Filmschauspielerin Asta Nielsen von einem Tee bei Goebbels und Hitler wartet:

Eines Abends waren ein paar Freunde in meinem Atelier versammelt: die beiden Maler Karl Hofer und E[mil]. R[udolf]. Weiß, die Bildhauerin Renée Sintenis und der Dichter Joachim Ringelnatz. Unsere Stimmung war, wie man sich denken kann, nicht gerade heiter. Wir wußten damals zwar alle nicht, zu welchen Schmutzereien und Bestialitäten die Nazis fähig waren, aber wir waren doch alle mehr oder weniger angeekelt und erwarteten Böses für uns selber und für Deutschland, Abgesehen von mir waren alle Anwesenden recht ‚unpolitisch'. Aber allein schon der Umstand, daß jeder von uns gute und geliebte jüdische Freunde hatte, ließ selbst den politisch Unwissenden erkennen, daß die Nazis eine üble Bande waren.

Sintenis verliert, wie so viele andere Künstler, mit Flechtheim bald den Galeristen. Alex Vömel, schon in der SA, später auch in der Partei, übernimmt – „Arisierung" – die Geschäfte. Sintenis stellt weiter aus, auch ohne Galeristen: „Ich habe öfters was verkauft die letzte Zeit und es ging ganz gut, bloß es ist schwer, so dabei stehen und was sagen müssen, trotzdem mache ich es am liebsten so weiter ohne jemand dazwischen, weil es doch ordentlicher und netter so ist." Weggehen ist für sie keine Alternative. 40 Künstler, die 1931 berufenen Modernen, sollen im Zuge der „Gleichschaltung" die Preußische Akademie der Künste möglichst von sich aus verlassen. Sintenis reagiert am 21. Mai 1933: „Ich habe seinerzeit nichts dazu getan, in die Akademie hereinzukommen, so möchte ich jetzt auch nichts dazu tun, wieder heraus zu kommen. Wenn aber die Akademie aus den von ihnen angedeuteten Gründen glaubt, die damalige Berufung als ungültig erklären zu müssen, so steht dem, soviel ich sehe, nichts im Wege." Der seit dem 1. April 1933 der NSDAP angehörende Intendant und Komponist Max von Schillings, neuer Akademiepräsident und früher Lehrer Furtwänglers, veranlasst bei Sachverständigen für „Rasseforschung" Untersuchungen bei den Akademiemitgliedern Emil Rudolf Weiß und seiner Frau Renée Sintenis. Anlass ist das antisemitische Gesetz zur Wiederherstellung des Berufsbeamtentums. Der mit viel bürokratischem Gewese verbundene Akademieausschluss stürzt sie in Depression, Niedergeschlagenheit, Arbeitsunfähigkeit. Ihr Mann hat die Dozentur verloren. Der Umzug in die Potsdamer Privatstraße, später Bissingzeile, nahe dem Potsdamer Platz, steht bevor. Weiß erkrankt, er hat die neue Atelierwohnung in der Kurfürstenstraße 126, zieht sich oft nach Südwestdeutschland zurück, ist selten in Berlin. Sie ist allein. Allein mit „Lenchen“ und dem Terrier und mit der bisher unwichtigen Eigenschaft, „nichtarisch“ zu sein. Sie ist „Halbjüdin“. Die „Mischehe“ schützt sie. Verkauf und Einnahmen brechen weg. Der Flechtheim-Lehrling Curt Valentin bemüht sich über den Buch- und Kunsthändler Kurt Buchholz um den US-Markt. Sintenis hatte 1931 im Museum of Modern Art ausgestellt, es gelingen Verkäufe in den USA. Der Schriftsteller Ernest Hemingway ist Besitzer eines *Nurmi*. Buchholz eröffnet im Dezember 1934 die neue Filiale Leipziger Straße 119–120, wo er im ersten Stock, man nimmt die kleine Wendeltreppe, zeitgenössische Kunst verkauft, auch Sintenis. Valentin bekommt am 14. November 1936 die Erlaubnis, bei Geschäftssitz im Ausland „Werke deutscher Künstler in Deutschland

Das war „die Sintenis“: die Bildhauerin mit ihrer Freundlin Magdalena „Lenchen“ Goldmann und dem Foxterrier Anfang der 1930er-Jahre unterwegs in Berlin

anzukaufen und in Amerika zu verwerten." Die Nationalsozialisten brauchen Devisen, auch durch solche Exporte. Die Grenzen zwischen Kunsthandel und Kunstraub lösen sich auf. Sintenis widmet sich künstlerisch fast ausschließlich Tieren. Kettelhake interpretiert das *Shetlandpony im Wind*: „Das kleine stämmige Pferdchen läuft wie getrieben von einem eisigen Wind. Die lange Mähne und der Schweif führen ein wildes Eigenleben, während draußen die deutsche Jugend das Marschieren lernt [...]." Vertreten ist Sintenis wie viele Moderne 1935 auch in der Münchner Pinakothek auf der Schau *Berliner Kunst in München*, in deren Auswahlkommission neben Goebbels auch Breker und Kolbe sitzen.

Entschied Sintenis' Schicksal: Hans Hinkel (1901–1960) war seit 1935 im Propagandaministerium für „Kulturpersonalien" verantwortlich und stieg 1943 zum SS-Gruppenführer auf.

Für Weiß und Sintenis ist die Mitgliedschaft in der Reichskulturkammer existenziell unverzichtbar. Im Einschreiben der Kammer an „Renée Sintenis, Berlin W 35, Potsdamer Privatstraße 121 E" vom 8. April 1936 steht: „Die mit Ihrem Schreiben vom 20.1.36 in Aussicht gestellte Vorlage der Ehescheidungsakten Ihrer Großeltern Friedländer ist bis heute nicht erfolgt." Sie bekommt zehn Tage Frist. Ab Mai 1936 wird der „arische" Abstammungsnachweis obligatorisch für die Mitgliedschaft. Es drohen Berufsverbot und Ausschluss aus dem Kulturleben in Berlin, Deutschland. Fragen über Fragen. „Ist die Ehefrau arischer Abstammung?" Es sind „[...] Originalurkunden bis zum 30. September 1936 zu erbringen." Das Schreiben des Kammerpräsidenten vom 11. Mai 1936, Aktenzeichen IV.B 755/206a: „Ich beziehe mich auf Ihr Schreiben vom 8. April und bestätige Ihnen, daß ich Sie weiterhin als Mitglied der Reichskammer der bildenden Künste, Fachgruppe Bildhauer, führe." Sintenis bleibt Mitglied, obwohl sie die Kriterien nicht erfüllt, ihr Akademieausschluss bekannt ist und sie die Frage nicht beantwortet, wie viele „arische" Großeltern sie habe. Aber ermittelt wird bei den NS-Behörden weiter. SS-Sturmbann-

führer und Staatsrat Hans Hinkel soll Sintenis' „Fürsprecher" gewesen sein. Dieser Teilnehmer am Hitlerputsch von 1923 mit der NSDAP-Mitgliedsnummer 287 und Träger des Blutordens für „alte Kämpfer" ist durch Goebbels seit 1935 mit der „Überwachung und Beaufsichtigung aller im deutschen Reichsgebiet lebenden nichtarischen Staatsangehörigen auf künstlerischem und geistigem Gebiet" sowie mit der Verdrängung jüdischer Künstler aus dem Kulturbetrieb befasst und wird später leitender NS-Film- und Kulturkammerfunktionär. Hinkel vermerkt auf einem Telegramm, der Nachfrage, ob Sintenis „arisch" sei, handschriftlich: „Anfragen in Personalfragen bzw. Judenfragen an mich! Keine Papiere zu erreichen!" Ihr begegnen immer wieder Unsicherheiten, Vorgänge, Anforderungen der Kulturbürokratie. Entscheidend ist, dass Sintenis bis 1945 überlebt hat. Ihr Mann wird inzwischen gebeten, ohne seine Frau zu Einladungen zu kommen. Die Konsequenz: Das Paar isoliert sich, verlässt immer seltener das Haus. Sintenis benutzt die hintere Treppe, die in die Küche führt.

Die Kriegsjahre sind für Renée Sintenis das Grauen. Sie hangelt sich von Auftrag zu Auftrag, Verkauf zu Verkauf. Das Auto muss abgegeben werden. Sie kauft ein Fahrrad und lernt Radfahren. Ihr Mann stirbt an einem Herzschlag in der Nacht vom 6. auf den 7. November 1942 in Meersburg am Bodensee, in seiner Heimat. Das Gussverbot behindert die Arbeit, Bronze gibt es nicht mehr. Sie hat keine Zeit mehr zum Arbeiten. Bei Bombenangriffen in den Keller, das Anstehen beim Einkaufen, sich behelfen ohne Wasser, Strom, vor allem ohne Telefon, das alles verschlingt wie bei allen Berlinern viel Zeit. Schlaf fehlt durch die Luftangriffe. Sie ist einsam. Die Nacht war sternenklar, Angriff, Scheiben noch heil, der Luftdruck drückte die Rippen ein: „Ungefähr zu gleicher Zeit hat sich unten im Haus eine jüdische Familie mit Gas vergiftet. Es wurde erst morgens entdeckt, aber ich bin die ganze Nacht gewandelt, weil es, zusammen mit dem anderen Brandgeruch noch so anders roch [...]." Sie hat spätestens ab 1941 Angst, dass sie zum Reichsarbeitsdienst verpflichtet wird. Die Einziehung zum „Volkssturm" erwischt sie erst ganz am Ende: Sie wird sich im Februar 1945 durch ein Attest vor dem Panzersperrenbau auf dem Wittenbergplatz retten – Herzschwäche. Inzwischen ist ein Zeigefinger amputiert. Nach einem Treffer wohnt sie mit „Lenchen" und dem Hund unten im Haus für zwei Wochen bei der Malerfamilie Pechstein. Länger halten sie es bei den fremden Leuten nicht aus. Die eigene Wohnung hat nur noch ein Zimmer mit Decke, kein Wasser, keine Toilette. Am 16. Dezember 1943 schreibt Sintenis: „Berlin ist im Grunde erledigt, auch wenn sie gar nicht mehr kämen,

Ausgebombte Berliner sitzen mit dem Rest ihres Hausrats auf der Straße. Schon Ende 1943 hatte Renée Sintenis geschrieben: „Berlin ist im Grunde erledigt."

aber das mag aus dem falschen Winkel gesehen sein, denn es soll noch ganze Gegenden geben, wo Licht ist und Wasser und die Leute sauber und geputzt in Kinos und Theater gehen, wo die Elektrischen fahren und Radios spielen, wir können's nur nicht mehr glauben." Am 15. Januar 1944 die überbordende Freude über ein einzelnes Ei: „Daß wir Licht haben, ist ganz wunderbar, hoffentlich bleibt es ein Weilchen. An Gas und Telefon ist nicht zu denken (verzeihen Sie die Schrift). Wir gelten als tot und abgebrannt und sind ‚abgeschrieben' bei allen Ämtern." Die notdürftigen Reparaturen, Treffer auf Treffer, macht sie selber. Sie hat Angst vor Evakuierung. Die Landstraße würde sie wohl nicht mehr überstehen. Sie arbeitet an einem Selbstporträt. Es ist die letzte Maske, die sie der Öffentlichkeit übergibt. Mit Mühe ist sie an Ton gekommen. Am 27. April 1944 schreibt sie: „Daß ich gut aussehen soll, erscheint mir wirklich wie Hohn, so verwittert, so müde, so graue Haare, so viele Falten – na ist aber egal."

Berlin ist zerstört. Die Menschen sind es, wenn sie überleben, auch. 1944 hat die Bildhauerin und, in der NS-Sprache, „Halbjüdin" Renée Sintenis den Zustand der Stadt, ihrer Bewohner, der Zeit in eine Skulptur gießen lassen. 13 Zentimeter ist sie hoch und heißt *Klagender Trümmerhund*. Das jaulende Tier hat den Kopf kerzengerade nach oben gestreckt. Kettelhake beschreibt diesen Hund: „Die Angst lässt seine Hinterläufe jämmerlich einknicken. Es ist, als ob die winselnde Schnauze der hilflosen verlassenen Kreatur, die in ihrer letzten Einsamkeit zum Himmel heult, von allem Schrecken künden soll."

Der Bildhauer **ARNO BREKER** zog der Karriere wegen 1933 in die Reichshauptstadt, und er wird die nationalsozialistische Zeit in Berlin ganz anders erleben als Renée Sintenis. Der Regimegünstling darf mit Sondergenehmigung weiter Auto fahren und sogar in Paris gießen lassen. Er wird die Stadt rechtzeitig und dann für den Rest seines Lebens wieder verlassen. Viele Künstler, auch viele, die in den 1920er-Jahren gekommen waren, waren zu der Zeit, als Breker herkam, schon emigriert oder wollten es tun. Sein Werdegang wies nicht auf seinen Karrieregipfel als „Staatsbildhauer" des Dritten Reichs voraus. Eigentlich hieß Breker Arnold, nannte sich aber Arno, um sich vom Vater gleichen Vornamens, einem in Elberfeld mit Grabmälern beschäftigten Steinmetz und Bildhauer, in der Signatur zu unterscheiden. Breker war unauffällig, schmächtig, keine Erscheinung. Bildhauerisch bevorzugte er übermenschliche, übersteigerte, monumentale Bildwerke. Breker verließ die Schule mit 13 Jahren, lernte das Handwerk beim Vater. Auch sein Bruder Hans, der später vom Erfolg Arnos im Dritten Reich profitierte, wurde so Bildhauer. Im Ersten Weltkrieg wurde der Vater dienstverpflichtet. Arno führte den Betrieb. Er musste sich durchbeißen, um das erstrebte Ziel, freischaffend künstlerisch zu arbeiten, zu erreichen und das Fach zu studieren; anders als Hitler hatte er mit seinen Bewerbungsmappen und Arbeitsproben Erfolg.

Die erste Metropole, in der Breker lebte, ist seit 1928 Paris. Die französische Hauptstadt der Zwischenkriegszeit, die manche damals „Weltzentrum der Kunst" nennen, ist ähnlich wie das Berlin der 1920er-Jahre durch den Austausch fast aller Kunstrichtungen untereinander gekennzeichnet; die Seine-Stadt ist führend in der Bildhauerei. Liberalität, wechselseitige Toleranz, gegenseitiger Austausch haben Breker in Paris imponiert. Er profitiert von dem Bildhauer Aristide Maillol und besucht den Rodin-Schüler Antoine Bourdelle, der gerade an einer monumentalen Beethoven-Büste arbeitet und der Breker den Weg ebnet, in seinem *Salon des Tuileries* auszustellen. Beide teilen die Überzeugung von einer „monumentalen Skulptur, die ohne Zusammenhang mit der Architektur kaum lebensfähig ist", wie der Kunstwissenschaftler Jürgen Trimborn feststellt. In Paris entwickelte Breker eine Technik, die er „reine Form" nannte, bei der es darauf ankam, die Gussform innen nach antikem Vorbild auszuschleifen, sodass die Oberflächen besondere Vollkommenheit gewannen und die Ausprägung der Körperteile perfektioniert wurde. Das wurde Kennzeichen seiner Arbeiten. Die Einwohner des Paris dieser Jahre frönten einem faszinierenden Nachtleben. Breker erlebte dort die US-Tänzerin Josephine Baker ebenso wie den Bildhauer Alberto Giacometti, die Autoren Ernest Hemingway und James Joyce oder den Dada-Künstler Man Ray. Er lernte die Griechin Demetra Piet, geborene Messalâ, kennen, die vielen Künstlern Modell stand, sieben Sprachen beherrschte und sich in der Szene auskannte. Mimina, wie alle sie nannten, verließ für den unbekannten und prekär lebenden Breker ihren Mann. Sie blieb bis zu ihrem Tod 1955 bei Breker, war seine Managerin und gab Geld mit vollen Händen aus. Sie heirateten 1937. Angeblich hat Breker in der Pariser Zeit ein Verhältnis mit dem Universalkünstler Jean Cocteau, mit dem er kurz zusammengelebt haben soll. Diese Freundschaft überdauerte alle Umschwünge. Finanziell blieb Breker auf seine deutschen Verbindungen angewiesen. Sein jüdischer Galerist Flechtheim half ihm, brachte seine Werke auf den wichtigen Ausstellungen in Deutschland unter, wo sie neben Arbeiten von Baumeister, Beckmann, Grosz, Heckel, Kandinsky, Klee oder Schlemmer gezeigt wurden – alle im Dritten Reich verfemt. Erfolgreich war Breker, als er im August 1932 erfuhr, dass seine Bewerbung um einen Studienaufenthalt in der Villa Massimo in Rom vom preußischen Wissenschaftsministerium positiv beschieden worden war. Abgesehen von der „sorgenfreien" Existenz war Rom künstlerisch wichtig: „Entscheidende Bedeutung hatte für mich die Begegnung mit den Werken Michelangelos; vor allem seine Skulpturen, die ich hier im Original bewundern konnte."

Während dieses Aufenthalts vollzog sich in Berlin die Machtübernahme der Nationalsozialisten, die zu einer weiteren Begegnung in Rom führte, die Breker rückblickend zum Schlüsselerlebnis stilisiert hat: Der neue Reichsminister Goebbels besucht Ende Mai 1933 die Hauptstadt des faschistischen Italien, wünscht, deutsche Staatsbürger zu treffen, wirbt bei den Studenten der Villa Massimo „mit leidenschaftlichen Worten für die neue Staatsform, berichtete über ihre Ziele, Hoffnungen und Pläne". Breker bricht kurz darauf mittellos nach Deutschland auf, weil er sich dort den bisher versagt gebliebenen Durchbruch in Form von Staatsaufträgen erhofft. Der bisher unpolitische Breker kommt bei der Rückkehr mit seiner Partnerin wohl Ende Juni 1933 zunächst zum ersten Mal nach München und ist von der neuen „Bewegung" beeindruckt: „Die Wucht der in strenger Ordnung marschierenden Masse hatte etwas beängstigend Eindrucksvolles. Eine unheimliche, unsichtbare Macht schien sie zu führen. Eine neue Welt brach auf, deren Herkunft, Zielsetzung, Umfang mein Aufnahmevermögen überstieg." Bei einem Aufenthalt in Sommerhausen bei Würzburg bei einem Freund, der einen Atelierraum anbietet, fordert die aufstiegsbewusste Mimina: „Arno muss nach Berlin!" In einer Stellungnahme zu Brekers Spruchkammerverfahren, das er als „Mitläufer" abschloss, hieß es 1947, Breker sei der Karriere wegen nach Deutschland gegangen und nicht mehr nach Paris zurückgekehrt, weil er beschlossen hatte, „in Berlin zu arbeiten, da die großen Aufgaben, die damals durch die Neugestaltung der Städte, insbesondere der Reichshauptstadt, für den deutschen Künstler gegeben waren, ihn ganz besonders reizten."

Hitlers Leibbildhauer im hellen Anzug: Arno Breker (1900–1991) überwacht den Transport seiner monumentaler Werke für seine Einzelausstellung 1942 in den Tuilerien im besetzten Paris.

Goebbels hatte zunächst noch eine gewisse Offenheit für Richtungen wie Expressionismus oder Neue Sachlichkeit gezeigt, während der Chefideologe Alfred Rosenberg und insbesondere der antisemitische und rassistische NS-Kunsttheoretiker Paul Schultze-Naumburg von vorneherein diese ideologische Doktrin vertraten: „Kunst muss aus Blut und Boden entstehen, wenn sie zum rechten Leben erwachen will." In der faktischen „Kunstdiktatur" hatte Hitler das letzte Wort. Dem hatte sich auch Goebbels zu fügen. „Die nationalsozialistische Bewegung und Staatsführung darf auch auf kulturellem Gebiet nicht dulden, daß solche Nichtskönner oder Gaukler plötzlich ihre Fahnen wechseln und so, als ob nichts geschehen wäre, in den neuen Staat einziehen, um dort auf dem Gebiete der Kunst und Kulturpolitik abermals das große Wort zu führen." So gibt am

2. September 1933 das Parteiorgan *Völkischer Beobachter* Hitlers Worte wieder. Der unwiderrufliche Bruch mit der Moderne erfolgt wohl erst 1936, als Breker bereits in der deutschen Kulturwelt etabliert ist. Seine erste Berliner Meldeadresse ist Luciusstraße 2 im grünen Vorort Schmargendorf. Durch Vermittlung des langjährigen jüdischen Breker-Gönners Berthold Nothmann trifft der Berlin-Neuling im Februar 1934 den 86 Jahre alten, zu diesem Zeitpunkt isolierten und attackierten Juden, Grandseigneur der Berliner Malerzunft, Berliner Ehrenbürger und ehemaligen Präsidenten der Preußischen Akademie der Künste Max Liebermann. Breker besucht ihn in seinem Palais am Pariser Platz. Es wird über die Liebermann vertraute französische Metropole gesprochen. Breker präsentiert seine Arbeiten, der greise Maler ist begeistert und erklärt, er wolle seinem Besucher Modell sitzen. Im Nachhinein schreibt Breker: „Ich sah darin, kaum in Berlin seßhaft geworden, einen verheißungsvollen Anfang. Die Nachricht von dem Portraitauftrag ging wie ein Lauffeuer durch die Stadt." Liebermann half Breker mit dem Hinweis auf das leer stehende Atelier des 1921 verstorbenen, schon vor Sintenis für seine Tierplastiken berühmten Bildhauers August Gaul, in dem der Neu-Berliner arbeitete, bis er in der Fraunhoferstraße 24 in Charlottenburg Atelier und Wohnung fand, wo er bis 1939 blieb. Nach Liebermanns Tod

Der jüdische Berliner Maler Max Liebermann (1847–1935) 1932 mit seiner Frau Martha. Breker nahm ihm 1935 die Totenmaske ab, kümmerte sich nicht um die Witwe, die sich 1943 mit 85 Jahren umbrachte.

am 8. Februar 1935 nahm Breker ihm die Totenmaske ab. Das hatte Liebermanns Frau Martha gewünscht. Bei der Beerdigung war Breker nicht, ebenso wenig wie irgendein Vertreter irgendeiner offiziellen Institution, wohl aber die Berliner Künstlerin Käthe Kollwitz.

Breker half, als er es nach seinem Aufstieg vermochte, Verfolgten und Juden, wenn es ihm nützte, manchmal, so Trimborn, bloß weil er seine Machtmöglichkeiten zeigen wollte, und er rühmte sich nach 1945 solcher Interventionen. Peter Suhrkamp hatte 1936 nach der Emigration der Familie den S. Fischer Verlag geleitet, die „Arisierung“ verhandelt. Ihm verdankte Breker die Freundschaft mit Gerhart Hauptmann und dessen Frau Margarete. Laut Suhrkamps Darstellung hat Breker im April 1943 die Verlagsschließung verhindert und ihm ein Jahr später das Leben gerettet, als er verhaftet und des Hoch- und Landesverrats angeklagt war. Suhrkamps Aussagen haben Breker bei der Entnazifizierung geholfen. Die Geschichte bleibt unklar. *Der Spiegel* schrieb 1948: „Arg böse Zeitgenossen behaupten, Suhrkamp entlaste serienweise, weil er Memoiren und D-Mark für seinen Fischer-Verlag brauche.“ Ferner soll sich Breker nach der deutschen Besetzung von Paris für Cocteaus Lebenspartner, den Schauspieler Jean Marais, und für den einzigen international bekannten Künstler, der in die Metropole zurückkehrte, eingesetzt haben: für Pablo Picasso. Brekers Biograf hat aufgrund von Brekers Entnazifizierungsverfahren nicht nur diese beiden Fälle überprüft und meldet anhand fehlender Belege und sich ergebender Widersprüche ernste Zweifel an.

Im Falle Martha Liebermanns tat Breker nichts: Die aus Ur-Berliner jüdischer Familie stammende Witwe war wegen des Grabes ihres Mannes in Berlin geblieben. Das Palais am Brandenburger Tor hatte sie aufgeben müssen. Die Tür der neuen Wohnung in der Graf-Spee-Straße am Tiergarten war mit dem Davidsstern markiert. Sie war 85 Jahre alt, nach einem Schlaganfall bettlägerig. Sie sollte im Rahmen der von Goebbels betriebenen „Entjudung“ Berlins deportiert werden. Sie nahm sich am 5. März 1943 mit Veronal-Schlaftabletten das Leben. Breker tat nichts im Fall der Witwe seines im Mai 1933 geflohenen und 1937 in London an Folgen einer Blutvergiftung gestorbenen Galeristen Alfred Flechtheim, der angenommen hatte, dass es für seine Frau im nationalsozialistischen Berlin besser sei, von ihm geschieden zu sein: Bertha „Betty“ Flechtheim aus der Berliner Bankiersfamilie Goldschmidt war zwar bei der Beerdigung in England, bekam aber keine Ausreisegenehmigung zur Emigration. Aus der repräsentativen Wohnung in der Bleibtreustraße nahe dem Kurfürstendamm hatte sie in die Düsseldorfer Straße 44 in Wilmersdorf umziehen müssen; dort erinnert ein „Stolperstein" an sie. Alle Bemühungen, zu emigrieren, scheiterten. Die 60-Jährige beging am 15. November 1941 Selbstmord. Am nächsten Tag sollte sie deportiert werden. Trimborn stellt fest, dass Breker noch vor 1936 in Berlin in einem Kreis verkehrte, der dem Nationalsozialismus ablehnend gegenüberstand oder „unter dem Rassenwahn des NS-Regimes zu leiden hatte." Erst als er „engeren Kontakt zu den braunen Machthabern" fand, wendete er sich ab.

Schon 1934 erschien Breker dem Regime politisch zuverlässig. Er war Juror bei der ersten wichtigen Kunstausstellung des Regimes, der *Großen Berliner Kunstausstellung* in der Akademie der Künste am Pariser Platz. 1935 saß er in der Jury der Ausstellung *Berliner Künstler in München*. Arno Breker entwickelte sich zum regimenahen Kulturschaffenden, der wie Johst zu den nationalsozialistischen Funktionären zählte, die in Berlin eine wichtige Rolle spielten und von deren Wohlwollen für viele Künstler viel abhing. Deshalb war es logisch, dass er 1941 Vizepräsident der Reichskammer der bildenden Künste wurde, deren Mitgliedschaft für Hofer, Weiß und Sintenis unverzichtbar war. 1943 rückt Breker zum Kammerpräsidenten auf. Interessant ist die Größenordnung, um die es bei diesen kulturellen Körperschaften geht: 1938 hatte die Reichskammer der bildenden Künste in Berlin 9269 Mitglieder.

Brekers endgültiger Durchbruch im NS-Berlin vollzieht sich vor dem Hintergrund der Olympischen Spiele 1936. Er wollte die Kunst dem „Volksgenossen" nahebringen: „Ich war der Meinung, die Plastik gehöre auf die Straße, d.h. sie gehört in Verbindung mit Architektur und auf öffentliche Plätze, sei es als Denkmäler bedeutender Menschen und Ereignisse oder einfach als freie Plastik." Breker beteiligte sich am Wettbewerb für die Ausstattung des Reichssportfeldes, das als größte Sportanlage der Welt konzipiert wurde und das seitens des Regimes als „Experimentierfeld" für die künstlerische Gestaltung von Großbauten dienen sollte. Die von Breker eingereichte Vorstudie einer Leichtathletenfigur bescherte ihm den Auftrag, für die Vorhalle des Hauses des Deutschen Sports zwei über drei Meter hohe Standbilder zu fertigen. Die Akte *Zehnkämpfer* und *Siegerin* stehen dort noch heute. Breker suchte sich zwei Modelle, die sich für die Spiele qualifiziert hatten: die Speerwerferin und spätere Olympiasiegerin Tilly Fleischer und den 21 Jahre alten Sportstudenten Gustav Stührk, der seitdem ständig Brekers Modell für männliche Akte war. Breker im Rückblick über das erste Treffen mit dem Athleten: „Die Begegnung mit Gustav Stührk war eine Sternstunde meines künstlerischen Lebens." Die beiden antik-griechisch anmutenden und Anfang der 2020er-Jahre grünlich korrodierten Plastiken zeigen noch Einflüsse aus Brekers Pariser Zeit. Ab 1937 orientiert sich seine Kunstproduktion im Staatsauftrag mit ihren perfekt geglätteten Oberflächen auf das NS-Ideal. Er fertigt Statuen, die zwar noch antiken Vorbildern nachempfunden sind, die aber ganz dem Körperverständnis des Nationalsozialismus entsprechen, geradezu als dessen idealtypischer Ausdruck fungieren; Brekers, aber auch Kolbes Arbeiten auf dem Reichssportfeld spiegeln zudem die ideologisch-propagandistische Indienstnahme des „deutschen Sports". Die ideologische Tendenz, deren maßgeblicher künstlerischer Propagandist im Dritten Reich Breker neben seinem Bildhauerkollegen Josef Thorak gewesen ist, fügt sich in das rassistische und antisemitische Menschenbild des „Ariers", das auf der anderen, seiner noch negativeren Seite zu Ausgrenzung, Aussonderung, nach Auschwitz führt.

Ein Stolperstein erinnert an Bertha Flechtheim (1881–1941), die sich einen Tag, bevor sie deportiert werden sollte, das Leben nahm.

Für den *Zehnkämpfer* bekam Breker vom Internationalen Olympischen Komitee die Silbermedaille in der Sparte Bildhauerei des Kunstwettbewerbs. Einen leicht veränderten Abguss zeigte er im Sommer 1936 auf der Berliner Ausstellung *Kunst der Olympiade*. Hitler sah sie und kaufte sie für 7000 Reichsmark, um sie zu verschenken, und er will wissen, wer der Bildhauer ist. Goebbels steht kurz darauf bei Breker vor der Türe: „Kommen Sie bitte gleich mit, denn Sie werden dem Führer vorgestellt." Das ist die erste Begegnung mit Hitler, der angeblich Breker die Hand auf die Schulter gelegt haben soll: „Junger Mann, ab heute arbeiten Sie nur noch für mich." Für Breker war das der „Wendepunkt meiner ganzen Existenz", der Beginn seiner Karriere als „Hitlers Michelangelo", also dem ersten Bildhauer der Diktatur, der den Paris-Besuch Hitlers am frühen Morgen des 23. Juni 1940 nach der Niederlage Frankreichs organisiert, der Zutritt zum innersten Kreis hat. Der Architekt des Olympiastadions in Berlin, Werner March, erklärt nach 1945: „Wie ich hörte, wurde er bereits wenige Tage nach dem Ankauf seitens Adolf Hitlers zu dem damaligen Reichsarchitekten Speer gerufen und mit Aufträgen zu Monumentalplastiken betraut."

Breker gestaltete die acht Meter hohe Plastik *Prometheus*, die auf Goebbels' Wunsch im Garten des Reichspropagandaministeriums aufgestellt wurde und die zu den am häufigsten abgebildeten Werken Brekers gehört. Breker arbeitete viel und verdiente viel. Bald kommt der prestigeträchtige Auftrag für eine Hitler-Büste, die in Massenproduktion hergestellt und vermarktet wird. Der „Führer" ernennt, bar jeglicher Rechtsgrundlage, an seinem 48. Geburtstag am 20. April 1937 Breker neben anderen regimetreuen Kunstschaffenden zum Professor. Den Titel führt Breker auch nach 1945. 1937 beantragt er die Parteimitgliedschaft. Er bekommt später eine niedrigere Mitgliedsnummer, die ihn nachträglich wie einen „alten Kämpfer" erscheinen lassen soll. 1940 bekommt er das Goldene Parteiabzeichen. Das Grundstück auf dem romantischen Egsdorfer Horst, einer Insel im Teupitzer See, erwirbt Breker 1939 von jüdischen Eignern, nutzt es kaum; Rückübertragungsansprüche seiner Erben werden nach der Wende abgelehnt. Zwischen 1939 und 1942 wird ihm das Staatsatelier mit technischen Einrichtungen nach dem Stand der Technik im Käuzchensteig, heute unter Denkmalschutz und Kunsthaus Dahlem genannt, gebaut und kostenlos zur Verfügung gestellt; im Garten werden 2020 zufällig zwei Breker-Skulpturen ausgegraben. In der guten Berliner Villengegend war die NS-Prominenz bereits breit vertreten. Da der Bau des zugehörigen repräsentativen Wohnhauses als nicht kriegswichtig zurückgestellt wird, zieht Breker mit seiner Frau 1939 in die ihnen allerdings nicht übereignete „arisierte" frühere Villa des ermordeten Reichsaußenministers Walther Rathenau in der Koenigsallee. Hitler persönlich befreit Breker vom Wehrdienst. Zum 40. Geburtstag schenkt Hitler Breker das Gut Jäckelsbruch bei Wriezen im ländlichen Oderbruch. Breker pendelt ab 1940 von dort nach Berlin. Am 23. August 1941 werden die Steinbildhauerwerkstätten Arno Breker GmbH gegründet, die vier Kilometer vom Schloss in Wriezen errichtet werden. 1941 erzielt der NS-Spitzenverdiener allein aus seiner Arbeit als freier Bildhauer 919 885 Reichsmark; die Höhe seiner Honorare ist im Dritten Reich einzigartig. Der „Vorzeigekünstler" bekommt, was er fordert. Ab 1942 ist Breker kaum noch in Berlin, weil das ohnehin kaum benutzte Staatsatelier durch Bomben beschädigt ist. Schließlich hat er in Wriezen mit Bahn- und Kanalanschluss für die monumentalen Plastiken die neue Produktionsstätte, in der er Zwangsarbeiter einsetzt. Im besetzten Paris wird für ihn die legendäre Wohnung der Kosmetikunternehmerin Helena Rubinstein „arisiert".

Breker setzte sich im Herannahen der endgültigen Niederlage nach Süddeutschland ab, ließ sich später in Düsseldorf nieder, wo er 1991 starb. Er porträtierte u. a. Bundeskanzler Ludwig Erhard, der Breker als einziger hoher Repräsentant der Bundesrepublik Modell saß, und den ersten Bundeskanzler Konrad Adenauer – ihn ohne Auftrag. Brekers verlassenes Gut Jäckelsbruch ist im 21. Jahrhundert weitgehend verwildert. Nur noch sein Atelier steht, und ein Bildhauer nutzt den Bau. Wie es Anfang 1945 dort aussah, beschreibt der damals 17 Jahre alte, noch als Flak-Helfer eingezogene spätere Schriftsteller Gerhard Wolf, der in der DDR Verleger und seit 1951 Mann der 2011 verstorbenen Berliner Autorin Christa Wolf wurde: „Beim Rückzug machten wir Rast auf Brekers Gut, auf dem ein Stab einquartiert war. Dort standen die Recken herum, ein bombastisches Athleten-Ballett, eine Musterschau idealtypischer Kämpfer, mit Kurzschwert, geschwollenen Adern und grimmigen Blick. Ich hatte diese Monstren zuvor nur auf Zigaretten-Bildchen gesehen." In seinen 1972 unter dem Titel *Im Strahlungsfeld der Ereignisse 1925–1965. Leben und Wirken eines Künstlers* erschienenen Erinnerungen berichtet Breker von einem neuen Verfahren, die riesenhaften Plastiken herzustellen: „Um das monumentale Ausmaß der Figuren zu beherrschen, hatte sich im Laufe der Entstehung eine Technik herauskristallisiert, die stufenförmig in vier Abschnitten sich bis an die Endgröße herantastete. Jede einzelne dieser verschiedenartigen Zwischenstadien wurde bis zum letzten durchgefeilt, so daß man jede Größe als abgeschlossene Arbeit betrachten könnte."

Ein verkleinerter Abguss von Brekers *Zehnkämpfer* machte Hitler auf den Bildhauer aufmerksam: Das Original steht bis heute auf dem Gelände des Deutschen Sportforums in Charlottenburg.

STADTARCHITEKTUR

Von *Germania* zum Bunkerbau – Albert Speer und die Baumeister

Planungsmodell der „Welthauptstadt Germania“ Blick vom Südbahnhof (u.) über den Triumphbogen zur großen Halle

ARNO BREKER hat bis zu seinem Weggang aus Wriezen an Plastiken und Reliefs für *Germania* gearbeitet, obwohl Hitler die Bauarbeiten für das Welthauptstadt-Projekt in Berlin im Frühjahr 1943 kriegsbedingt gestoppt hatte. Das Regime nutzte Brekers unentwegtes Tun für Durchhaltepropaganda. 1944 stellte die Produktionsfirma der Hitler-Freundin Leni Riefenstahl den Kurzfilm *Arno Breker – Harte Zeit, starke Kunst* her. Unvollendet blieb der 1940 begonnene Riefenstahl-Film *Der Führer baut seine Hauptstadt*, der die Pläne zur Umgestaltung der Reichshauptstadt Berlin zur Welthauptstadt *Germania* propagandistisch ausschlachten sollte. „Versuchen Sie es einmal mit Breker“, soll Hitler seinem Leibarchitekten Albert Speer geraten haben, als beide die für das gigantomane Umgestaltungsprojekt vorgelegten Plastiken-Entwürfe von Bildhauern wie Georg Kolbe und Josef Thorak unbefriedigend fanden. Breker hatte wegen seiner Grundauffassung, die die übergroße Plastik im Kontext einer angemessenen Bauumgebung sieht, Interesse an Architektur. Die folgende Übersicht enthält die Breker übertragenen Aufträge für Skulpturen für fünf Einzelvorhaben des NS-Projekts *Germania*:

BRUNNEN: Der Runde Platz, 200 Meter im Durchmesser, liegt an der Einmündung der Potsdamer Straße in die Nord-Süd-Achse. Der Brunnen hat 120 Meter Durchmesser. Apollos Sonnenwagen wird von vier sich aufbäumenden Pferden aus dem Wasser gezogen. Der antike Gott ist sechs Meter hoch; Modell stand Gustav Stührk. Am Brunnenrand stehen sechs Bacchantinnen. Die Fontänen sind 30 Meter hoch. Das Brunnenmodell Brekers von 1939 wurde im UFA-Film *Wort aus Stein* einem Millionenpublikum in den Kinos vorgestellt. Breker in seinen Memoiren: „Eine auf dem Kontinent wohl einmalige Aufgabe.“

TRIUMPHBOGEN: Der Große Bogen ist der Abschluss der Nord-Süd-Achse im Spreebogen. Die Durchfahrt des Verkehrs ist mit Säulen gegliedert. Der Bogen wird mit zwei zwölf Meter hohen Plastiken sowie zwei Pferdegruppen von 18 Metern Höhe aufgewertet. Die Sockelzone ist mit einem Figurenfries ausgestattet. Ferner gehören 24 je zehn Meter hohe Reliefs mit mehr als 60 Figuren und 18 Pferden zur Gestaltung, Gesamtlänge: 240 Meter. Breker arbeitete daran ab 1939, stellte als erstes das medial vielfältig verwendete Relief *Kameraden* fertig. Titel anderer ab 1940 gefertigter Reliefs sind u. a. *Fackelträger, Aufbruch der Heimat, Die Vernichtung.* Die Namen der rund 1,8 Millionen deutschen Gefallenen des Ersten Weltkriegs sind in den Granit des 117 Meter hohen Bogens gemeißelt, der mehr als doppelt so hoch ist wie der Arc de Triomphe in Paris. Breker später bezüglich des Sockelfrieses: „Vor dem Umfang allein dieses Vorhabens hätte jeder Künstler kapitulieren müssen."

SOLDATENHALLE: Die nördlich des Runden Platzes gelegene Halle zur Ehrung der Wehrmacht ist mit einer Krypta unterkellert. Die 250 Meter lange Fassade zur Großen Straße besteht aus Granit und ist mit zwei *Rossebändiger* genannten, sechs Meter hohen Skulpturen ausgestattet. Die Sockelzone ist mit 18 Meter langen und sechs Meter hohen Reliefs verkleidet, deren Inhalt mit *Der Auszug zum Kampf* bezeichnet ist. Die Gewölbe-Stirnwand der Halle ist mit der 14 Meter hohen Figur *Der Sieger* gestaltet. Diverse Beiträge sollte Breker auch im Inneren leisten. Die Aufträge bekam er im Sommer 1943.

FÜHRERPALAST: Der Bau steht am Großen Platz, für den nach dem Ende der Bauarbeiten der Name Adolf-Hitler-Platz vorgesehen ist. Der Relieffries ist 37 Meter lang und fünf Meter hoch. Insgesamt sind 45 Plastiken aufgestellt. Zwei männliche Akte stehen am Portal. Auf dem Dach sind vier Reichsadler zu sehen. In einem der Innenhöfe ist ein Brunnen mit den beiden männlichen Akten *Die Bereitschaft* und *Der Verwundete* geschmückt. Weibliche Pendants heißen *Flora* und *Demut*. Zur Ausstattung gehören Reliefs mit Motiven wie *Orpheus und Euridike* oder *Du und Ich* sowie Rundplastiken mit Bezeichnungen wie *Aufschauende* oder *Stehender Jüngling*, außerdem die 30 Meter hohe Fassung von *Der Fackelträger*, der allegorisch die „Bewegung" darstellt. Diese Figur ist seit 1941 fertig, an den übrigen arbeitet Breker 1943 und 1944. Dieses Projekt ist nicht öffentlich bekannt.

GROSSE HALLE: Vorgelagert ist der Aufmarschplatz für eine Million Menschen. Die Kuppel ist 290 Meter, der quadratische Unterbau 100 Meter hoch. Platz haben 180 000 Menschen. Vor dem Säulenvorbau stehen die 15 Meter hohen allegorischen Plastiken, die nach Hitler-Vorgabe *Atlas*, Träger des Himmels, und *Tellus*, Träger der Weltkugel, darstellen. Auch dies waren Aufträge Brekers. Weitere sind in diesem Fall nicht bekannt, aber wahrscheinlich, insbesondere der Entwurf des von Hitler als Symbol der Weltherrschaft zuoberst der Kuppel gewünschten Adlers, der die Weltkugel in der Kralle hält. Auch dieses Projekt ist bis 1945 nicht öffentlich bekannt.

Diese nationalsozialistische Stadtarchitektur für die Vier-Millionen-Metropole Berlin ist Bestandteil, Ausdruck, Vehikel einer ideologisch definierten Weltherrschaftsvorstellung. Albert Speer, studierter Architekt in dritter Generation, gebürtig aus Mannheim, wird am 30. Januar 1937 mit Hitlers „größter Bauaufgabe" betraut. Es sei lange nach einer „volltönenden, Respekt heischenden Bezeichnung" für ihn gesucht worden, bis „Der Generalbauinspektor für die Neugestaltung der Reichshauptstadt" gefunden war. Das steht so in Speers nach seiner Haft im Spandauer Kriegsverbrechergefängnis 1969 veröffentlichten, apologetischen *Erinnerungen*. Speer wurde am 30. September 1966 um Mitternacht entlassen. Mitten in der Nacht empfingen ihn Fotografen und TV-Teams aus aller Welt in ihrem Scheinwerferlicht.

Der Leibarchitekt des „Führers" Albert Speer (1905–1981) und Hitler begutachten 1938 Baupläne.

Faktisch wird Speer 1937 zum Bau-Diktator Berlins. In den Memoiren geht er auf das *Germania*-Vorhaben und insbesondere auf die Achsenplanungen ein. Speer formuliert die städtebauliche Einschätzung des angeblichen Berlin-Freundes Hitler so: „Berlin ist eine Großstadt, aber keine Weltstadt. Sehen Sie Paris an, die schönste Stadt der Welt! Oder selbst Wien! Das sind Städte mit einem großen Wurf. Berlin aber ist nichts als eine ungeregelte Anhäufung von Bauten. Wir müssen Paris und Wien übertrumpfen." Von diesen Ideen war Hitler seit Langem besessen. Das belegt eine Zeichnung des Großen Bogens, die er 1925 gefertigt hat. Ihm imponieren die Straßendurchbrüche, die weiten Boulevards, die konzentrischen Ringstraßen. Hitler hat die Champs Elysées vor Augen. Die seien, lässt Speer den Hitler seiner *Erinnerungen* sagen, 100 Meter breit: „Auf alle Fälle machen wir unsere Straße zwanzig Meter breiter." Im Nachhinein argumentiert Speer bezüglich der Idee, eine Achse nach Vorbild der Pariser Prachtstraße in deren zweieinhalbfacher Länge durch die Stadt zu legen, dass dies deren Struktur missachte. Verbunden mit dieser Überlegung war die Bahnproblematik. Die Hauptstadt hatte damals etliche Kopfbahnhöfe, die durch eine Erweiterung der Ringbahn wegfallen und durch zwei Zentralbahnhöfe im Norden und Süden ersetzt werden sollten. Die Ost-West-Achse sollte ausgehend von der Heerstraße nach Osten fortgesetzt werden, was, wie Speer anmerkt, „nach 1945 durch den Ausbau der alten Frankfurter Allee teilweise verwirklicht wurde." Als „natürliche Endpunkte" dieser repräsentativ zu bebauenden Achsen war jeweils der Autobahnring vorgesehen. Immer wieder ist bei Speer in diesen Passagen die Rede von neuen Stadtvierteln, neuen „Wohnstädten", neuen Stadtgebieten, durch die die Einwohnerzahl verdoppelt werden könnte, demnach auf acht Millionen. Euphemistisch er-

Modell des Runden Platzes an der Nord-Süd-Achse des zur Welthauptstadt umgestalteten Berlins: Den Brunnen mit den Plastiken hatte Arno Breker entworfen.

wähnt er die geplante „Sanierung der Innenstadt". Kreuzungspunkt der Achsen sollte das Areal am Brandenburger Tor sein. Speer selber versetzte im Zuge der Realisierung die vergrößerte Siegessäule vom alten Standort vor dem Reichstagsgebäude auf den heutigen Standort am Großen Stern, aus dem entsprechend der nationalsozialistischen Vorstellungswelt das „Forum des Zweiten Reichs" geworden ist.

Diese Skizze zeigt, dass von der Zerstörung Berlins die Rede ist. Wenige Daten und Fakten umreißen deren Ausmaß: In der nach wie vor unter Wohnungsmangel leidenden Stadt hätten rund 50 000 Wohnungen abgerissen werden müssen. Die Abrissarbeiten sind bereits begonnen worden. Betroffen wären insgesamt 150 000 Berliner gewesen. Speer beschleunigte die „Entjudung" von Wohnraum, die Goebbels' Angelegenheit als Gauleiter war: „Was macht die Aktion der Räumung der 1000 Juden-Wohnungen?", fragt er in einem Vermerk vom 27. November 1940 vom Obersalzberg. Zweck war, in diesen Wohnungen Bauarbeiter und „Volksgenossen" unterzubringen, die zwangsumgesiedelt wurden. Von mehreren Berliner Friedhöfen wurden bereits Umbettungen auf den großen Friedhof Stahnsdorf südwestlich von Berlin durchgeführt. Die Granitquader sollten aus den Konzentrationslagern Flossenbürg und Mauthausen, Ziegel aus dem Lager Oranienburg geliefert werden. Bauen sollten *Germania* Zwangsarbeiter. Zahlen sollten die im und nach dem Krieg auszubeutenden unterlegenen Nationen.

Keine von Brekers Riesenplastiken ist je im Zentrum Berlins aufgestellt worden. Das 1939 gebaute 30 Meter lange Modell der Nord-Süd-Achse wurde von Hitler und den ihn umgebenden Mitarbeitern bis zum Ende immer wieder schwelgerisch fachsimpelnd betrachtet. Ein Jahr vor der Niederlage, im Mai 1944, bringt Goebbels im Gespräch mit „Prof. Breker" zum Ausdruck, dass im Zuge dieses Berliner Projekts auch Berlin berücksichtigt werden müsse. Aus dem Tagebuch unter dem 23. Mai 1944: „Wir tun beim Neubau Berlins so viel für die Größe des Reiches, daß Berlin auch einmal wenigstens zu Wort kommen muß. Ich denke mir einen sogenannten Berliner Platz. Vielleicht kann man den geplanten Runden Platz dafür bestimmen, und auf diesem Platz soll ein großes Berliner Stadtdenkmal entstehen, das der kämpferischen Haltung der Bevölkerung der Reichshauptstadt vor allem während der Revolution und während des Krieges monumentalen Ausdruck verleiht. Breker ist von diesem Plan ganz begeistert." Der längst zum Propagandisten gewordene Bildhauer wolle gleich daran arbeiten. Auch Speer sei dafür. Auch dies wird niemals Realität. Doch abgesehen von den Dimensionen zeigt diese

Intervention Goebbels', wie wenig in der ideologisch bestimmten Denkwelt der führenden Nationalsozialisten das existierende Berlin noch von Belang war. Man muss auch in diesem Fall die Ideologie wörtlich nehmen: Berlin sollte verschwinden, *Germania* an seine Stelle treten – das war der städtebauliche Plan für den Fall des Siegs im Zweiten Weltkrieg, den das Regime „Endsieg" nannte. Goebbels wollte im Herzen von *Germania* letztlich ein Denkmal für das untergegangene Berlin errichten.

Der 2014 verstorbene Publizist Ralph Giordano zitiert in seinem Buch *Wenn Hitler den Krieg gewonnen hätte*, in dem er *Die Pläne der Nazis nach dem Endsieg* darstellt, eine Notiz aus Goebbels' Tagebuch schon vom 3. Februar 1932, also ein knappes Jahr vor Hitlers Kanzlerschaft: „Der Führer beschäftigt sich in seinen Mußestunden mit Bauplänen sowohl für ein neues Parteihaus als auch für einen grandiosen Umbau der Reichshauptstadt. Er hat das Projekt fix und fertig, und man staunt immer wieder, mit wie vielen Fragen er sich fachmännisch auseinandersetzt." 1950 soll alles fertig sein. Die gesetzliche Grundlage ist der Neugestaltungserlass von 1937. Mehr als 50 Städte sollten umgestaltet werden. Berlin bekam zwar eine besondere Rolle zugewiesen, die Reichshauptstadt war aber keineswegs die einzige Stadt, die von solchen monströsen Umbauvorhaben betroffen war. Unter den reichsweit beteiligten Unternehmen nahmen rasch die Deutschen Erd- und Steinwerke die maßgebliche Position ein. Mit diesem SS-Konzern war das System der Konzentrationslager, der Häftlings- und Zwangsarbeit in die Planungen einbezogen.

Speer und Breker, beide von Hitler zu Professoren ernannt, lernten sich bald gut kennen, kollegial, fachlich, persönlich. Familie Speer soll regelmäßig auf dem Schloss der Brekers im Oderbruch Wochenenden verbracht haben. Speer zog zahlreiche Künstler und Architekten als Baumeister heran. Breker empfahl Speer seinen früheren akademischen Lehrer, den schon vor 1933 renommierten konservativen Architekten Wilhelm Kreis, der nach 1933 politische Probleme bekommen hatte, dann aber mit zahlreichen Aufträgen vor allem in Berlin versorgt wurde, darunter die Soldatenhalle. Er entwarf auch Neubauten wie das Reichsverkehrsministerium, auf dessen Areal am Leipziger Platz heute das Einkaufszentrum Mall of Berlin steht. Kreis war 1926 Nachfolger von Heinrich Tessenow an der Kunstakademie Dresden geworden. Bei Tessenow wiederum hatte der Student Speer an der Technischen Hochschule in Charlottenburg studiert. Bei dem avantgardistischen Architekten und Professor Hans Poelzig war er wegen seiner mangelnden Zeichenfertigkeiten nicht angenommen worden. Im Frühjahr 1924 hatte Speer in München das Studium begonnen. Er gibt in den *Erinnerungen* an, dass ihm Hitler und die Nationalsozialisten dort nicht aufgefallen seien. Im Herbst 1925 wechselt er in die Reichshauptstadt:

> *Die Zwanziger Jahre Berlins waren die inspirierende Kulisse meiner Studienzeit. Zahlreiche Theateraufführungen beeindruckten mich sehr: die Inszenierung des „Sommernachtstraumes" durch Max Reinhardt, Elisabeth Bergner in der Shawschen „Jungfrau von Orleans", Pallenberg in der Piscator-Inszenierung von „Schwejk". Aber auch die Charellschen Ausstattungsrevuen mit ihrem großen Aufwand fesselten mich. Dagegen hatte ich am bombastischen Pomp von Cecil B. de Mille noch keinen Gefallen gefunden; nicht ahnend, daß ich diese Filmarchitektur zehn Jahre später übertrumpfen würde. Ich fand seine Filme noch „recht amerikanisch geschmacklos". Doch wurden alle Eindrücke verdunkelt von Armut und Arbeitslosigkeit.*

Speer war von Berlin beeindruckt, nahm teil am kulturellen Leben, nahm aber auch, falls diese Schilderung zutrifft, die Schattenseiten wahr. In Tessenow hat er seinen Lehrer gefunden. Seiner späteren Frau schreibt Speer von seiner eigenen Begeisterung, seinem Arbeitseifer und über Tessenow: „Er ist nicht modern, aber in gewissem Sinne noch moderner als alle anderen. Er ist nach außen genauso phantasielos und nüchtern wie ich, aber trotzdem haben seine Bauten etwas tief Erlebtes. Sein Verstand ist erschreckend scharf." Tessenow gilt als Repräsentant der Neuen Sachlichkeit, baute in Berlin Schinkels Neue Wache um und entwarf in seinen früheren Jahren die architektonische Novität Gartenstadt Hellerau im Norden Dresdens. Diese Leistungen würdigt die Berliner Gedenktafel an seinem Wohnhaus in der Sophie-Charlotte-Straße 7 in Zehlendorf, dem 1929 fertiggestellten Haus Tessenow. Für den in Berlin tätigen Architekten Bruno Taut galt Tessenow 1927 als „Vorreiter der Wohnhausbaureform". In diesem Jahr legte Speer die Diplomprüfung in Berlin ab. Ein halbes Jahr darauf wurde er Tessenows Assistent. Er war 23 Jahre alt und konnte heiraten. Speer hatte Zeit übrig, bekam aber kaum Aufträge, was er auf die wirtschaftliche Lage zurückführt. Er erwähnt das Haus seiner Schwiegereltern in Heidelberg, zwei Garagen für Villen in Wannsee und Umbauten am Heim des Akademischen Austauschdienstes in Berlin. Die Technische Hochschule Anfang der 1930er-Jahre war „zu einem Zentrum nationalsozialistischer Bestrebungen geworden", so Speer. Die Nationalsozialisten seien zu Tessenow gegangen, die kommunistischen Studenten zu Poelzig. Dabei sei Tessenow „erklärter Feind der Hitler-Bewegung“ gewesen und geblieben. Speer unterstellt, dass dem Lehrer die Nähe zur NS-Ideologie nicht bewusst gewesen sei, und zitiert Tessenow: „Stil kommt aus dem Volk. Es ist selbstverständlich, daß man seine Heimat liebt. International kann es keine wahre Kultur geben.“ Die Studenten hätten diese Auffassungen mit dem Assistenten diskutiert. Es ergibt sich dieses Bild: Tessenow hatte ihm Denkweisen aufgedrängt, die dem Nationalsozialismus ähnlich waren, seine Studenten bedrängten ihn. Speer war bei Hitlers Rede in der Hasenheide, die sich an Berliner Studenten richtete. Anders als von einer später besuchten Goebbels-Veranstaltung im Sportpalast ist der großbürgerlich geprägte Speer aus liberalem Elternhaus von Hitler positiv überrascht, eingenommen, sogar so aufgewühlt, dass er mit seinem Auto in den Wald an der Havel fährt und zum Beruhigen lange wandern muss. Das „Judenproblem“, schreibt er 1969, habe Hitler nur beiläufig angesprochen: „Doch störten mich solche Bemerkungen nicht, obwohl ich kein Antisemit war, sondern aus Schulzeit und Studium, wie eigentlich fast jeder andere auch, jüdische Freunde besaß.“ War das so? Im Januar 1931 tritt Speer der NSDAP bei. Als Grund gibt er 1969 an, es sei nicht die Partei gewesen, sondern die Person Hitler mit ihrer „Magie“. Dessen „Erscheinung“ habe ihn „in der ersten Begegnung suggestiv berührt und seither nicht mehr freigegeben [...].“ So mag es gewesen sein. Speer verschweigt Tessenow seinen Schritt. Als Parallele erwähnt der Memoirenschreiber, dass auch seine Mutter diesen Schritt gegangen war, ohne die Familie zu informieren.

Kontakt hatte Speer in dieser Phase auch mit Rosenbergs Kampfbund Deutscher Kultur. Befremdlich ist die Naivität, mit der er, damals wie bei Niederschrift, mitteilt, ihn habe die Veranstaltung nicht irritiert, „obwohl hier vieles, was unser Lehrer Tessenow an Zielen vertrat, verdammt wurde.“ Ein Redner habe „altväterliche Formen und Kunstauffassungen“ idealisiert und die Architektenvereinigung Der Ring attackiert, „der außer Tessenow auch Gropius, Mies van der Rohe, Scharoun, Mendelsohn, Taut, Behrens und Poelzig angehörten.“ Das war die Crème der Berliner Architekten und Stadtplaner der 1920er-Jahre. Auch das also irritierte Speer nicht. Viele dieser Baumeister haben, wie wir es bereits in Literatur, Musik, Malerei oder Plastik beobachtet haben, versucht, sich mit dem neuen Regime einzulassen. Prominente Vertreter des Bauhauses gehörten dazu, darunter auch Walter Gropius und Ludwig Mies van der Rohe, bevor sie 1937 und 1938 emigrierten.

Berliner Stadtarchitektur auf einer Postkarte von 1940: das vom Regime übernommene Haus des Rundfunks (u. r.) des Avantgarde-Architekten Hans Poelzig wird bedenkenlos mit einbezogen

Speer will sich nicht ernsthaft engagieren in der NSDAP, behauptet er 1969. Er ist bereits wohnhaft im Grünen, nämlich in Berlin-Wannsee. Dort wird er Leiter der Sektion des Nationalsozialistischen Kraftfahrkorps, als einziger Autobesitzer der Sektion. Beruflich geht es nicht voran. Speers ziehen zurück nach Mannheim. Angeblich bleibt es bei gelegentlicher Unterstützung der Partei. Dann kommt ein Anruf, den Speer als Weichenstellung empfindet. Er soll das Gauhaus der Berliner Partei in der Voßstraße umbauen. Das Ergebnis gefällt Hitler. Nach der Machtübernahme kommt der Auftrag, das Goebbels-Ministerium umzubauen. Das erledigt Speer rasch. Hitler erinnerte sich an ihn, als er nach der Machtübernahme seinen damaligen Münchner Leibarchitekten Troost beauftragt, das Reichskanzleramt an der Wilhelmstraße neu zu gestalten. Speer soll dem mit Berlin nicht vertrauten Münchner Architekten zur Hand gehen. Er ist bei der Besichtigung dabei. Speer ist in nächster Zeit oft mit Troost zusammen, lernt, lernt vor allem Vorstellungen, Persönlichkeit, Eigenheiten Hitlers kennen. Troost stammt aus Elberfeld, und wir haben ihn und seine Münchner Bauwerke schon erwähnt (s. S. 35 u. 37). Speer selber weist darauf hin, dass Troost vor 1914 zur Gruppe von avantgardistischen Architekten wie Peter Behrens, Bruno Paul und Walter Gropius gehört hatte, die in einer „Reaktion auf den ornamentreichen Jugendstil eine in den architektonischen Mitteln sparsame, fast ornamentlose Richtung vertrat und einen spartanischen Traditionalismus sowie Elemente der Moderne in sich vereinigte." Nach Tessenow sah Speer in Troost trotz der nur kurzen Zusammenarbeit seinen zweiten Lehrer.

Im Dritten Reich wurden vorhandene Bauten weitergenutzt: der Erweiterungsbau der Alten Reichskanzlei von 1928–30 mit der Einfahrt zum Ehrenhof der Neuen Reichskanzlei am Wilhelmplatz

Für sein Verhältnis zu Hitler findet Speer im Alter diese Metaphorik: „Für einen großen Bau hätte ich wie Faust meine Seele verkauft. Nun hatte ich meinen Mephisto gefunden." Speer exkulpiert sich mit Bemerkungen wie der, es sei Hitler gewesen, „dem ich verfallen war". Inzwischen mietet er, wieder in Berlin, ein Maleratelier in der Behrenstraße, ein paar Hundert Meter von der Reichskanzlei entfernt. Schon im Winter 1933 war er im innersten Kreis angekommen. Troost stirbt am 21. Januar 1934. An diesem Tag, so erzählt es Speer, sagte Goebbels' Staatssekretär zu ihm: „Ich gratuliere! Jetzt sind Sie der Erste!" Speer wird der Entscheidungsträger auch und vor allem für das, was im Berlin der nationalsozialistischen Zeit gebaut wird. Als Generalbauinspektor für die Neugestaltung der Reichshauptstadt und durch die unmittelbare Verbindung zum „Führer" hat er ministerielle Vollmachten. Dadurch ist der Architekt Speer maßgeblich verantwortlich für die Veränderungen des Gesichts der Stadt. Die Familie lebt in Schlachtensee. Im Juni 1935 ist das selbst gebaute und eigenfinanzierte Eigenheim, wie Speer in der Pose des Bescheidenen schreibt, fertig geworden. Es hat 125 Quadratmeter

Wohnfläche: „[...] bewußter Gegensatz zu der um sich greifenden Gewohnheit der Spitzen des Reiches, die damals in riesige Villen einzogen oder sich Schlösser aneigneten." Wir denken an seinen Freund Arno Breker. Der Konflikt mit Speer ist Ursache des Ausscheidens des Berliner Oberbürgermeisters Lippert. Hitler, oben ist es berichtet, wollte seine Straßen im Berliner Zentrum 120 Meter breit haben. Es blieb auf den von Lippert verantworteten Plänen bei 90 Metern. Laut Speer habe Hitler erklärt, „Lippert sei kleinlich, unfähig eine Weltstadt zu regieren, noch unfähiger, die ihr zugedachte geschichtliche Bedeutung zu verstehen." Die *Germania*-Pläne habe Hitler laut Speer bis Sommer 1936 anscheinend mit den Berliner Behörden erarbeiten wollen. Dann aber, so lässt Speer ihn es sagen: „Mit dieser Stadt Berlin ist nichts anzufangen. Von jetzt an machen Sie den Entwurf." Der Technokrat der Macht zeigt sich in dem folgend zitierten Vermerk Speers vom 16. Juli 1940: „Dem Führer wurde am 14.7.1940 von mir das mangelnde Verständnis des Herrn Oberbürgermeisters Dr. Lippert für meine ihm in Bauangelegenheiten übergeordnete Stellung kurz vorgetragen. Als ich dem Führer die Tatsache vortrug, daß der Oberbürgermeister meinen Erlaß [...] als für die Stadt demütigend empfindet und daher abgelehnt hat, stellte der Führer unverzüglich fest, daß dann Dr. Lippert als Oberbürgermeister und Stadtpräsident ‚sofort abzusetzen' sei [...]." Es kommt nicht darauf an, die Intrigen im Apparat des nationalsozialistischen Maßnahmenstaats im Detail darzustellen. Nach vier Jahren Zuwartens steht aber 1940 fest, dass im Baubereich endgültig Speer an die Stelle der Berliner Stadtverwaltung getreten ist, wenn es um Stadtplanung, Stadtarchitektur, Bauen geht. Wie hat das Berlin der nationalsozialistischen Zeit ausgesehen? Wir nehmen ein paar teils bis heute im Stadtbild sichtbare Projekte in Augenschein:

NEUE REICHSKANZLEI: Der Amtssitz Hitlers ist von Speer entworfen. Die propagandistische NS-Darstellung verkürzt die Bauzeit auf ein Jahr. Die Einweihung fand am 10. Januar 1939 statt. Es handelt sich um eine weitere, jedoch übergroße Erweiterung der Alten Reichskanzlei. Die neoklassizistische Fassade mit Doppelportal-Haupteingang an der Wilhelmstraße ist lang gestreckt und zieht sich die Voßstraße entlang. Im Inneren befindet sich ein Ehrenhof mit zwei monumentalen Breker-Statuen namens *Partei* und *Wehrmacht*. Hitler hat dort nicht routinemäßig gearbeitet. Die Folge der Räume und Galerien zielt auf psychologische Wirkung: Größe und Ausstattung sollen den Besucher beeindrucken, einschüchtern, demoralisieren.

REICHSLUFTFAHRTMINISTERIUM: Für dieses ebenfalls in durch die Propaganda betont kurzer Bauzeit von 15 Monaten fertiggestellte fünf- bis siebengeschossige Verwaltungsgebäude wurde ein ganzer Straßenzug einschließlich des alten preußischen Kriegsministeriums abgerissen. Architekt war NSDAP- und später SA-Mitglied Ernst Sagebiel. Er arbeitete von 1929 bis 1932 im Büro des avantgardistischen jüdischen Architekten Erich Mendelsohn, der 1933 emigrierte. Der Bau des Göring-Ministeriums umfasst rund 2000 Büroräume und sollte die Inbesitznahme des Regierungsviertels an der Wilhelmstraße durch den Nationalsozialismus symbolisieren. Der aus Franken stammende Muschelkalk der auf Schmuck verzichtenden Fassadengestaltung sollte Massivität und Dauerhaftigkeit ausstrahlen. In der Pfeilervorhalle des Eingangs an der Ecke Wilhelm- und Leipziger Straße war bis 1953 ein Soldatenrelief angebracht. Die Architektur will den Betrachter einschüchtern, verunsichern. Der Bau beherbergt im 21. Jahrhundert das Bundesministerium der Finanzen.

DEUTSCHER GEMEINDETAG: Das 1942 fertiggestellte heutige Ernst-Reuter-Haus in der Straße des 17. Juni ist der einzige Komplex für die Bebauung eines der großen Achsenprojekte, der errichtet worden ist. Speer stellte den Abschnitt zwischen Brandenburger Tor und Charlottenburg 1938 fertig, indem er die vorhandenen Straßen verbreiterte. Sonst erinnern bis heute die von Speer entworfenen Kandelaber auf der Bismarckallee an Hitlers Architekten. Die Dreiflügelanlage des dreigeschossigen lang gestreckten Baues hat eine bei NS-Verwaltungsbauten unübliche historisierende Fassade. Einer der Architekten, Karl Elkart, war von 1925 bis 1945 Stadtbaurat in Hannover, dessen Stadtplanung er stark geprägt hat.

SCHWERBELASTUNGSKÖRPER: Der 1941/42 errichtete runde Betonblock an der General-Pape-Straße in Tempelhof hat einen Durchmesser von 21 Metern und wiegt 12 650 Tonnen. Sein Zweck waren Bodenuntersuchungen für die Großbauten von *Germania*. Die Lastenverteilung im sandigen Boden und die Einsinktiefe sollten ermittelt werden. An dem weit kleineren Standfuß, der in den Baugrund eingelassen war und das Gewicht verdichtete, befanden sich dazu Messgeräte.

FLUGHAFEN TEMPELHOF: Der Architekt war ebenfalls der ehemalige Mendelsohn-Mitarbeiter Sagebiel, den Hitler 1938 zum Professor ernannte. Der Entwurf stammt von 1935, und der Gedanke, das

Gebäude auf die Innenstadt auszurichten, stammt vermutlich von Hitler. Geflogen wurde auf dem Feld seit 1923. Es sollte mit dem Neubau der „Weltflughafen“, also das zentrale Luftkreuz, werden, freilich nicht mehr für *Germania*. Speers *Erinnerungen* zufolge sollte auf dem Tempelhofer Feld nach dem Muster des Tivoli in Kopenhagen ein Vergnügungspark entstehen. *Germanias* Flugverkehr sollte über vier Flughäfen abgewickelt werden, die jeweils hinter den Kreuzungspunkten der Achsen mit dem Autobahnring liegen sollten. 1945 war der Flughafenbau nicht betriebsbereit. Bis heute gibt es Abschnitte im Rohbauzustand. Das 1941 fertiggestellte Flughafengebäude war zwei Jahre lang, bis zur Fertigstellung des US-Verteidigungsministeriums, des Pentagon bei Washington D.C., das bezogen auf seine Fläche weltgrößte Gebäude. Der Bogenbau ist 1,2 Kilometer lang. Die zur Stadt ausgerichtete Seite ist schmucklos monumental gehalten, die Seite zum Flugfeld funktional in Stahl- und Glaskonstruktionen. Der Weg von der Abfertigung zum unter dem Vordach abgestellten Flugzeug war kurz.

Ehrenhof der Neuen Reichskanzlei am 10. Januar 1939 Der Schwertträger am Hauptportal ist Brekers Statue *Wehrmacht;* das Deutsche Historische Museum zeigt im Zeughaus eine Replik.

SS-KAMERADSCHAFTSSIEDLUNG: Diese Siedlung wurde vom Technischen Direktor der Wohnungsbaugesellschaft Gagfah Hans Gerlach entworfen und wird bis heute genutzt. Gerlach war zuvor beteiligt an der Fertigstellung der benachbarten Gartenstadt Waldsiedlung Zehlendorf, die sich entlang der Argentinischen Allee Richtung U-Bahnhof Onkel Toms Hütte erstreckt. Der Bebauungsplan von 1937 sieht gebogene, kurvige Zufahrtsstraßen und Reihen vor, rechte Winkel sind vermieden. In das Waldgebiet sind Einzel-, Reihen- und Doppelhäuser gebaut, ohne dass in nennenswerter Zahl Bäume gefällt wurden. Die SS-Dienstgrade bekamen ausstattungsmäßig entsprechend Wohnraum zugewiesen. Heinrich Himmler 1937 in einem Schreiben an das Reichsarbeitsministerium: „Seit langem schon ist es mein Wunsch, für die 3 SS-Hauptämter in Berlin eine geschlossene Siedlungsanlage zu schaffen, in der die Angehörigen der SS ausreichenden und gesunden Wohnraum finden, der insbesondere den Aufstieg der Familie zu fördern geeignet ist." Gerlach richtete sich an der Stuttgarter Schule des Traditionalisten Paul Schmitthenner, seit 1933 NSDAP-Mitglied, und dessen Heimatschutzarchitektur aus, wozu Satteldächer, Fensterläden und Dachgauben gehörten. Die Siedlung verbindet architektonisch zeitgenössischen humanen Siedlungsbau mit inhumaner Ideologie von „Blut und Boden".

TELEFUNKENWERK: Das Werk des von Siemens und AEG gegründeten Unternehmens bekam auf dem weiträumigen Grundstück am Stichkanal, das 1938 Steglitz zugeschlagen worden war, viergeschossige Fabrikbauten mit Ausrichtung auf einzelne Höfe, die durch zweigeschossige Übergänge miteinander verbunden waren. Architekt Hans Hertlein war Chef des Bauwesens bei Siemens, kam aus dem Deutschen Werkbund, war Ehrenmitglied der Preußischen Akademie des Bauwesens und nach 1945 der Akademie der Künste. Die Beschreibung der Telefunken-Werkszeitschrift von 1939 lässt die „Schönheit der Arbeit" durchklingen, wie sie als nationalsozialistische Zielsetzung ideologisch verpackt verbreitet wurde: „Alle diese Höfe aber sind nach einer Seite hin offen, so daß Licht und Luft ungehindert eindringen konnte." Die Industriestadt Berlin war für die Rüstung erneut unverzichtbar. Telefunken baute hier Funktechnik für die Wehrmacht. Angeblich ist der vor dem Komplex gelegene heutige Platz des 4. Juli das einzige Überbleibsel des vierten Autobahnrings, der *Germania* umschließen sollte.

BUNKER: Am 9. September 1940 befahl Hitler in einem Führersofortprogramm den Bau von Luftschutzbunkern für die Bevölkerung und für Luftabwehrstellungen. Ausführender war die Behörde des Generalbauinspektors. Innerhalb von drei Monaten sollten im gesamten Stadtgebiet 1000 Bunker errichtet sein. Im November waren 861 Standorte festgelegt. Rund die Hälfte sollte in Grünanlagen platziert sein. Zunächst sollten für Berlin Flachbunker mit einem

Waldsiedlung Krumme Lanke in Berlin-Zehlendorf: Erbaut wurde sie zwischen 1938 und 1940 als SS-Kameradschaftssiedlung.

Geschoss entwickelt werden. Normung sollte die Bauzeit verkürzen. Im Folgejahr waren erst 120 Bunker fertig. Speer ordnete den Bau von Hochbunkern mit drei Geschossen an. Typ M 500 hatte Raum für 500 Menschen. Es folgten weitere Typen mit bis zu fünf Geschossen. Der Bunkerbau wurde im Frühjahr 1942 weitgehend eingestellt. In 413 Bunkern hatte Berlin im August 1943 Platz für 200 000 Menschen, das sind knapp fünf Prozent der Bevölkerung. Markantes Beispiel für einen Bunker im Stadtbild ist der für den Bahnhof Friedrichstraße errichtete Bau Ecke Albrecht- und Reinhardtstraße, in dem der heutige Eigentümer Christian Boros seine Kunstsammlung verwahrt. Das Bunkerdach trägt ein Penthouse.

FLAKBUNKER: Der Gestaltungsauftrag ging am 9. September 1940 an Speer, die Ausführung an den Reichsminister für Bewaffnung und Munition Fritz Todt. Baumeister war Speers Kommilitone bei Tessenow, Friedrich Tamms, der u. a. von 1929 bis 1934 beim Brückenbauamt Berlin gearbeitet hatte und Berater beim Autobahnbau war. Die drei Berliner Flakbunker waren architektonisch am achteckigen Castel del Monte des Stauferkaisers Friedrich II. in Apulien orientiert. Der Turm im Humboldthain ist heute in die Grünanlage integriert. Der Turm im Zoologischen Garten ist abgetragen. Der Turm im

Volkspark Friedrichhain ist nach der teils gelungenen Sprengung als 78 Meter hoher Großer Bunkerberg Teil des Parks und wurde dadurch kulturmächtig, dass Wolf Biermann ihn 1968 ebenso wie 1983 die Band Silly als „Mont Klamott" besangen. Ferner wurden in diesen Flakbunkern Kunstwerke u. a. der Nationalgalerie eingelagert. Die drei Bauten sind identisch ausgeführt und wurden zwischen 1940 und 1942 gebaut. Vier Ecktürme waren überlagert von achteckigen Bastionen mit Gefechtsstellungen. Es gab Tiefbrunnen, Vorräte und Notstrom. Gefechtsturm und Leitturm waren voneinander getrennt, weil Geschützrauch die Leittechnik und die Sicht behindert hätte. Aus artilleristischen Gründen standen die Flakbunker in Grünanlagen, denn in bebautem Gebiet wäre die Gefährdung der Umgebung viel zu groß gewesen. Die Räume hatten Platz für 8000 Menschen. Im Zoo-Bunker, heißt es, seien bis zu 30 000 Personen gewesen. Die Flakbunker veralteten sofort nach Fertigstellung, weil die Alliierten Bomben konstruierten, die die 3,5 Meter dicken Decken zerstören konnten. Die Bauten hatten jenseits ihrer fragwürdigen Schutzfunktion durch ihre Größe und die Wuchtigkeit der Festungsarchitektur auch eine psychologische Wirkung.

Die Pionierschule 1 in Karlshorst fiel 1945 in sowjetische Hände. Hier unterzeichnete Generalfeldmarschall Wilhelm Keitel (1882–1946) am 8./9. Mai die bedingungslose Kapitulation.

PIONIERSCHULE 1: Diese Institution hat Kaserne und Hochschule verbunden und bildete Offiziere der Pioniereinheiten der Wehrmacht aus. Festungsbauschüler lernten die erforderlichen Baumaßnahmen. Das Beispiel steht für die große Zahl von Militärbauvorhaben in der Reichshauptstadt während der NS-Periode. Der Architekt der zwischen 1936 und 1938 gebauten Anlage am Rande des ruhigen Wohnviertels um die Rheinsteinstraße ist unbekannt. Übersteigerung klassischer Bauformen führt zur Monumentalisierung, wie bei Wehrmachtskasernen generell üblich. 1941 entstand auf dem Gelände für die Anwohner ein Bunker M 500. Die Rote Armee hat die unbeschädigten Bauten am 23. April 1945 kampflos übernommen. Im Offizierskasino in Karlshorst wurde in der Nacht vom 8. auf den 9. Mai die bedingungslose Kapitulation der Wehrmacht unterzeichnet, nachdem Berlin bereits am 2. Mai kapituliert hatte.

Schwarz-weiß sind die 1936 entstandenen Bewegtbilder aus Nürnberg von dem von Speer entworfenen, wie eine Filmarchitektur in erster Linie auf Wirkung der Bilder ausgelegten Reichsparteitagsgelände: Am Steuer des offenen Wagens fährt der vom Interviewer so apostrophierte „Reichsarchitekt" vor, entbietet lässig, beiläufig, anscheinend nur der Form halber im Anhalten den Führergruß, jene von Hitler meistens geübte Form des in den nationalsozialistischen Jahren schwer vermeidbaren Deutschen Grußes, bei der der Arm nicht gestreckt, sondern angewinkelt ist. Nahbarkeit suggeriert der Interviewte dem Zuschauer, indem er den Interviewer mit dem voluminösen Mikrofon in der Hand auf dem Beifahrersitz Platz nehmen lässt. Mindestens zwei Kameras sind am Set. Thematisch geht es um den Stand der Bauarbeiten, darum, dass das alles nur Anfang eines noch viel umfangreicheren Vorhabens sei. Speer antwortet in jovialem Gestus, fachmännisch, wirkt sympathisch, bescheiden. Seine süddeutsche Mundart klingt an. Im Wegfahren wischt er nochmals den Führergruß ins Bild. Wir sehen am Heck das Markenzeichen des Wagens, den Mercedesstern. Das ist, geschickt inszeniert, eines der ersten Fernsehinterviews – für das nationalsozialistische Fernsehen aus Berlin. Fernsehen, das Medium der Bewegung. Speer lagen die Medien, auch, das zeigt der kurze Film, von Anfang an das Zukunftsmedium Fernsehen. Er wird diese Fähigkeit nach seiner Freilassung in Spandau zu seinen Zwecken einsetzen. Der TV-erfahrene Journalist, Historiker und Berater bei der Abfassung seiner *Erinnerungen*, Joachim C. Fest, wird später bekennen, dass er sich frage, ob er den richtigen Speer überhaupt je kennengelernt hat.

Ganz Deutschland
hört den Führer
Leonid 36
mit dem Volksempfänger
Verantwortlich: Reichsrundfunkkammer
Druck: Preußische Druckerei- und Verlags-

Presse, Rundfunk, Fernsehen – von Ullstein zum Deutschen Verlag

DER JOURNALIST Sebastian Haffner, der im Exil in London beim angesehenen Wochenblatt *Observer* arbeitete, schildert in seinen 1939 nur begonnenen Jugendmemoiren, wie er nach der Machtübernahme mit dem Gedanken spielt, sein Assessorexamen als Jurist sein zu lassen, und wie er bei einer angesehenen Zeitung in Berlin eine neue Berufswahl auslotet:

Totalitäres Herrschaftsinstrument: das 1936 entworfene Werbeplakat für den in Berlin entwickelten preiswerten „Volksempfänger".

> *[...] es gab bei den ehemals demokratischen Blättern eine seltsame kleine Zwischenkonjunktur für junge Leute, die keine Nazis, aber auch mit keiner ‚linken' Vergangenheit belastet, arisch und möglichst unbeschriebene Blätter waren. [...] Ich war hingegangen und hatte zu meiner erstaunten Freude eine Redaktion gefunden, die ganz und gar nicht Nazi war, die genau so dachte und fühlte wie ich. Es war eine Wonne, in den Redaktionsstuben zu sitzen, Informationen zu tauschen und zu lästern; es war ein angenehmes Gefühl, Artikel zu diktieren und zu sehen, wie sie nach hinten gereicht wurden, zum Botenstand, um in die Setzerei zu gehen. Man fühlte sich manchmal fast wie in einem Verschwörernest. Und seltsam und beunruhigend war es nur, daß das Blatt doch am nächsten Morgen, wenn es herauskam, trotz aller anspielungsgespickten Artikelchen, die man geschrieben hatte und die in der Redaktion so berauscht belacht worden waren, ganz wie ein verständigüberzeugtes Naziblatt wirkte.*

Das ist die Atmosphäre in einer Berliner Zeitungsredaktion nach der Machtübernahme; es dürfte die *Vossische Zeitung* gewesen sein. Haffner beschreibt, wie das jenseits der politischen Richtlinien liegende Geschehen in die Zeitung manipuliert werden soll. Gleichzeitig ist spürbar, wie ihn das Ergebnis enttäuscht. Der Zeitzeuge, Journalist und spätere Thomas-Mann-Biograf Peter de Mendelssohn war 1926 aus seiner Geburtsstadt München in die *Zeitungsstadt Berlin* gegangen, die seinem Standardwerk von 1959 den Titel gegeben hat. Er landete auf seinem 1933 begonnenen Weg durch die Emigration 1936 wie Haffner in London. Jene „Zwischenkonjunktur" war die

Phase, als vor allem jüdische Redakteure die Blätter verlassen hatten, emigriert oder verhaftet waren. Mendelssohn macht das anfängliche Kalkül klar, wonach die sofortige Ausschaltung der gesamten Presse dem Interesse der NSDAP widersprochen hätte: „Es kam darauf an, die alten Leser zusammen mit ihren alten Zeitungen schrittweise, ohne daß sie es gewahr wurden, ins neue Lager zu ziehen."

Über der nationalsozialistischen Zerstörung der Zeitungsstadt Berlin steht wie eine Schlagzeile Mendelssohns Feststellung: „Hitler verbot die Presse nicht. Er erpresste, kaufte und versklavte sie." Abgesehen vom Verbot der linken Blätter stimmt das. Das Regime fand 1933 die legendäre Zeitungsmetropole vor, die am 11. September 1928 insgesamt 147 Tages- und Wochenzeitungen im Angebot gehabt hatte. Das war der Gipfelpunkt gewesen, von dem aus es bergab gegangen war. Schwarzer Freitag und Weltwirtschaftskrise trafen die Berliner Verlage. Einige Marksteine geben einen flüchtigen Überblick der nationalsozialistischen Zeitungszerstörung. Große Namen großer Berliner Blätter kommen vor. Die ersten Daten liegen vor 1933:

4. JULI 1927: Berlins Gauleiter Josef Goebbels gründet laut Untertitel *Das Deutsche Montagsblatt*, das Berliner NSDAP-Organ *Der Angriff*.

1. NOVEMBER 1930: *Der Angriff* wird Tageszeitung. In diesem Jahr erscheint der *Völkische Beobachter* mit einer in München produzierten Berliner Ausgabe, die 1931 mangels Erfolgs eingestellt wird.

1. JANUAR 1933: Der *Völkische Beobachter* erscheint mit einer Berliner und einer norddeutschen Ausgabe, die in der Reichshauptstadt produziert werden. Der Eher-Verlag hatte in Berlin eine Zweigstelle und eine Druckerei in der Zimmerstraße im Zeitungsviertel errichtet. Kurz darauf war die Redaktion von München nach Berlin gekommen.

28. FEBRUAR 1933: Nach dem Reichstagsbrand werden die KPD-Presse mit der Berliner *Roten Fahne* an der Spitze sowie die Zeitungen des KPD-nahen Berliner Medienkonzerns Willi Münzenbergs verboten. Münzenberg emigriert.

3. MÄRZ 1933: Theodor Wolff, der gebürtige Berliner und angesehene Chefredakteur des *Berliner Tageblatts*, nimmt im Verlagshaus Mosse seine Entlassung entgegen. Goebbels umwirbt ihn, will ihn angeblich zum „Ehrenarier" erklären. Wolffs Familie besitzt in der Emigration ein Strandhaus in Sanary-sur-Mer. Er wohnt in Nizza.

Dort wird er 1943 verhaftet, der Gestapo übergeben, kommt ins Konzentrationslager Sachsenhausen und stirbt am 23. September 1943 im Jüdischen Krankenhaus in der Iranischen Straße in Berlin.

6. MÄRZ 1933: Am Tag nach der Reichstagswahl verbieten die Nationalsozialisten alle SPD-Zeitungen, darunter den *Vorwärts*, und die Gewerkschaftsblätter.

5. AUGUST 1933: Das erst am 11. September 1928 gestartete Ullstein-Abendblatt *Tempo* erscheint nicht mehr.

1. JANUAR 1934: *Berliner Börsen-Zeitung* und *Berliner Börsen-Courier* werden zusammengelegt.

31. MÄRZ 1934: Die *Vossische Zeitung*, Berlins älteste Zeitung, erscheint nicht mehr.

10. JUNI 1934: Die Nachrichtenagenturen Wolffs Telegraphisches Bureau und Telegraphen-Union werden zum Deutschen Nachrichtenbüro verschmolzen, das Monopolist wird. Die Ullstein AG wird an die Cautio GmbH verkauft.

1937: Der Ullstein Verlag wird in Deutscher Verlag umbenannt.

31. JANUAR 1939: Die letzten Ausgaben von *Berliner Tageblatt* und *Kreuzzeitung* erscheinen. *Berliner Volks-Zeitung* und *Berliner Morgen-Zeitung* werden mit der *Berliner Morgenpost* verschmolzen.

FEBRUAR 1939: Die nach dem letzten Erscheinen der international renommierten *Frankfurter Zeitung* als publizistisches Aushängeschild des NS-Pressewesens positionierte *Deutsche Allgemeine Zeitung* und die *Berliner Allgemeine Zeitung* kommen zum Deutschen Verlag.

26. MAI 1940: Die mit intellektuellem Anstrich versehene und als Gegenüber zum britischen Observer konzipierte Wochenzeitung *Das Reich* erscheint mit der ersten Ausgabe im Deutschen Verlag.

26. FEBRUAR 1943: Letzte Ausgabe der *B.Z. am Mittag* erscheint.

11. JULI 1944: Ins Handelsregister wird die in München ansässige Franz Eher Nachfolger GmbH, der Parteiverlag der NSDAP, als Alleininhaber des Deutschen Verlags eingetragen.

31. AUGUST 1944: Der *Berliner Lokal-Anzeiger* geht in der *Berliner Morgenpost* auf. *Der Angriff* übernimmt die *Berliner Illustrirte Zeitung*.

3. FEBRUAR 1945: Der alliierte Luftangriff mit rund 1500 Bombern zerstört das Berliner Zeitungsviertel in der südlichen Friedrichstadt.

22. APRIL 1945: Die letzten Ausgaben von *Das Reich* und der *Berliner Illustrirten Zeitung* erscheinen.

22. APRIL 1945: *Berliner Morgenpost* und *Das 12-Uhr-Blatt* erscheinen nicht mehr. Laut Untertitel als *Kampfblatt für die Verteidiger Groß-Berlins* erscheint die erste Nummer des *Panzerbär*.

24. APRIL 1945: Die letzte Ausgabe der *Deutschen Allgemeinen Zeitung* erscheint.

29. APRIL 1945: Der letzte *Panzerbär* wird gedruckt.

30. APRIL 1945: Von diesem Tag an ist Berlin gut zwei Wochen lang ohne eine einzige Zeitung.

Nach dem Ende von Münzenbergs Konzern 1933 blieben noch die drei großen Berliner Medienimperien Scherl, Mosse und Ullstein. Die extremistischen Zeitungen der Nationalsozialisten mit ihrem geringen Marktanteil waren als Propagandainstrumente keine marktgängige Konkurrenz zu den journalistisch anspruchsvoller gemachten Blättern der Rechtskonservativen, Deutschnationalen oder der demokratischen Mitte oder vieler linker Organe. Goebbels schreibt am 4. Januar 1933 in sein Tagebuch: „Wir haben die besten Redner der Welt, dafür fehlt es uns an gewandten und geschickten Federn." Noch 1939 empfiehlt er intern Theodor Wolffs Leitartikel zum Lernen. Der sei zwar Jude gewesen, doch „er konnte schreiben, wie nur ganz wenige in Deutschland". Goebbels gab zwei Tage nach Errichtung seines Ministeriums, am 15. März 1933, erstmals bindende Richtlinien für die Presse heraus. Seit 1919 hatte die Presseabteilung der Reichsregierung täglich Pressekonferenzen abgehalten. Im Juli wurde diese Institution vom Ministerium übernommen. Ihr Leiter war befugt, Weisungen in Form von Ausrichtungen und Sprachregelungen zu erteilen. Damit war die redaktionelle „Gleichschaltung" verwirklicht. Um einen Eindruck der langwierigen institutionellen „Gleichschaltung" zu vermitteln, werden Rollen, Aufgaben, Vorgehen vier weiterer Akteure umrissen:

ALFRED HUGENBERG: Mendelssohn bringt es auf den Punkt: „Hugenberg bestellte das Feld. Hitler erntete es ab." Der aus der rheinischen Montanindustrie stammende Medienunternehmer und Politiker der DNVP hatte bereits 1916 den konservativen Scherl-Verlag übernommen und in der Weimarer Zeit mit dem Hugenberg-Konzern ein rechtsnational ausgerichtetes und multimedial orientiertes Unternehmenskonglomerat errichtet, zu dem auch die Filmgesellschaft UFA gehörte. Ökonomisch und politisch wirkungsvoll waren Herstellung und Verbreitung redaktioneller Inhalte von Berlin aus ins ganze Land. Im Laufe der 1920er-Jahre waren rund 1600 Blätter deutschnationaler bis nationalliberaler Provenienz Kunden. Die Übernahme der Telegraphen-Union passte ins Konzept. Nachdem Hugenberg sich 1932 als „Wortführer und Sachwalter" der nationalen Sache bezeichnet hatte, der sich die Nationalsozialisten „angeschlossen" hätten, versetzte Goebbels ihm einen Tiefschlag, indem er ihn als „Hugenzwerg" lächerlich machte. Hugenberg will 1933 mit der

Am 29. Juni 1933 trat Alfred Hugenberg (1865–1951) große Teile seines Medientrusts ab. Als Ernährungsminister (l.) eröffnete er noch im Mai die Deutsche Landwirtschafts-Ausstellung in Berlin.

Koalition von DNVP und NSDAP den Reichskanzler Hitler kontrollieren, wird Reichsminister für Wirtschaft, Landwirtschaft und Ernährung. Nach Selbstauflösung der DNVP am 27. Juni 1933 und seinem Ausscheiden aus der Regierung am 29. Juni traf Hugenberg eine Vereinbarung mit Hitler, da er wusste, dass er sonst seinen Medienkonzern ganz verlieren würde. Er behielt für zehn Jahre, bis 1943, den Scherl-Verlag in der Zimmerstraße. Dafür trat er an die NSDAP ab: alle Filmfirmen und die UFA, die Beteiligung an der Telegraphen-Union, die reichsweit Zeitungen mit Inhalten versorgende Wirtschaftsstelle der Provinzpresse, die reichsweit tätige und für viele Verlage kommerziell lebenswichtige größte deutsche Anzeigenagentur Allgemeine Anzeigengesellschaft, die in Krisenfällen als „Zeitungsbank" mit Kredit einspringende Mutuum Darlehens-Aktiengesellschaft sowie die Beteiligungsgesellschaft Vera Verlagsanstalt G.m.b.H., die zahlreiche regionale und lokale Zeitungen unter ihrer Kontrolle hatte. Als Hugenberg, inzwischen 89 Jahre alt, im Frühsommer 1944 als letzter nennenswerter privater Verleger in Berlin übrig geblieben war, verkaufte er Scherl lukrativ an die Partei. Hugenberg war von 1946 bis 1951 in britischer Internierung und starb 1951 auf dem Gut seiner Familie.

Am 31. Januar 1939 war der Mosse-Verlag endgültig verschwunden. Das Mosse-Haus mit Erich Mendelsohns (1887–1953) eleganter Fassade steht heute noch in der Schützenstraße in Mitte.

MAX WINKLER: Die Berliner Journalistin Margret Boveri nennt Winkler die „Graue Eminenz des Zeitungswesens". Anfang der 1920er-Jahre war er Abgeordneter der liberalen Deutschen Demokratischen Partei DDP im Preußischen Landtag und Finanzexperte mit Blick für komplizierte Konstruktionen und phänomenalem Zahlen- und Personengedächtnis. Bald wurde er „Treuhänder des Reiches für die Verwaltung und Kontrolle des Reichsbesitzes an Zeitungsverlagen in Oberschlesien, Nordschleswig, im Saargebiet und anderwärts". Als Pressetreuhänder des Reiches arbeitete er diskret mit niemals mehr als sieben Mitarbeitern in seiner Privatwohnung in der Brückenallee 3 in Berlin-Tiergarten. Er kaufte Zeitungsanteile und ganze Objekte in Österreich für die Regierung Gustav Stresemanns, sanierte im Reich Zeitungen für Kanzler Heinrich Brüning, sicherte der Regierung Anteile an Wolffs Telegraphischem Bureau, das als offiziös galt. Als Tarnung dienten die Konkordia Literarische Gesellschaft m.b.H., die Zeitungsbedarf G.m.b.H., die Cautio Treuhand G.m.b.h. und die Cura Revisions- und Treuhand G.m.b.H. Diese Instrumente ähnelten denen Hugenbergs. In den Wahlkämpfen der Jahre 1928 bis 1932 vermittelte er verdeckt Regierungsgelder an die republikanische Presse. Winkler sagte, er habe unter 18 Reichskanzlern gedient, er werde auch unter dem 19. dienen. Das war Hitler. Erst 1937 wurde Winkler „Pg.". Er war ausführendes Organ, übernahm im Sommer 1933 die Hugenberg-Konzernbestandteile. Es war keine Enteignung. Der Verkauf erfolgte zwar unter Druck, es wurde aber bezahlt, doch ein Preis weit unter Wert, sodass eher von „Entziehung" zu sprechen ist. Winkler stand hinter dem Wolff-Nachfolger Paul Scheffer, der als zunächst nur kommissarischer Chefredakteur des *Berliner Tageblatts* des angeschlagenen Verlags Rudolf Mosses das Blatt wieder hochbrachte, 1936 jedoch aufgab und emigrierte. Das Unternehmen hatte im Herbst 1932 auch aufgrund interner Querelen Konkurs angemeldet und verhandelte schon mit Winkler-Hilfe einen Vergleich mit rund 8000 Gläubigern. Winklers Cautio G.m.b.h. bot sich an, von der bisherigen Konkursverwalterin, der Mosse Treuhand G.m.b.H., diese Aufgabe zu übernehmen. Anfang 1934 gründete Winkler die Berliner Druck- und Zeitungsbetriebe A.G., die über die Cautio finanziert wurde und die den heute noch teilerhaltenen Mosse-Verlagskomplex an der Jerusalemer Straße mit der geschwungenen Fassade Erich Mendelsohns, die Druckerei und alle Verlagsrechte aufkaufte. Das wegen seines internationalen Renommees am Leben erhaltene *Berliner Tageblatt* verlor weiter Auflage und verschwand mit der Ausgabe vom 31. Januar 1939. Mosse gab es nicht mehr.

DIE FAMILIE ULLSTEIN: Der gebürtige Berliner Hermann Ullstein berichtet in seinen mit demokratischer und verlegerischer Leidenschaft geschriebenen, in seinem Sterbejahr 1943 in New York erschienenen Erinnerungen von der Unruhe im Verlagshaus am Tag nach der Machtübernahme. Ullstein-Journalisten bekamen an diesem Tag keinen Zugang mehr zur Reichskanzlei. Clausner, Leiter der NSDAP-Zelle im Haus, gab Anweisungen über den Kopf der Leitung hinweg. Er ließ Lautsprecher für die Antrittsrede Hitlers aufstellen: „Niemand darf seinen Arbeitspatz verlassen, bevor der Führer zu Ende gespro-

Das Gemälde eines unbekannten Malers ist Beispiel des NS-Führerkults: Hitler-Vertreter Rudolf Heß (1894–1987) war an der Ullstein-Liquidation beteiligt.

chen hat.“ Die Familie Ullstein strebt einen *modus vivendi* mit dem Regime an. Der Ullstein-Korrespondent aus Rom wird nach Berlin beordert und sagt aufgrund der Erfahrungen mit dem faschistischen Regime, dass ein Besitzwechsel unausweichlich werde, bei dem alle jüdischen Teilhaber ausgebootet werden. Am 31. März, dem Tag vor dem organisierten Boykott jüdischer Geschäfte, steht Julius Streichers Aufruf mit der Phrase „Die Juden sind unser Unglück“ auf der ersten Seite der *Vossischen Zeitung*. Das Haus kann nichts mehr dagegen tun. Am 1. April, dem Boykotttag, stürmt die NSDAP-Betriebszelle drei Stunden lang durch die Abteilungen und brüllt „Juden raus!“ Permanente Störungen von Betrieb und Vertrieb, Drohungen auf den Straßen, die dazu führen, dass immer weniger Berliner sich trauen, Ullstein-Blätter zu kaufen, die Beeinflussung von Inserenten durch die von Hugenberg übernommene Allgemeine Anzeigengesellschaft – diese Maßnahmen brachten die Ullstein-Familie in unternehmerische Schwierigkeiten. Um Kosten zu sparen, stellt sie die junge Zeitung *Tempo* ein. Ab dem 31. Oktober 1933 erscheint die *Vossische Zeitung* nur noch einmal am Tag. Um weniger Angriffsfläche zu bieten, überträgt die Familie Aktienanteile im Wert von einer Million Reichsmark unentgeltlich an dem Haus verbundene „Arier“. Ab dem 1. April 1934 gibt es die *Vossische Zeitung* nicht mehr. In ihrer letzten Woche schmückten drei bedeutende Aufsätze eines Demokraten das Blatt. Der Autor war der spätere Bundespräsident Theodor Heuss. Aus Anlass eines kritischen Artikels des als Ullstein-Chefredakteur tätigen Schriftstellers Ehm Welk folgte das wirtschaftlich untragbare dreimonatige Verbot der Wochenzeitung *Grüne Post*. Der „Stellvertreter des Führers“ Rudolf Heß formuliert das zweiwöchige Ultimatum: „Sagen

Sie Ihren Verwandten, wenn sie bisher noch nicht verstanden haben, daß der Verlag nicht in jüdischen Händen bleiben darf, so werden wir andere Maßnahmen ergreifen, um ihnen das beizubringen." Der Vorstand, die Ullstein-Brüder Hermann, Franz und Rudolf, tagte in der Kochstraße und beschloss den raschen Verkauf. Heuss' Parteifreund, der ehemalige Reichsminister und Vizekanzler Hermann Dietrich, riet, sich an „Bürgermeister a.D. Dr. h.c. Max Winkler" zu wenden. Als Franz Ullstein ihn mit dem Auftrag, einen Käufer zu suchen, in der Brückenstraße aufsuchte, war der bereits vollständig informiert. Die Erpressung: Der Preis dürfe den Nominalwert der Aktien in Höhe von sechs Millionen Reichsmark nicht übersteigen. Das waren zehn Prozent des realen Unternehmenswertes. Falls der Verkauf scheitere, sei mit Zwangsmaßnahmen zu rechnen. Als Treuhänder dürfe er den Auftraggeber nicht nennen. Am 7. Juni 1934 übernahm Winklers Cautio Ullstein. Das dritte große Berliner Presseunternehmen war zerstört. Hermann Ullstein: „Als der Kauf vollzogen war, besuchte Max Amann, Hitlers Freund, mehrfach das Verlagsgebäude und kommandierte die Mitarbeiter herum."

Der Bildhauer Ferdinand Liebermann (1833–1941) gehörte in Hitlers Münchner Umfeld. Der Bronzekopf zeigt Max Amann (1891–1957), der die Presse unter die Kontrolle der NS-Holding brachte.

MAX AMANN: Der Münchner mit Volksschule, kaufmännischer Ausbildung und NSDAP-Mitgliedsnummer 3 war Hitler-Vertrauter. Man kannte sich aus dem Ersten Weltkrieg. Amann führte seit 1922 das Parteiorgan *Völkischer Beobachter* und den Parteiverlag Franz Eher Nachfolger G.m.b.H. in München. Der Titel des Hitler-Buchs *Mein Kampf* war seine Idee. 1933 war Amann Reichsleiter für die Presse der NSDAP. Er war Chef der gesamten Parteipresse und aller Parteiverlage. Und er war Winklers Auftraggeber. Nach der Machtübernahme wurde er 1933 Vorsitzender der Reichspressekammer in der Von-der Heydt-Straße und Vorsitzender des Vereins Deutscher Zeitungsverleger mit Sitz in der Matthäikirchstraße, den er 1934 zum Reichsverband der Deutschen Zeitungsverleger gleichschaltete. Über den Verbandsvorsitz kamen Amann und seine

Mitarbeiter an alle Informationen über Verlage und Verleger. Was fehlte, wussten Winkler oder die von Hugenberg übernommene Vera. Über Kammervorsitz und Zwangsmitgliedschaft bestimmte Amann die Berufsausübung. 1933/34 wurde 1473 Verlegern die Aufnahme verweigert oder der Ausschluss verfügt. War es so weit, bot Winkler an, Unternehmen und Verlagsrechte zu kaufen. Damit, schreibt Mendelssohn, konnte Amann jede Privatzeitung zerstören: „Im Zeitraum zwischen 1933 und 1944 rottete er vier Fünftel der deutschen Presse aus." Den Namen Ullstein ließ Amann angeblich auf Anraten Hitlers vorerst wegen des Absatzes bestehen, bevor der Deutsche Verlag daraus wurde. Amann und Goebbels waren Rivalen, aber praktisch nahmen beide Verlage und Journalisten in die Zange. Goebbels' Reichsschriftleitergesetz vom 4. Oktober 1933 zerstörte die berufliche Beziehung zwischen Verlag und Redakteur und machte den Journalisten zum Inhaber einer öffentlichen „Aufgabe". Die entwaffnend eindeutige Erklärung Goebbels' im *Völkischen Beobachter* vom 1. Dezember 1935: „Wir haben den Schriftleiter aus der demütigenden und entwürdigenden Abhängigkeit von Parteien und Wirtschaftsgruppen herausgehoben und haben ihn damit in eine ehrenvolle und loyale Abhängigkeit vom Staate gebracht." Der Minister hatte in strukturellen Fragen des Pressewesens eine schwache Position. Hochdotierte Autorenverträge machten ihn von Amann abhängig.

Der ehemals führende und erfolgreiche Ullstein Verlag wurde zur Hülle der Holding Deutscher Verlag. Die Berliner Zeitungsgeschichte, so pointiert drückt es Mendelssohn aus, wird zur Geschichte dieses einen Hauses. Die Verschleierungstaktik Winklers funktionierte. Hermann Ullstein 1943: „Alles, was wir wissen, ist, dass irgendjemand gerade ein großes Vermögen anhäufte." Das Ergebnis der nationalsozialistischen Berliner und zugleich reichsweiten Zeitungspolitik sowie der Auswirkungen von Zweitem Weltkrieg und Luftangriffen auf die Reichshauptstadt lässt sich in diesen Zahlen zusammenfassen: Der Eher-Parteiverlag besitzt statt 2,5 Prozent aller deutschen Zeitungen am 30. Januar 1933 im Jahr 1943 rund 82,5 Prozent aller Blätter. Das Ziel einer Einheitszeitung ist erreicht. Es ist das größte Pressemonopol der gesamten Zeitungsgeschichte. Statt 147 Berliner Blättern im Jahr 1928 gibt es in der Stadt 1945 keine einzige Zeitung mehr. Das war kein Zeitungssterben, sondern ein „geräuschloser Massenmord". So nennt es Mendelssohn. Berlin, die ehemalige Zeitungsmetropole von Weltrang, hatte am Ende eine riesenhafte, unübersichtliche, nutzlose Zeitungsholding, aber keine Zeitung mehr.

Mit der in Reichsbesitz befindlichen, staatsabhängigen Reichs-Rundfunk-Gesellschaft m.b.H. fand die NS-Medienpolitik 1933 eine gewachsene Struktur des von der Partei als „Systemrundfunk" denunzierten Mediums vor. Berlin war mit der ersten regelmäßigen Radiosendung am 29. Oktober 1923 eine Pionierstadt. Als Reichshauptstadt war sie Sitz der Dachorganisation der Vorläufer heutiger Landesrundfunkanstalten. In Berlin hieß die Gesellschaft Funk-Stunde AG Berlin. Der Bamberger Richard Kolb, seit 1921 NSDAP-Mitglied, SA, Teilnehmer am Hitler-Putsch 1923, Blutordensträger und „Alter Kämpfer", wurde bereits nach dem „Preußenschlag" am 20. Juli 1932, der Beseitigung der verfassungsgemäßen Regierung im größten Bundesstaat des Reichs durch eine Notverordnung und die Machtübernahme durch die Reichsregierung, Sendeleiter im 1929 bezogenen Haus des Rundfunks an der Masurenallee, in dem heute der Rundfunk Berlin-Brandenburg arbeitet. So konnte er angeblich spontan am 30. Januar 1933 eine Reportage vom Berliner Fackelzug

Im August 1933 verschleppte SA leitendes Rundfunkpersonal ins KZ Oranienburg (v. r.): Kurt Magnus (Direktor Reichs-Rundfunk-Gesellschaft), Hans Flesch (Intendant), Heinrich Giesecke (Direktor), Alfred Braun (Sprecher) sowie Reichspräsidentensohn Friedrich Ebert und Ernst Heilmann (beide SPD).

organisieren; um die Urheberschaft dieses zur „Funkrevolution" mythologisierten Aktes gab es später Krach unter nationalsozialistischen Radiofunktionären. Bei der Funk-Stunde wurde sofort entlassen, darunter Pioniere und Profis wie der berühmte Reporter und Berliner Alfred Braun, der Erfinder des Begriffs „Rundfunk" und Gründer des Fernsehrundfunks Hans Bredow und der Schriftsteller, Hörspielregisseur und um die Literatur verdiente Leiter der literarischen Abteilung Edlef Köppen. Am 9. August 1933 schrieb Goebbels in sein Tagebuch, er habe dafür gesorgt, dass die „Rundfunkbonzen" ins Konzentrationslager Oranienburg kamen. Die Funk-Stunde wurde 1934 in Reichssender Berlin umbenannt. Am 1. April 1934 wurden die regionalen Sender faktisch entmachtet. Die Filialen firmierten unter dem Begriff „Reichssender" mit nachgestelltem Ort ihres Sitzes. Goebbels' Ministerium holte sich die Sendekompetenz von Reichspost und Reichsinnenministerium, bekam den Löwenanteil der Rundfunkgebühr in Höhe von zwei Reichsmark pro Teilnehmer. Die Reichs-Rundfunk-Gesellschaft unterstand künftig seinem Ministerium. Ab 1. April 1933 wurden die regionalen Sender abends zusammengeschaltet, und es gab reichsweit die Sendung *Stunde der Nation*. Die strukturelle ergänzte die redaktionelle „Gleichschaltung".

Mit der politischen Nutzung des Rundfunks gab es bereits Erfahrungen. Im Reichstagswahlkampf 1932 bekamen die Parteien Sendezeit zugeteilt. Goebbels hielt seine erste Rundfunkrede am 18. Juli 1932, hatte seinen Entwurf auf Verlangen des Reichsinnenministeriums massiv ändern müssen. Er war laut Tagebuch enttäuscht. Die Rede sei wegen der erzwungenen Änderungen „nicht durchschlagend" gewesen. Der 4. März 1933, Sonnabend vor dem Wahltag, zeigt dagegen exemplarisch, wie das Regime sofort nach der Machtübernahme den gleichgeschalteten Reichsrundfunk einsetzt. Der Tag war offiziell „Tag der erwachenden Nation". Hitler redete in Königsberg. Goebbels sprach die einleitende Reportage. Im Berliner Parteiblatt *Der Angriff* hatte er die Anwendung des Medieninstrumentariums als Premiere angekündigt: „Von der blutenden Ostgrenze aus wird das Evangelium des erwachenden Deutschland verkündet, und das ganze deutsche Volk wird Ohrenzeuge dieses einzigartigen, in der gesamten Geschichte noch nie dagewesenen Massenereignisses sein." Auf 24 Plätzen in Berlin und überdies im ganzen Reichsgebiet wurde die Rede über aufgestellte Lautsprecher verbreitet. Der Parteiapparat übte Druck aus. Parteiverbände standen in Formation. Wohnungen mussten beflaggt sein. Hitlerjugend und SA gingen Patrouille. Nach der Rede begannen die Zuhörer in Königsberg das *Niederländische*

Dankgebet zu singen. Die Zuhörer vor den Lautsprechern überall im Reichsgebiet, auch in Berlin, sollen mitgesungen haben. Goebbels in seiner pathetischen Anmoderation: „Der Tag der nationalen Erhebung ist da. Das Volk steht auf, der Sturm ist da." Die Verwandlung des föderalen Rundfunks der Weimarer Republik in ein zentralisiertes Propagandawerkzeug hatte sich mit atemberaubender Geschwindigkeit vollzogen. Das Radio diente in der Diktatur keineswegs freier Information. Üblich waren an Geschäften Schilder mit Aufschriften wie dieser von 1935: „Aus Anlaß des Gemeinschaftsempfangs der Rede des Führers tritt während der Zeit von 16 bis 17 Uhr (4 bis 5) eine Verkaufspause ein".

Für die Organisation der Hitler-Reden zu Beginn der 1930er-Jahre war der gebürtige Berliner Eugen Hadamovsky verantwortlich, dessen rechtsextreme Vergangenheit bereits in der Schulzeit begonnen hatte. Auf Goebbels' Anweisung hatte er 1931 begonnen, den im Umkreis Hugenbergs entstandenen Reichsverband Deutscher Rundfunkteilnehmer (für Kultur, Beruf und Volkstum) zu einer nationalsozialistisch dominierten Kampforganisation zu machen. Goebbels übernahm am 11. Oktober 1932 das Amt des Vorsitzenden und schrieb im Verbandsorgan zur Rolle des Rundfunks: „Die nationalsozialistische Idee [...] soll den deutschen Menschen ganz und gar durchdringen und erfassen. Dazu ist uns heute der Rundfunk eine wichtigste Waffe, weil er unsere Volksgenossen von früh bis spät [...] begleitet und führt." Hadamovsky stieg nach der Machtübernahme zum Sendeleiter, heute ist das der Programmdirektor, des schon vor 1933 reichsweiten Deutschlandsenders auf und wurde bald darauf in gleicher Funktion bei der Reichs-Rundfunk-Gesellschaft bei der „Gleichschaltung" der Sendehäuser aktiv. 1933 wurde er außerdem stellvertretender Präsident der Reichsrundfunkkammer unter Horst Dreßler-Andreß. Der gebürtige Zeitzer war seit 1. Mai 1930 in der Partei, im Gau Berlin, ein Mann mit Theaterausbildung an den Berliner Reinhardt-Bühnen, der in der DDR eine maßgebliche Figur in der Nationaldemokratischen Partei Deutschlands NDPD wurde, dort wieder als Radiointendant und Theaterregisseur arbeitete. Die Kammer verschwand mit Beginn des Krieges. Ihre Aufgaben übernahm die Reichs-Rundfunk-Gesellschaft.

Was gab es im NS-Radio? 1936 plädierte Goebbels für gestraffte Wortanteile und mehr Unterhaltungsmusik. Ausdrücklich wies er an, die beste Sendezeit am Abend der Unterhaltung zu widmen. Im Januar 1937 fand er das Programm zu „lehrhaft" und forderte: „Allgemeine Tendenz überall: auflockern!" 1938 verlangte er mehr „ernste

Musik, Oper und Symphonie“, es werde „zuviel gedudelt“. Ganz allein bestimmte Goebbels allerdings nicht das Programm. Andere Instanzen, darunter Auswärtiges Amt und Wehrmacht, machten ihm seinen Anspruch insbesondere im Zweiten Weltkrieg streitig. Abgesehen von dem Ziel, die Bevölkerung abzulenken, erst recht im Krieg, ging es ums Geschäft. 1933 gab es 4,5 Millionen zahlende Hörer, 1934 schon 5,4 Millionen. 1935 wurde verabredet, dass das Propagandaministerium bei mehr als sieben Millionen Hörern seinen Gebührenanteil im Verhältnis 3 zu 1 erhöhen durfte. 1937 waren 8,5 Millionen erreicht, mit der Ausweitung des Sendegebiets durch Annexionen stiegen die Zahlen weiter. 1943 lag der Höchststand bei 16 Millionen. Stimuliert war dieses Wachstum durch intensive Hörerwerbung und durch den Krieg, der das Informationsbedürfnis erhöhte. Das befriedigte mehr oder weniger der an jedem Mittag gesendete, mit der stereotypen Einleitung „Das Oberkommando der Wehrmacht gibt bekannt“ gesendete Wehrmachtsbericht. Für Wichtiges unterbrach die *Sondermeldungsfanfare* das laufende Programm.

Große Funk- und Fernseh-Ausstellung im Sommer 1939: Der Konstrukteur des „Volksempfängers“ Otto Griessing (l.; 1897–1958) gewinnt den Funkpreis; rechts neben ihm: Reichssendeleiter Eugen Hadamovsky (1904–1945).

Die Propagierung des Radios für breite Schichten lag im Interesse des Regimes. Der preiswerte „Volksempfänger“ basiert auf einer Anweisung Goebbels' und ist eine Berliner Entwicklung. Der aus München stammende Elektrotechniker Otto Griessing bekam dafür auf der *16. Grossen Deutschen Funk- und Fernseh-Ausstellung* 1939 in Berlin in seiner SA-Uniform den mit 10 000 Reichsmark dotierten Deutschen Funkpreis. Griessing war Chefkonstrukteur im renommierten Unternehmen des Hochfrequenztechnikers Gustav Seibt, dem im Bezirk Zehlendorf der Seibtweg gewidmet ist. Im Wettbewerb setzte sich seine Firma durch, die in der Hauptstraße 9 in Schöneberg ansässig war. Vorgestellt wurde das Gerät mit der Typenbezeichnung VE 301, die Ziffern entsprechen dem Datum der Machtübernahme, auf der *10. Großen Deutschen Funkausstellung* am 5. August 1933. Goebbels war dabei. Allein auf der Ausstellung wurden rund 100 000 Stück verkauft. Es werden mehrere Millionen. Der Preis für das Netzgerät lag laut Vorgabe bei 76 Reichsmark, das Batteriegerät kostete 65 Reichsmark. Zu den Olympischen Spielen kamen zwei Kofferradios heraus. Der Olympia-Weltsender berichtete aus den Sportstätten und war ganz nah an den Stars, auch am von Hitler ungeliebten vierfachen schwarzen US-Goldmedaillengewinner Jesse Owens.

„Goebbelsschnauze“ heißt das Gerät bei den Berlinern. Am 1. Januar 1939 tauft der Minister den deutschen Rundfunk in Großdeutscher Rundfunk um und markiert damit die Verwirklichung des reichsweiten Einheitsprogramms. Es setzt eine weitere Straffung von Strukturen und Programmen ein, auch bedingt durch die Einziehung des Personals in die Propagandaeinheiten der Wehrmacht. Am 1. September 1939 übertragen die Volksempfänger aus dem Reichstag die verlogenen Worte Hitlers, mit denen er den Beginn des Kriegs gegen Polen bekannt gibt: „Seit 5.45 Uhr wird jetzt zurückgeschossen.“ Juden müssen die Geräte abgeben. 1940 gibt es nur noch zwei Vollprogramme mit regionalen Fenstern. Mit dem Einsetzen des Luftkrieges erfolgte in Berlin der Einsatz von Drahtfunk. Das Sendesignal wird dabei über die Telefonleitungen verbreitet, weil die übliche Verbindung über Antennen durch die Luftangriffe beeinträchtigt war. Ab 1942 genügte damit ein Draht, um den Empfänger zum lebenswichtigen Abhören der amtlichen Luftlagemeldungen mit dem Telefon zu verbinden. Drahtfunk gab es in West-Berlin noch bis 1966.

„Denke daran“, warnte ein Pappschild am Senderwahlkopf jedes Radios: „Das Abhören *ausländischer Sender* ist ein Verbrechen gegen die nationale Sicherheit unseres Volkes. Es wird auf Befehl des Führers mit schweren Zuchthausstrafen geahndet.“ Dass es viele Berliner taten, war zwar ein offenes Geheimnis, aber drakonisch sanktioniert wurden solche „Rundfunkverbrechen“ nicht erst mit dem Beginn des Zweiten Weltkriegs und der am 1. September 1939 veröffentlichten Verordnung über außerordentliche Rundfunkmaßnahmen. Strafwürdig war vor allem die Weiterverbreitung von Feindpropaganda. Der Deutsche Dienst der BBC war Teil des Kriegs im Äther. Das Deutsche Reich seinerseits hatte nach Beginn des Einmarsches in Polen bis zu

113 Sendungen in 15 Sprachen auszustrahlen begonnen. Schwerpunkt der deutschen Radiopropaganda im Ausland war Großbritannien. Ab März 1941 sendete die BBC Thomas Manns insgesamt 55 Monatssendungen unter dem Titel *Deutsche Hörer!* Zum Ende des Krieges soll BBC London rund zehn Millionen Hörer in Deutschland gehabt haben.

An dieser Stelle ist von einer Berlinerin zu erzählen, die es gar nicht gab. Sie wohnte in der Großen Frankfurter Allee, die es auch nicht gab. Es gab keine Gertrud Wernicke. Aber sie hatte eine Stimme, und zwar die Stimme der jüdischen Berliner Kleinkünstlerin Annemarie Hase. Für sie hatten in den 1920er-Jahren in Berlin Autoren wie Kurt Tucholsky, Erich Kästner, Friedrich Hollaender oder Klabund getextet. Nach 1945 spielte sie an Brechts Berliner Ensemble. *Frau Wernicke* war eine Idee des früheren Kunstgeschichtslehrers am Bauhaus, Rowohlt-Autors und Biografen von Adalbert Stifter, des 1936 nach England emigrierten Bruno Adler. Seine Figur trat vom Sommer 1940 bis zum Januar 1944 im deutschen BBC-Programm auf. Seit 1990 gibt es eine gedruckte Auswahl erhaltener Manuskripte der Sendungen. Solche Berliner Typen setzte auch Radio Moskau ein. Dort schrieb der bis 1933 in Wilmersdorf wohnhafte Schriftsteller Erich Weinert die Texte. „Englisch inhalieren" nannte *Frau Wernicke* das BBC-Hören mit Decke über Kopf und Gerät bei niedriger Lautstärke. Dieser Text wurde am 19. Oktober 1941 gesendet:

Also mal rin in de Kartoffeln, wo wa nich haben, oder rin in de Wolle, wo wa ooch nich haben ... Nee, nee, da will ick nischt von wissen, Kinder, nee, det Radio dreh ick nich an! Nischt zu machen! Wie leicht drehste da 'n bißken zu weit, und, haste nich jesehn, biste 'n Volksschädling! Aber wat denn, Ihr wißt doch, unsa juta kleena Dokta hat det nich jerne! Nu sacht doch bloß nich sone Sachen: „Wat for de Englända erlaubt is, kann uns ooch nich schaden!" Der Joebbels hat et uns doch auseinanderjepolkt, warum et denen nischt tut, wenn se den ausländschen Sender hören: weil se nämlich „national jeeint" sind. Wir haben een Reich, een Volk, een Führer, aber det jenücht ebent nich for ne nationale Einheit. Da verlaß dir nur uff den Joebbels, der weeß det besser. Ick saje, solange wa nich janz jeeinigt sind, dürfen wa nich hören, weil wa nich jeeinigt sind, und wenn wa mal jeeinigt sind, denn brauchen wa nich hören, weil wa uns denn ja einich sind – is doch klar wie Kloßbrühe, wat?

Zum 85. Jubiläum des Sendestarts des ersten Fernsehprogramms weltweit hat der Mitteldeutsche Rundfunk 2020 ein Feature produziert. Der historische Moment ist ein Berliner Ereignis. Am 22. März 1935 sagt Fernsehansagerin Ursula Patzschke: „Achtung, Achtung! Fernsehsender Paul Nipkow. Wir begrüßen alle Volksgenossen und Volksgenossinnen in den Fernsehstuben Großberlins mit dem deutschen Gruß: ‚Heil Hitler!'" Zuschauen konnten am Anfang nur Berliner. In der Reichshauptstadt gab es 14 öffentliche Fernsehstuben. Vor den winzigen Bildschirm passten gerade 30 Personen. Hochgerechnet kamen abends insgesamt 600 Menschen zusammen. Die Geräte waren mit 3600 Reichsmark für die meisten unbezahlbar. 1939 sollten nach Volksempfänger-Vorbild 10 000 Geräte des Einheits-Fernseh-Empfängers E1 produziert werden, die laut Vorgabe 650 Reichsmark kosten durften und zu Weihnachten verkauft werden sollten. Dieser „Volksfernseher" wurde 1939 auf der Funkausstellung in Berlin vorgestellt. Der Krieg stoppte das Projekt jedoch. Eintrittskarten für die Stuben gab es gratis bei der Deutschen Reichspost. Es gab zwei Stunden Programm an drei Tagen in der Woche. 1942 kam das Aus der Fernsehstuben. Die wenigen Geräte wurden in Lazaretten aufgestellt. Verwundete Soldaten verfolgen dort das knappe Programm, das 1944 endgültig eingestellt wird. Zuletzt wurde aus dem Kuppelsaal im Haus des Deutschen Sports gesendet.

Die Erfindung des Fernsehens ist kein nationalsozialistisches Projekt, sondern basiert auf Entwicklungen aus der Weimarer Zeit. Nationalsozialistisch war der Wille, der Erste zu sein. Fernsehen sollte als deutsche Erfindung dargestellt werden. Deshalb riskierten die Verantwortlichen die minderwertige Qualität des Versuchsprogramms zum Programmstart. Tatsächlich sendet die BBC erst ab 1936, die Sowjetunion 1938, die USA 1939.

Im Jargon des Regimes erklärt Reichssendeleiter Hadamovsky: „In dieser Stunde wird der Rundfunk berufen, die größte und heiligste Mission zu erfüllen: nun das Bild des Führers unverlöschlich in alle deutschen Herzen zu pflanzen." Nach allem, was man weiß, hatten weder Hitler noch Goebbels, anders als Speer, jemals einen Auftritt auf dem winzigen Bildschirm. Bild und Reichweite des neuen Mediums waren den Großen des Regimes zu klein. Breit berichtet wird vom Reichsparteitag in Nürnberg inklusive Ankunft des „Führers". Die „Straßen des Führers" finden Berücksichtigung in einer Reportage vom Reichsautobahnrasthof Magdeburger Börde. Plumpe Propaganda fehlte. Das Programm bestand aus positiven Schilderungen des Lebens im nationalsozialistischen Deutschland. Probleme kannte dieses TV-Programm nicht. Ratgebersendungen gab es bereits, und sie propagieren das Bild der deutschen Hausfrau und Mutter.

Frauen im NS-Berlin – Filmemacherin, First Lady und Luftwaffenhelferin

Die Berlinerin aus dem Wedding inszenierte die Massenbilder vom NSDAP-Parteitag in Nürnberg im September 1934: die Filmerin Leni Riefenstahl (1902–2003) im Beobachtungskorb am Fahnenturm

FRAUEN waren in der Medienwelt schon im Berlin der 1920er-Jahre, erst recht aber in der nationalsozialistischen Medienmetropole rar. Sie trafen auf Widerstände, besonders in der Partei. Auch eine der prominenten hatte es trotz Hitlers Protektion schwer: „Als einzige Frau mit offizieller Eigenschaft im Parteitagsgetriebe stand sie oft gegen die Parteiorganisation, die anfangs mitunter nahe daran war, eine Revolte gegen sie zu entfesseln. Auf die politischen Leiter der traditionell frauenfeindlichen Bewegung wirkte die selbstsichere Frau provozierend, die diese Männerwelt ungeniert für ihre Zwecke dirigierte. Intrigen wurden gesponnen, Verleumdungen bei [Rudolf] Heß vorgebracht, um sie zu stürzen. Nach dem Parteitagsfilm, der auch die Zweifler um Hitler vom filmischen Können der Regisseurin überzeugte, hörten die Angriffe auf." Das ist die Darstellung, die Albert Speer aufgrund seiner Beobachtungen des Auftretens der gebürtigen Berlinerin Leni Riefenstahl 1969 rückblickend gegeben hat. Riefenstahls erster Parteitagsfilm *Der Sieg des Glaubens* vom „Parteitag des Sieges" 1933 in Nürnberg wurde am 1. Dezember im UFA-Palast am Zoo in Berlin uraufgeführt. Nach der Ausschaltung der SA-Führung am 30. Juni/1. Juli 1934 verschwand der Streifen von den Leinwänden – der Oberste Stabschef der SA, Ernst Röhm, war zu oft im Bild. Speers Schilderung zeigt, dass eine wie Riefenstahl nicht ins ideologische Konzept passte.

Konservativ war das nationalsozialistische Frauenbild und in dem Sinne reaktionär, dass die Partei das Rad der Geschichte zurückdrehen wollte. Die meisten Frauen in Berlin waren Arbeiterinnen, Angestellte mit Familie. In der an Krisen reichen Zeit der Republik waren Haushalt, Familie und Erwerbsarbeit eine schwer zu tragende Mehrfachbelastung. Die Abtreibungsfrage war gestellt, aber die Antworten blieben für die Frauenbewegung unbefriedigend. In den 1920er-Jahren trat in der Vielfalt, Anonymität, Liberalität der Hauptstadt der Typus der „neuen Frau" hervor. Renée Sintenis repräsentiert diesen Typ. Eigenständigkeit, Sportlichkeit, Leistungsfähigkeit, ein neues Verständnis der Sexualität sind signifikante Merkmale.

Bis 1933 war die Frauenerwerbsarbeit praktisch durchgesetzt. Der Arbeitsschutz für Frauen zog nach. Die Debatte, ob Frauen, vor allem Ehefrauen, außer Haus arbeiten sollten, gab es immer noch. Die große Errungenschaft in der Novemberrevolution 1918 war für die weibliche Bevölkerung das Frauenwahlrecht. Die NSDAP hatte schon sehr früh, nämlich am 21. Januar 1921, beschlossen, dass Frauen keine Mitglieder der Parteiführung und ihrer Leitungsgremien sein durften. Nach 1933 bedeutete das praktisch den Verlust des passiven Wahlrechts für Frauen, bei gleichzeitiger Bedeutungslosigkeit jeglichen Wahlrechts im „Führerstaat". Die Frauenorganisationen der Partei standen unter männlicher Vormundschaft.

Nationalsozialistisch und völkisch ist das NS-Frauenbild dadurch, dass es die Frau in den ideologischen Rahmen der Volksgemeinschaft und des rassistischen Menschenbildes einpasst. Das Frauenbild, die Historikerin Dorothee Klinksiek formuliert es kurz und knapp, „war im Grunde kein Frauen-, sondern ein Mutterbild." Politisches und gesellschaftliches Engagement, vor 1933 hart errungen, war jetzt unerwünscht, wie Hitler 1936 auf dem „Parteitag der Ehre" sagte: „Es gibt *zwei Welten* im Leben eines Volkes: die *Welt der Frau* und die *Welt des Mannes* [...]. Die Welt der Frau ist, wenn sie glücklich ist, die Familie, ihr Mann, ihre Kinder, ihr Heim." Dieses Bild hatte spätestens im Rahmen der wirtschaftlichen Mobilisierung für den Krieg und im Krieg keine reale Bedeutung mehr. Die ideologische Scheinwirklichkeit hatte jedoch konkrete rechtliche Wirkungen. In der diesbezüglichen NS-Literatur heißt es zur Eheauffassung: „Ehe ist die von der Volksgemeinschaft anerkannte, auf gegenseitige Treue, Liebe und Achtung beruhende dauernde Lebensgemeinschaft zweier rassegleicher, erbgesunder Personen verschiedenen Geschlechts zum Zweck der Wahrung und Förderung des Gemeinwohls durch einträchtige Zusammenarbeit und zum Zweck der Erzeugung rassegleicher, erbgesunder Kinder und ihrer Erziehung zu tüchtigen Volksgenossen." Der NS-Staat griff rigoros in das allerpersönlichste Leben der Frauen und übrigens auch der Männer ein, die zu Gebär- und Zeugungsautomaten degradiert wurden. Fortpflanzungsverweigerung war ebenso wie frühzeitige Unfruchtbarkeit Scheidungsgrund. Der Paragraf 218 des Strafgesetzbuchs blieb erhalten. Das Verbot der sozialen Indikation wurde bekräftigt. Flankierend wirkte die Bestrafung des Anpreisens von Instrumenten zur Abtreibung und des Angebots der Durchführung. Gebären war Hauptaufgabe der Frau. „Dienst" und „Opfer" waren zentrale Begriffe der Erziehung von Mädchen und jungen Frauen. Zynismus und mörderische Unmenschlichkeit dieses Denkens treten im Angesicht des Krieges in dem Aufsatz *Die Bedeutung der Frau im totalen Krieg* aus der Zeitschrift *Deutsche Wehr* aus dem Jahr 1938 brutal hervor: „Jede Frau muß stolz darauf sein, ihre Angehörigen an der vordersten Front zu wissen, [...] und muß stolz darauf sein, wenn sie ihr Höchstes in dieser Welt, ihren Sohn, den sie unter Schmerzen für ihr Vaterland geboren, auch für ihr Volk opfern darf." Die Pervertierung des Mutterbegriffs mündet in das kalte Kalkül der Produktion von „Menschenmaterial" für die Front. Mit inbegriffen war die Wiederherstellung der absoluten Unterordnung unter den Mann.

Reichsfrauenführerin mit Amtssitz in Berlin, im Verlauf der 1930er-Jahre mit eigenem Gebäude in der Derfflingerstraße in Tiergarten, war die Journalistin Gertrud Scholtz-Klink. Von 1940 gibt es ein Foto, das sie auf dem Sessel zeigt, umringt von zehn Kindern, darunter auch die, die ihr dritter Ehemann in die Ehe gebracht hat – das Idealbild der NS-Familie, jedenfalls nach außen. Scholtz-Klink war von 1934 bis 1945 in der Partei- und Staatshierarchie die oberste Frau. Seit dem 1. Januar 1934 fungierte sie als Chefin des weiblichen Reichsarbeitsdienstes. Am 24. Februar ernannte Hitler die Frau mit

Oberste NS-Frau: Reichsfrauenführerin Gertrud Scholtz-Klink (1902–1999) am 13. Februar 1939 im Sportpalast in Berlin in der ersten Reihe mit (v. l.) Himmler, Heß, von Schirach und Axmann

Gretchenfrisur zur Reichsführerin der NS-Frauenschaft und des damit gekoppelten Deutschen Frauenwerks. Sie blieb bis 1945 in diesen Ämtern. Sie betrieb die „Gleichschaltung" der Frauenorganisationen. Die NS-Frauenorganisationen sollten ebenso wie die weibliche Jugendorganisation Bund Deutscher Mädchen BDM den weiblichen Teil der Bevölkerung propagandistisch bearbeiten und in die „Volksgemeinschaft" einbinden. Besonderes Problem war die Herauslösung der in Haushalt und Familie privatisierenden Hausfrauen. Andererseits sollte die Organisierung zu keinem eigenständigen Engagement führen. Die Frauenschaft kontrollierte die sozialen Kontakte von Zwangsarbeitern, die in Familien eingesetzt waren. Scholtz-Klink war an der Auswahl von Aufseherinnen in Konzentrationslagern beteiligt. Sie ließ sich nach 1945 unter falschem Namen entnazifizieren, wurde enttarnt, von der Spruchkammer zur „Hauptbelasteten" erklärt, saß ihre Strafe aber nie ab und blieb bis zu ihrem Tod 1999 in Tübingen Nationalsozialistin.

Kunst war im Nationalsozialismus keine Frauensache: „Es ist der Frau im allgemeinen nicht wie dem Manne gegeben, das, was

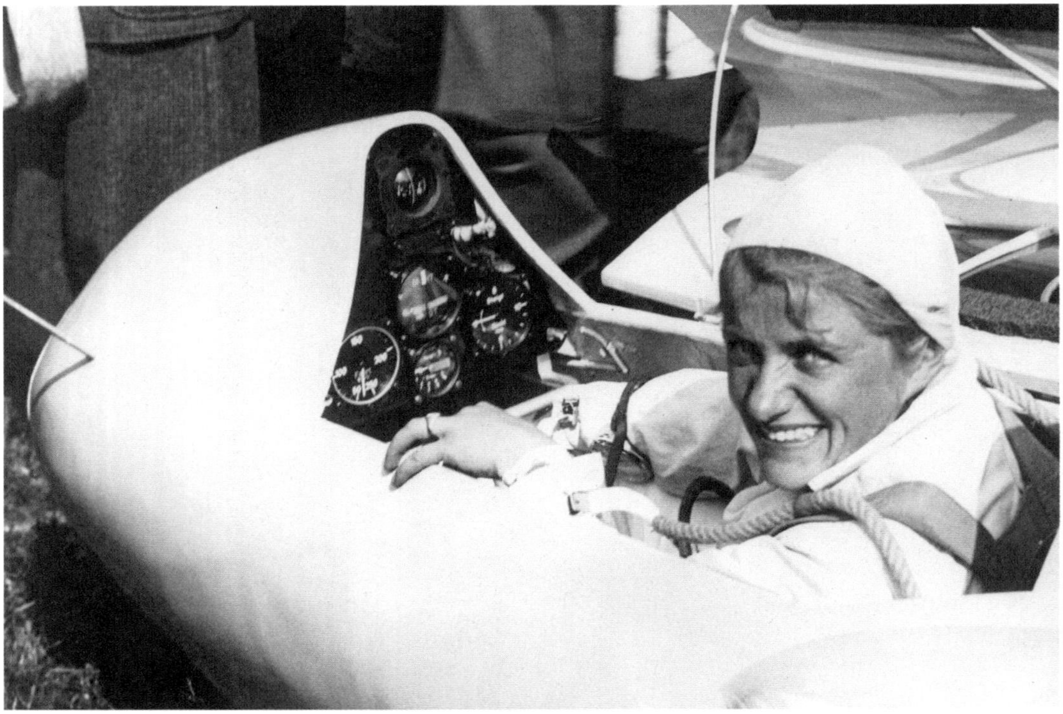

NS-Vorzeigefrau: Hanna Reitsch bei ihrer Ernennung zum ersten weiblichen Flugkapitän 1937 im Segelflugzeug

sie innerlich bewegt, künstlerisch *zu gestalten*, und damit für *andere Menschen mit erlebbar* zu machen", steht am 18. Juni 1934 im Pressedienst *Nationalsozialistische Parteikorrespondenz*. In Malerei und Plastik herrschte die Darstellung der Frau als Ausdruck ihrer ideologisch dominanten Rollenzuweisung vor. Klinksiek spricht es aus: „Das Bild der Frau in der NS-Kunst ist hauptsächlich das der nackten Frau." Junge Frauen werden gezeigt, die Mutter werden sollen, ansonsten Frauen, die es schon sind. Die bevölkerungspolitischen Intentionen spielten dagegen im Film kaum eine Rolle. Die Produkte aus Goebbels' Kinoindustrie kannten „das süße Mädel", das den sozialen Aufstieg durch den Mann sucht, und die gleichermaßen männerfixierte, von leidenschaftlich bis weibchenhaft oszillierende „Luxusfrau". Ein dritter Typus tauchte nur gelegentlich auf der Leinwand auf: die burschikos-mutige „Kameradin". Die Chance des Aufstiegs in höhere Positionen dosierte die Propaganda homöopathisch vorsichtig in Form der Illusion. Solche „Paradefrauen" waren Scholtz-Klink oder die Pilotin Hanna Reitsch, die lebenslange Freundin des NS- und NASA-Raketenbauers Wernher von Braun, die 1938 in der 1935 errichteten Deutschlandhalle in Berlin den ersten Hubschrauberflug in einem geschlossenen Raum durchgeführt hatte, und Leni Riefenstahl. Drei Berlinerinnen der nationalsozialistischen Zeit – wie sehr haben die Filmemacherin, die First Lady und die Luftwaffenhelferin in ihrem Lebenszuschnitt dem ideologisch definierten Frauenbild der Partei entsprochen?

DIE FILMEMACHERIN: Leni – so wurde die 1902 als Hausgeburt in der Prinz-Eugen-Straße im Arbeiterbezirk Wedding geborene Helene Bertha Amalie Riefenstahl von Kindesbeinen an gerufen. Das Geschäft des Vaters für Heizungs- und Lüftungsanlagen geht dank der vielen Neubauten in Berlin gut. Alfred Riefenstahl fordert Disziplin, absoluten Gehorsam, ist von verletzender Gefühlskälte. Das schreibt ihr Biograf, der als Filmwissenschaftler ausgewiesene Jürgen Trimborn. Er hebt hervor, die Tochter habe sich zu einer Persönlichkeit entwickelt, die „den Dickkopf des Vaters geerbt hatte und mit zunehmendem Alter auch dazu bereit war, den Kampf mit der väterlichen Autorität aufzunehmen. Immer häufiger traf sie Entscheidungen, ohne zuvor die Genehmigung ihres Vaters einzuholen, versuchte diese jedoch möglichst geheimzuhalten." In ihren Memoiren von 1987, die oft verzerrt, verklärt, geglättet berichten, stellt sie trotzdem fest: „In meiner Jugend war ich ein glücklicher Mensch. Als ‚Naturkind' wuchs ich auf, unter Bäumen und Sträuchern, mit Pflanzen und Insekten, behütet und abgeschirmt, in einer Zeit, die weder Radio noch Fernsehen kannte."

Sie ist ein ungestümes, neugieriges, draufgängerisches, sportliches, rasch vielfältig künstlerisch interessiertes Mädchen, das hartnäckig eigene Ziele verfolgt und dafür eigensinnig Anstrengungen, Opfer, Eigenleistung in Kauf nimmt. Mit 16 Jahren, das ist 1918, hat sie die Mittlere Reife. Der Vater will sie aus ihrer „Traumwelt" in die Realität holen, will sie in die Haushaltsschule, später ins Pensionat schicken. Sie bringt ihn dazu, sie an der Staatlichen Kunstgewerbeschule in der Prinz-Albrecht-Straße anzumelden. Riefenstahl will Malerin werden. Gymnastik, Sport, Schwimmen, Roll- und Schlittschuhlauf sind Leidenschaften ebenso wie Theater, Film, Oper, Ballett, schließlich der Tanz. Sie will auf die Bühne. Es folgt die erste Karriere als Solotänzerin in Berlin. Eigentlich ist sie mit 17 zu alt als Ballerina. Mit 18 hat sie das Pensionat hinter sich, arbeitet für den Vater im Büro, im Gegenzug darf sie eine erstklassige Tanzausbildung absolvieren. Mit 21 Jahren, volljährig, zieht sie in die erste eigene Wohnung in der Fasanenstraße am Kurfürstendamm. Sie sucht die erste Erfahrung mit ihrer Sexualität, lernt den reichen jüdischen Verehrer Harry Sokal kennen. Ob beide eine Beziehung hatten, darüber gibt es widersprüchliche Äußerungen. Der Jude Sokal bleibt zehn Jahre lang ihr Freund, Förderer, Sponsor, auch in der Filmbranche. Widersprüchliche Aussagen existieren auch darüber, wie sie Otto Froitzheim kennengelernt hat: Die erste Nacht verbringt sie mit diesem Liebling der Berliner Gesellschaft, Vizechef der Kölner Polizei, Tennisstar, „Deutschlands zweitbester Spieler", merkt sie an, zu dessen sonstigen Geliebten die Filmschauspielerin Pola Negri zählt. Riefenstahl ist ins Mark getroffen, als er sie danach aus der Wohnung bittet und ihr Geld für eine eventuell nötige Abtreibung gibt. Ungeachtet dieser schlimmen Erfahrung, sie schildert es schwülstig-emotional in ihren Memoiren, verlobt sie sich später mit diesem Mann, aber das ist nicht von Dauer.

In ihren Memoiren schreibt sie über ihre Lebensentscheidung, die angeblich ihre Biografie – bis zum Tod in Pöcking am Starnberger See 2003 im Alter von 101 Jahren – bestimmt hat: „Mein Wunsch, selbständig zu sein, wurde immer stärker. Niemals wollte ich in meinem Leben von irgend jemand abhängig werden." Sie nennt die Mutter „Sklavin meines Vaters" und spricht von ihrem Schwur, „daß ich in meinem späteren Leben niemals das Steuer aus der Hand geben würde. Nur mein eigener Wille sollte entscheiden." Das bezog sich auch auf Männer, Sexualpartner, Partner. Sie wählte aus, sie wies zurück.

Karrieren als Tänzerin und Schauspielerin: Riefenstahl verkörperte den neuen Typ Frau des Berlins der 1920er-Jahre, hier als Tänzerin Diotima in Arnold Fancks (1889–1974) Film *Der heilige Berg* von 1926.

Am 26. Oktober 1923 hat sie das Berliner Debüt als Solotänzerin: Sie wird zum neuen Tanzstar. In acht Monaten bis zu der Verletzung, die diese Karriere beendet, absolviert sie 70 Auftritte. Das war physisch zu viel. Höhepunkte sind ihre Vorstellungen im Deutschen Theater in Berlin. Max Reinhardt sah sie am ersten Abend in Berlin und engagierte sie. Es gibt Kritik, aber das Echo scheint überwiegend positiv gewesen zu sein. Die Attraktivität resultiert auch aus dem Äußeren, ihrer Wirkung, ihrer Körperlichkeit: „Ein Körper, schön wie aus Marmor gemeißelt", schreibt die *Züricher Post* am 22. November 1924. Die Berliner Zeitung *Der Tag* am 29. Oktober 1923: „Die Linie deutscher Tänzerinnen setzt sich fort in Leni Riefenstahl."

Immer sind es angebliche „Schlüsselerlebnisse", die ihr Leben radikal ändern, auch auf dem Weg in die zweite, die Filmkarriere. Im Frühsommer 1924 sieht sie auf dem U-Bahnhof Nollendorfplatz das Plakat des am 10. Mai im dortigen UFA-Pavillon uraufgeführten Stummfilms *Der Berg des Schicksals*. Dargestellt ist der Bergsteiger, Skipionier und Kameramann Hannes Schneider, wie er in einem Felskamin klettert. Der Südtiroler Luis Trenker debütiert in diesem Streifen. Mit beiden, und nicht nur mit ihnen, wird sie Verhältnisse haben, mit Schneider wohnt sie dann in der am Schoelerpark in Wilmersdorf gelegenen Hindenburgstraße 97 zusammen; es ist ihre Atelierwohnung, sie bestimmt. An diesem Maitag 1924 geht sie spontan ins Kino: „Schon nach den ersten Blicken bin ich seltsam gefangen – Berge und Wolken, Almhänge und nackte Felstürme ziehen an mir vorüber, ich schaue in eine fremde Welt." Berge hatte sie bisher nur von Postkarten gekannt. Die Faszination bleibt. Deshalb zieht sie im Alter ins Voralpenland. Deshalb lässt sie sich in Schmargendorf 1935/36 ihre heute denkmalgeschützte ansehnliche Villa in der Heydenstraße 30 wie viele NS-Größen in alpenländischem Stil errichten. Dort sind Hitler und Goebbels Gäste.

Arnold Fanck, Doktor der Geologie, deutschnational, Antisemit zunächst noch mit jüdischen Freunden, tritt 1940 der NSDAP bei. Fanck hat die Gattung des Bergfilms erfunden. Die Natur und ihre Gewalten sind keine Kulisse, sie werden Akteure. Die Handlung ist sekundär. Noch sind es Stummfilme. Riefenstahl ruft ihn an, sie trifft ihn in einem Kudamm-Café. Sie als Frau handelt. Er engagiert sie, obwohl sie keine Schauspielausbildung hat. Wahrscheinlich gibt Sokals Finanzspritze für Fancks Filmfirma den Ausschlag. Der Erfolg des Genres hat die Branche überrascht. Erstmals wird in der Natur, am Berg, in Gefahren und Kälte gedreht. Die Anforderung ist immens, auch an die Schauspieler, besonders an die eine Frau in der Männerwelt, die Crew und Handlung bestimmt. Die Berlinerin lernt Klettern und Skilaufen. Sensationell ist das Filmprojekt *S.O.S. Eisberg* von 1932/33. Gedreht wird in Grönland unter schwierigen klimatischen Bedingungen. Der Paradeflieger und Göring-Bekannte aus der Kriegszeit Ernst Udet ist wie schon bei früheren Projekten dabei. Er liefert riskante Luftaufnahmen. Zwei Flugzeuge sind demontiert nach Grönland transportiert worden, dazu Zoo-Eisbären aus Hamburg. Riefenstahl lernt von Fanck Regiehandwerk, Technik, von Georg Wilhelm Pabst Schauspielerführung. Sie ist eine Schülerin Fancks. Riefenstahl setzt mit dem semidokumentarischen Charakter seiner Filme Fancks Erbe in ihren Filmen der NS-Zeit fort. Mit perfektionistischem Anspruch gesetzte Effekte, präzise vorausberechnete Wirkungen, der Einsatz moderner Technik, notfalls bestellt sie für ihren ersten Film neue Kameras aus den USA, und besonders die ausgefeilte Schnitttechnik, das war, was Fancks Filme erfolgreich gemacht hatte. Das alles entwickelt sie kreativ weiter.

Ihr einziger Film vor Hitler führt sie in ihre dritte Karriere als Filmemacherin, Regisseurin, Produzentin. Riefenstahl findet, ungewöhnlich für sie, mit dem Vorhaben *Das blaue Licht* keine Resonanz, bekommt keine Finanzierung. Ihre Firma L. R. Studio-Film gründet sie im Frühsommer 1931. Ihre Crew, sie spielt die Hauptrolle, ein „Zigeunermädchen" namens Junta, verzichtet auf Honorarzahlung, bis der Film Geld einspielt. Die ersten Einstellungen machen in der Berliner Filmbranche Eindruck. Sokal gibt erst jetzt Geld. Der mythische, märchenhafte Stoff wird etwas, was bisher nur die Avantgarde kannte, ein Autorenfilm. Sie dreht vor Ort, in Südtirol. Premiere ist am 24. März 1932 im UFA-Palast. Sokal hat das organisiert. Sie ist zwar auf einen Schlag als Regisseurin bekannt, aber der Widerhall ist widersprüchlich. Das dürfte auch inhaltliche Ursachen gehabt haben. Trimborn sieht den Bezug zu Fancks reaktionärer Wertewelt: „Genau dieser kulturpessimistische Antimodernismus kommt, retrospektiv betrachtet, dem NS-Gedankengut gefährlich nahe, das ab 1933 die ästhetischen Richtlinien in Deutschland bestimmen sollte." Ihr erster Film ist zu Hause ein Misserfolg, doch Hitler ist begeistert. Der Film bekommt auf der Biennale in Venedig in Mussolinis Italien die Silbermedaille, läuft wochenlang in Paris und London, wird enthusiastisch gelobt. 1934 startet ihr Film in den USA, auch hier ein Erfolg. *Das blaue Licht* kommt auf die Liste der wichtigsten Filme der Saison 1934/35. International hatte sie schon als Schauspielerin einen Namen. Der deutsche Erfolg kommt im Gefolge ihrer Olympiafilme beim Neustart 1938. Vom „deutschesten aller Filme" wird jetzt gesprochen. Der Drehbuchautor und Co-Regisseur fehlt im Vorspann: Béla Balázs, der das Drehbuch zur Verfilmung von Brechts *Dreigroschenoper* geschrieben hatte, war Jude. Als er sein Honorar nachfordert, beauftragt Riefenstahl einen der brutalsten Antisemiten der Partei, den Herausgeber von *Der Stürmer*, Julius Streicher, sie juristisch zu vertreten. Ihr jüdischer Freund, Gönner, Mitproduzent bei *Das blaue Licht*, der emigrieren musste, erinnert sich 1976 im *Spiegel* daran, dass sie den heimischen Misserfolg den „Fremdlingen, die unsere Mentalität, unser Seelenleben nicht verstehen", zuschob, von denen sie sich ihr Werk nicht zerstören lassen wolle. Sie behauptete, dass Sokal lüge, aber er erinnert sich an diesen Riefenstahl-Satz: „Sobald der Führer an die Macht kommt, werden diese Zeitungen nur noch für ihr eigenes Volk schreiben dürfen. Sie werden in Hebräisch erscheinen."

Riefenstahl besucht am 27. Februar 1932 eine Hitler-Veranstaltung im Sportpalast in Berlin. Sie ist eine von 25 000. Inhaltliches ist für sie zweitrangig, sie ist anscheinend der Ausstrahlung, der Sprache, dem Gestus erlegen: „Kein Zweifel, ich war infiziert." Ähnlich wie Speer, der nach seiner ersten Hitler-Rede in den Grunewald zum Wandern fuhr, kann sie partout kein Taxi rufen, weil sie für Stunden paralysiert ist. Wieder wird sie initiativ. Sie schreibt einen Brief, äußert den Wunsch, Hitler persönlich kennenzulernen. Das Treffen kommt zustande, unmittelbar vor der Abreise nach Grönland, wohin sie angeblich sein Bild und *Mein Kampf* mitnimmt. In den Memoiren stellt sie es wie eine Erwählung dar. Hitler habe ihr den Satz „Wenn wir an die Macht kommen, müssen Sie meine Filme machen" gesagt.

Präzise Inszenierung des zweiteiligen Olympiafilms: Riefenstahl mit US-Zehnkämpfer Glenn Morris (1912–1974) im August 1936 bei einer Speerwurf-Einstellung; angeblich hatten die beiden eine Affäre, er gewann Gold.

Als sie aus Grönland zurückkehrt, nimmt sie den Faden auf und wird schnell Teil des inneren Kreises um Hitler. Sie lernt Göring, Goebbels, später Speer kennen. Das alles ereignet sich vor der Machtübernahme. Am 30. Januar 1933 ist sie im Skiurlaub mit ihrem Geliebten Walter Prager, einem Schweizer Skiläufer, in Davos. Nach der Rückkehr nach Berlin sendet sie Hitler Glückwünsche. Er empfängt sie in der Reichskanzlei. Sie macht tatsächlich seine Filme: drei Parteitagsfilme und die beiden Olympiafilme *Fest der Völker* und *Fest der Schönheit*. Uraufführung ist im UFA-Palast, am 49. Geburtstag Hitlers, am 20. April 1938. Großbritannien weigert sich, die Olympiafilme aufzuführen. Sonst sind sie international erfolgreich und preisgekrönt. Sie will auf den US-Markt. 1936 ist sie als „Hitler's Leni Riefenstahl" auf dem Titel des Nachrichtenmagazins *Time*, aber als sie im November 1938 in Amerika mit dem Dampfer ankommt, wird sie mit der Nachricht der Pogrome vom 9./10. November konfrontiert.

Der Wahl-Berliner Erich Kästner, der auf abenteuerlichem Weg aus dem zerstörten Berlin 1945 im Zillertal gestrandet war, wo die

Wehrmachtssoldaten gerade weg und die Amerikaner noch nicht da waren, hat in *Notabene 45* notiert, wie Hinkels Duzfreundin, der UFA-Star Marika Rökk, ihr Baby im Kinderwagen herumfuhr und dass Riefenstahl aus Kitzbühel eingetroffen war: „Sie hat dort ihre Villa, ihren Schneidetisch, ihren Vorführraum, vielleicht auch ihre Weltanschauung zurückgelassen und sucht, von einer Gallenkolik geplagt, an Harald Brauns liberaler Brust Schutz und Halt. Der Ärmste weiß nicht recht, wie er sich dem Regisseur der Reichsparteitagsfilme gegenüber verhalten soll, da dieser Mann ja eine Frau ist, noch dazu mit Tränen in den Augen und einer Wärmflasche vorm Leib. Was soll er, in Mayrhofen und im 20. Jahrhundert, mit einer Amazone anfangen, die sich ergeben will?"

Riefenstahl war und wurde keine Repräsentantin des NS-Frauenbildes, erst recht keine Mutter. Vielmehr gehört sie zu den Frauen neuen Typs der 1920er-Jahre, die selbstbewusst, leistungsfähig, sportlich mit überkommenen Rollenbildern brechen, sich gegen die Traditionen ihrer Herkunft wenden, ein eigenständiges und selbstbestimmtes Leben führen, und zwar in Berlin. Riefenstahl hatte gelernt, lange vor 1933, sich in Männerwelten zu behaupten, angefangen mit dem Vater. So wurde sie auch in Berlin, in der Öffentlichkeit wahrgenommen. Davon zeugt der auch in Berlin kursierende Flüsterwitz: „Was wäre, wenn Adolf und Leni heiraten? – Dann hätte Deutschland zwei Führer." Riefenstahl war nicht in der NSDAP, teilte aber die ideologischen Überzeugungen, diente dem Regime als Aushängeschild, vor allem im Ausland. Sie hatte vor 1933 drei Karrieren hinter sich – aus eigener Kraft, mit eigenen Methoden. Der darauf aufbauenden Karriere im Nationalsozialismus folgten später weitere. Das waren keine Dokumentarfilme, wie sie behauptete, sondern sie machte Propaganda, gekonnt, künstlerisch, manipulativ. Sie inszeniert im Sportfilm das „arische" Körperideal. Das ist Breker im Bewegtbild. Bei den Olympischen Spielen in München 1972 fotografierte sie für das *Sunday Times Magazine* aus London. 1976 ist sie Ehrengast der Spiele in Montreal. Mick Jagger von den Rolling Stones ließ sich von ihr fotografieren. Ihre Filme von Olympia 1936 in Berlin sind ebenso wie *Der Triumph des Willens* Marksteine der Filmgeschichte.

DIE FIRST LADY: Magda – so wurde die am 11. November 1901 in Berlin-Kreuzberg unehelich geborene Johanna Maria Magdalena Behrend genannt, und mit diesem Vornamen verbrachte sie ihr Leben. Es ist ein Frauenleben der vielen Namen. Ihre Mutter war das Dienstmädchen des begüterten Oskar Ritschel. Der Kindsvater heiratete seine Angestellte. Diesem Vater blieb Magda zeitlebens verbunden, nahm seinen Namen jedoch erst 1920 an, aber nur für kurze Zeit. Die Ehe der Mutter mit Dr. Ritschel hielt, bis das Mädchen vier Jahre alt war. Die Mutter heiratete 1906 den ebenfalls begüterten und zu dieser Zeit in Brüssel tätigen Berliner Kaufmann Richard Friedländer. Magdas Stiefvater, ihr zweiter Vater, adoptierte sie. Als auch diese Ehe der Mutter scheiterte, nahm Magda aus Zuneigung den Namen des Stiefvaters an. Beide Väter verstanden sich gut. Friedländer wandte sich von Magda ab, als sie seit dem 19. Dezember 1931 durch Eheschließung Goebbels hieß. Magda vermied spätestens seitdem jeden Kontakt. Friedländer war verarmt, arbeitete als Hilfskellner in einem Lokal im Tiergarten, leistete Zwangsarbeit bei den Berliner Gaswerken, wurde 1938 bei der angeblich gegen sogenannte „Asoziale" gerichteten Juni-Aktion aus Berlin ins Konzentrationslager Buchenwald verschleppt. Er fronte im Steinbruch und starb an den Strapazen. Den Verwandten wurde die Urne gegen 93 Reichsmark Nachnahme übersandt. Er hatte noch in Berlin ver-

Trauung am 19. Dezember 1931 auf Quandts Gut in Severin (Mecklenburg): Magda, jetzt Goebbels, auf dem Weg zur Kirche, neben dem Ehemann ihr Sohn Harald Quandt, hinter ihm Trauzeuge Hitler

sucht, mit seinem Schwiegersohn zu reden, berichtet sein Enkel Michael Tutsch. Friedländer gelangt tatsächlich ins Ministerbüro: „Fragen Sie den Juden Friedländer, was er hier will!“, sagt Goebbels zum Adjutanten.

Beide Väter kümmerten sich intensiv um Magda. Sie bekam in Belgien acht Jahre lang eine exzellente Erziehung im Ursulinenkloster Vilvoorde bei Brüssel. Mit zwölf Jahren erlebte sie den deutschen Einmarsch in Belgien, die Familie wurde ausgewiesen. Zurück in Berlin ging sie auf das Kollmorgensche Gymnasium. Nach dem Abitur im März 1919 wurde sie auf das teure Mädchenpensionat Holzhausen in Goslar geschickt. Sie fiel zu dieser Zeit bereits durch ihre Bildung, Weltläufigkeit, Gewandtheit und ihr herausragendes Aussehen sowie ihre Selbstsicherheit auf. 1920 trifft sie in der Bahn ihren ersten Mann, den gerade verwitweten reichen Industriellen Dr. Günther Quandt. Der Magnat wird die Nationalsozialisten unterstützen, in seinen Unternehmen Zwangsarbeiter beschäftigen und nach dem Krieg Arno Breker Modell sitzen für eine Büste. Magda ist auf dieser Bahnfahrt 18 Jahre alt. Protestant Quandt fordert vor der Eheschließung am 4. Januar 1921 die Konversion der Katholikin und den Namenswechsel, weil der jüdische Nachname ihm als Protestanten unpassend erscheint. Magda nimmt den Namen Ritschel an, bis sie nach der Eheschließung Quandt heißt.

Sie bekommt den gemeinsamen Sohn Harald im November 1921, dessen Name ebenso wie die Namen der sechs Kinder, die sie mit Goebbels haben wird, mit *H* beginnt. Dieser Buchstabe soll angeblich, so eine spätere Lesart, auf Hitler verweisen. Die Ehe mit dem viel älteren Quandt scheitert. Das Leben an den Wohnsitzen in der Luxuswohnung in Charlottenburg und in der Villa am Griebnitzsee in Neu-Babelsberg ist ohne den in der Arbeit aufgehenden, peniblen, konservativen, zudem kühlen Ehemann hart. Magda Quandt muss die Erziehung von insgesamt sechs zur Familie gehörenden Kindern übernehmen. Kultur und Feste lassen sich nicht in erhoffter Weise ins Eheleben einbringen. Sie begleitet den Mann nach New York, brilliert nicht nur dort auf dem gesellschaftlichen Parkett, gewinnt die Bewunderung des Multimillionärs und Präsidenten-Neffen Herbert Hoover. Er reist nach der Scheidung von Quandt nach Berlin, um ihr einen Heiratsantrag zu machen, den sie ablehnt.

Magda Friedländer war von ihrem Vater Ritschel mit dem Buddhismus vertraut gemacht worden. Anlass zur Scheidung von Quandt am 6. Juli 1929 war ihr Verhältnis mit dem jüdischen Studenten Chaim Arlosoroff, in dessen Verlauf sie zur überzeugten Zionistin wurde. Sie trug in dieser Phase eine Kette mit Davidsstern. Als Schülerin war sie bei seiner Schwester, einer Mitschülerin, häufig zu Besuch, lernte den jüdischen Glauben und den Bruder kennen. Die mit Magda Goebbels bekannte und erst 1938 emigrierte jüdische Berliner Gesellschaftsjournalistin Bella Fromm schreibt in ihrem 1942 in den USA erschienenen Tagebuch ihrer Berliner Zeit, sie hätte sich diese Frau damals „[...] in einem Kibbuz in Palästina Wache stehen, das Gewehr geschultert und eine Losung aus dem Alten Testament auf den Lippen" vorgestellt. Arlosoroff ist Diplomat der frühen jüdischen Gemeinschaft in Israel, Sozialdemokrat, Mitarbeiter von Chaim Weizmann und gilt als einer der Gründerväter des Staates. Er wird im Juni 1933 vermutlich von politischen Gegnern erschossen.

Quandt zahlt nach der Scheidung viel Geld. Seine ehemalige Frau hat seitdem ein gesichertes Auskommen und zieht in eine Sieben-Zimmer-Wohnung am Reichskanzlerplatz 2. Bald wird diese Wohnung zum Treffpunkt der Spitzen der NSDAP. Nach der Eheschließung wird Goebbels in die repräsentative Wohnung einziehen. Im Spätsommer 1930 nimmt sie, angeblich aus Langeweile, Kontakt zu dem rassekundlichen Verein Nordischer Ring auf. Sie besucht eine Goebbels-Kundgebung im Sportpalast. Unter diesem Eindruck wird sie Parteimitglied. Bella Fromm schreibt: „Die nationalsozialistische Ideologie erfasste ihre Einbildungskraft wie nichts bisher, aber sie vermischte sich mit den Überresten der zionistischen Lehre, die ihr alter Freund Arlosoroff ihr eingeimpft hatte [...]." Die Arbeit als Leiterin der NS-Frauenschaft der Ortgruppe Westend ist nicht ihre Sache. Sie bietet sich in der Gauleitung in der Hedemannstraße 10 als ehrenamtliche Helferin an. Die ideologischen Grundschriften hat sie gelesen, Hitler, Rosenberg, sie spendet ein Zehntel ihres Einkommens. Sie gerät an den laut seinem Tagebuch sofort von ihr faszinierten Goebbels, für den sie zunächst die ihn betreffende Presseberichterstattung zusammenstellt. Nach vier Wochen nimmt er sie zu einem Parteitermin nach Weimar mit. Am 15. Februar 1931 vermerkt er in buchhalterischer Manier den ersten Verkehr mit ihr. Magda Quandt hält noch einige Zeit ihr Verhältnis mit Arlosoroff aufrecht. Die Historikerin Anna Maria Sigmund stellt fest, solche „doppelten Partnerschaften" zögen sich wie ein roter Faden durch ihr Leben: „Nach dem Verhältnis Quandt-Arlosoroff kam Arlosoroff-Goebbels, gefolgt von Goebbels-Hitler, wobei letztere Beziehung teilweise platonisch bleiben musste." Weitere Männer sollten folgen.

Goebbels' Biograf Peter Longerich charakterisiert das Dreiecksverhältnis in seiner politischen Dimension so: „Magda Quandt wurde

die Frau, die Hitler mit ihrer Gewandtheit, mit ihrem Geschmack und ihrem Rat zur Seite stehen und so etwas wie die Rolle der First Lady in der NS-Bewegung einnehmen sollte, die aber gleichzeitig durch ihre Ehe mit Goebbels in erotischer Hinsicht nach außen neutralisiert schien." Hitler äußerte immer wieder, im Bewusstsein auch seiner für Wahlen wichtigen Wirkung auf Frauen, er heirate nicht, er sei mit Deutschland verheiratet. Die Leerstelle als First Lady des Regimes teilt sich Magda Goebbels mit Emmy Göring und übernahm die Rolle der Gastgeberin bei Hitler-Terminen beispielsweise in der Reichskanzlei. Hitler wurde Hausfreund in der Wohnung am Reichskanzlerplatz genauso wie im Wochenendhaus in Caputh. Magda Goebbels war eine machtbewusste Frau, die eigene Ambitionen verfolgte. Longerich schreibt hinsichtlich der Hochzeit mit Goebbels von der Aussicht, „auf diese Weise dem künftig vielleicht mächtigsten Mann Deutschlands sehr nahe zu kommen und damit eine Stellung einzunehmen, die ihre frühere gesellschaftliche Position als Gattin eines der reichsten Männer des Landes noch überstrahlte."

Rolle als First Lady des Dritten Reichs: Magda Goebbels applaudiert 1943 nach einem Konzert zwischen „Führer" und Propagandaminister.

Sie ist geschminkt, was Hitler ablehnt, trägt bis zum Schluss teure Kleider. Laut *Vossischer Zeitung* vom 6. Juli 1933 sagt sie: „Ich versuche, die deutsche Frau schöner zu machen." Ihr Ansinnen, das Modeamt zu leiten, lehnt ihr Mann ab. 1936 übersiedelt die Familie nach Schwanenwerder in eine „arisierte" Villa. Amann, Hitler und Quandt schießen Geld zur Finanzierung zu. Diverse Dienstboten, vor allem Kinderfrauen, gehören zum Haushalt. Außerdem ein sportlicher Mercedes, ein Motorboot, eine Jacht. Die Lage am Wannsee gehört bis heute zu den besten, die Berlin zu bieten hat. Der von den Goebbels' ausgerichtete Olympiaball auf der nahen Pfaueninsel ist ein außerordentliches gesellschaftliches Ereignis.

Am Tag der Machtübernahme ist Magda Goebbels im Krankenhaus, wird tags darauf entlassen. Zwischen 1932 und 1940 bekommt sie sechs Kinder. Der Sohn aus erster Ehe, Harald, gehört nach Querelen mit Vater Quandt zur Familie. Goebbels schätzt diesen Sohn mehr als seinen eigenen, weil Helmut zu „lieb, vertraulich und träumerisch" sei. Magda Goebbels hatte sieben eigene Kinder, drei Fehlgeburten sind bekannt, mindestens zehn Schwangerschaften waren es in 19 Jahren. Bemerkenswert ist, dass die Goebbels-Kinder keine parteipolitische Schulung bekamen. Die Mutter war 1938 die erste Trägerin des von Hitler gestifteten Ehrenkreuzes der Deutschen Mutter. Am ersten Muttertag nach der Machtübernahme, dem 14. Mai 1933, sprach sie im Radio über „Die deutsche Mutter". Die Ehe ist die 15 Jahre ihres Bestehens über krisenreich. Hitler zwingt das Paar im Oktober 1938 in seine Rollen zurück, als Goebbels ein Dreiecksverhältnis mit seiner Frau und der tschechischen Schauspielerin Lída Baarová anstrebt. Hitler passt die Scheidung seines Propagandaministers und der prominenten Mutterkreuzträgerin nicht ins Kalkül. Die Versöhnung wird öffentlichkeitswirksam mit Fotos auf dem Berghof dokumentiert.

Ihre Eleganz steht in Widerspruch zur angeblich auf Haus und Familienarbeit beschränkten Hausfrau und Mutter. Genau so ist Magda Goebbels als nationalsozialistische Vorzeigemutter einer Vorzeigefamilie in den Filmen zu sehen, die regelmäßig für die *Wochenschau* im Kino gedreht werden. Im Jahr 1942 waren es insgesamt 42 Beiträge. Die inszenierten Bildfolgen zeigen, wie intensiv das Regime sich der Bildsprache bediente. Fernsehgerecht waren diese Bilder bereits. Das Ständchen der sechs Kinder zum 45. Geburtstag ihres Vaters wird propagandistisch als Urbild des NS-Familienglücks gezeigt. Magda Goebbels scheut nicht davor zurück, Bilder ihrer Kinder für einen Hetzfilm zuzulassen, in dem die Goebbels-Kinder gegen Bilder von Kindern mit Behinderungen geschnitten sind, die die Ideologie als „lebensunwert" betrachtet.

Als Berlin wegen der Luftangriffe zu gefährlich wird, ziehen Ehefrau und Kinder auf den Waldhof am Bogensee in der Schorfheide, knapp 50 Kilometer vom Zentrum entfernt. Kurzzeitig hatte die Ministergattin sich kriegsverpflichten lassen, war mit der Straßenbahn zu Telefunken zur Arbeit gefahren und hatte von Gästen Lebensmittelmarken verlangt. Als sie mitbekommt, dass andere NS-Größen weiter luxuriös lebten, nahm sie davon wieder Abstand. Das Hitler-Attentat am 20. Juli 1944 erlebt Magda Goebbels im Sanatorium Weißer Hirsch in Dresden, wo ihre rechtsseitige Gesichtslähmung behandelt wird. Als sie mit den Kindern im Januar 1945 nach Schwanenwerder zurückkehrt, begegnen ihnen auf den Straßen Trecks mit flüchtenden Deutschen aus dem Osten. „Ich bleibe mit meinen Mitarbeitern selbstverständlich in Berlin, auch meine Frau und meine Kinder sind hier und bleiben hier", verkündete der Gauleiter Goebbels. Am 1. Februar 1945 erklärt er Berlin zur Festung. Am 22. April 1945 zieht Magda Goebbels mit den sechs Kindern in den Bunker der Reichskanzlei. Wiederholte Angebote, sie und die Kinder von Hanna Reitsch ausfliegen zu lassen, lehnt sie ab. Am 27. April steckt ihr Hitler sein eigenes Goldenes Parteiabzeichen an. Sie ist emotional tief berührt: „Daß wir zusammen das Leben mit ihm beenden können, ist eine Gnade des Schicksals, mit der wir niemals zu rechnen wagten." Am 28. April kündigt sie ihrem Sohn Harald, zu dieser Zeit bereits als Soldat in britischer Gefangenschaft, brieflich den Mord an seinen sechs Stiefgeschwistern an: „Sie sind zu schade für das nach uns kommende Leben, und der gnädige Gott wird mich verstehen, wenn ich ihnen

1942, elf Jahre nach der Hochzeit die NS-Vorzeigefamilie: Magda und Goebbels mit Helga, Hildegard, Helmut, Hedwig, Holdine und Heidrun, oben Harald Quandt in Luftwaffenuniform

selbst die Erlösung gebe." Sie begeht das Verbrechen am 1. Mai 1945. Danach begehen sie und Goebbels Selbstmord.

Magda Goebbels ist eine eigenständige, gebildete, weltläufige und disziplinierte Frau gewesen. Sie hatte sehr früh eine eigene Agenda hinsichtlich ihrer Rolle. Auf dem gesellschaftlichen Parkett wusste sie sich zu bewegen. Augenscheinlich war sie ansprechbar für Ideologien. Eigenständig war auch ihre Entscheidung für den Nationalsozialismus. Als Frau war sie in Bezug auf Männer, Partner, Ehemänner souverän und frei von Konventionen. Unterordnung unter den Mann, wie die Ideologie es forderte, war keineswegs ihre Sache. Sie war, sie gab das Idealbild der nationalsozialistischen Mutter. Magda Goebbels' wirkliches Leben dagegen hatte wenig mit alltäglich geleisteter Erziehungsarbeit zu tun. Der Mord an ihren sechs Kindern ist das Dementi des NS-Mutterbildes, wie es sich in seiner Brutalität schwerlich überzeugender denken lässt.

DIE LUFTWAFFENHELFERIN: Inge – Ingeborg Ursula Elsa Meyer – ist eine Hinterhofgeburt, Berlin-Lichtenberg, Victoriastadt, Neue Bahnhofstraße 32, am 13. März 1925. Der Vater ist Expedient im Vertrieb bei Ullstein, meist in der Nachtschicht, dient sich zum Abteilungsleiter hoch. Die Mutter hatte bei der Eheschließung Telefonistin als Beruf angegeben. Die Eltern sind kleine Angestellte im Berlin der 1920er-Jahre. Inge, wie sie genannt wird, wächst im Kiez um den Bahnhof Stralau-Rummelsburg auf, der seit 1933 Ostkreuz heißt, im Arbeiterbezirk, der damals an der Peripherie der Metropole liegt. Taufe ist am 18. Oktober in der evangelischen Erlöserkirche.

Mit vier Jahren zieht Inge mit den Eltern in einen Neubau nach Friedrichsfelde, eine halbe Stunde Fußweg vom Ostkreuz entfernt. Die Adresse ist Fürst-Bismarck-Straße 19, heute Bietzkestraße, im Weitlingkiez, immer noch Lichtenberg. Die ihr liebe Oma hat eine Laube. Die Mutter schlägt sie, ist überaus reinlich, putzt unentwegt. Das Kind büxt aus zur Oma Meyer. Eingeschult wird Inge Ostern 1931. „Heil Hitler, Frau Lehrerin!", grüßte die Klasse zwei Jahre später, und die Antwort ist: „Nicht für die Schule, für unser deutsches Volk lernen wir!" Ideologie bestimmt den Lehrplan. In Hitlers *Mein Kampf* heißt es, dass Körper und Gesundheit wichtig sind, und: „Planmäßig ist der Lehrstoff so aufzubauen, daß der junge Mensch beim Verlassen seiner Schule nicht ein halber Pazifist, Demokrat oder sonstwas ist, sondern ein ganzer Deutscher." Der werde „nicht mehr frei sein ganzes Leben", aber „glücklich dabei". 1936 ist das Mädchen bei der Kinderlandverschickung in Sankt Peter-Ording,

Nordsee. Gewandert wird mit den Eltern in Bad Schandau, Sächsische Schweiz. Vermutlich ist sie eins von 12 000 Lichtenberger Kindern, die auf dem Reichssportfeld zu den Olympischen Spielen aufmarschieren. 1935 war sie schon umgeschult worden in die neue Mädchen-Mittelschule in der Schlichtallee. Im modernen, offenen, lichtdurchfluteten, mit Blick auf schulische Reformideen konzipierten, noch heute beeindruckenden Schulbau des Architekten Max Taut findet autoritäre Erziehung statt mit „Führerprinzip“, Prügelstrafe, „artgemäßer Mädchenerziehung“, was vor allem Hauswirtschaft meint. Rudi, ihr Freund, ist plötzlich nicht mehr da, sie geht zu ihm nach Hause: „Als sie wieder zu Hause, von der Mutter vor der Flickenkiste der Großmutter überrascht wurde, wie sie einen gelben Stoffrest zerschnitt, zu einem Stern, fragte die Mutter. Nichts, nichts gar nichts ist das, und es geht dich nichts an.“ Das ist eine Prosaskizze aus dem Nachlass, Kindheitserinnerung 1936. In diesem Jahr werden Hitlerjugend und Bund Deutscher Mädel gesetzlich verpflichtend. Im April 1938 zieht ihre Schule um. Die Wehrmacht braucht Gebäude. Schulunterricht wird nachrangig. Inges jeweilige Schulen ziehen immer wieder um. Es gibt Elternprotest im nationalsozialistischen Berlin, der Oberbürgermeister reagiert mit einer deutlichen Anweisung. Mit dem Kriegsbeginn am 1. September 1939 schließen die Schulen. Im Oktober greift der Kriegsstundenplan.

„Den Kindern Erholung, den Vätern Arbeit“: So warb die NSDAP zur Schein-Reichstagswahl mit Einheitsliste am 29. März 1936 – das Mädchen trägt die Uniform des Bundes Deutscher Mädel.

1940 wird Inge 15 Jahre alt. Sie möchte Kinderärztin werden. Es heißt, die schwere Krankheit der Mutter habe das verhindert. An den Universitäten dürfen nur noch zehn Prozent weibliche Studenten sein. Sie macht einen Englischkurs, nimmt Ballettstunden, bekommt Akkordeonunterricht. Im Arbeitsbuch steht, dass sie bis 1942 an der Handelsschule Horst Wessel ist. Neben der Ausbildung zur Stenotypistin macht sie Abitur. Seit Kriegsbeginn 1939 gilt die Arbeitspflicht auch für die „Arbeitsmaiden". Laut Verordnung gilt die Reichsarbeitsdienstpflicht für alle „ledigen, nicht voll berufstätigen Mädchen im Alter von 17–25 Jahren". Besonders Abiturientinnen sollen ein halbes Jahr lang den „Segen der Handarbeit" kennenlernen. Am 1. April 1942 mit dem frischen Abitur wird Inge eingezogen zur Landarbeit in der Steiermark. Das Lager befindet sich in einem Schloss. Sie wird uniformiert, vereidigt auf Hitler, bekommt die Haushalts-Grundausbildung, Fahnenappell, Instruktionen. Inge arbeitet auf dem Hof von Alois Neumann. Die Eltern kommen im Juli zu Besuch. Es gibt Zusammensitzen an den Sommerabenden, die Berlinerin spielt Akkordeon, bekommt gut und kalorienreich zu essen. Seit dem Angriff auf die Sowjetunion im Sommer 1941 ist noch ein weiteres halbes Jahr Dienstzeit dazugekommen, der Kriegs-

Mädchen in der Uniform des Kriegshilfsdienstes: Wie diese jungen Frauen arbeitete die Berlinerin Inge Meyer im Zweiten Weltkrieg in Graz als Schaffnerin.

hilfsdienst. Es gibt dafür eine neue Hakenkreuz-Brosche. Inge wird Straßenbahnschaffnerin in Graz. Dann wird sie als Statistin in der Oper der Stadt beschäftigt. Das ist ihr erster Kontakt zur Bühne. Es ist ihre erste Zeit weg von Zuhause. Sie lernt Eigenständigkeit und nimmt diese Freiheit in Graz wahr.

Im März 1943 ist sie zurück in Berlin. Der Reichsarbeitsdienst ist unerbittlich. Wegen „politischer Unzuverlässigkeit" leistet sie noch ein halbes Pflichtjahr in einem Berliner Offiziershaushalt ab. Am 1. August ordnet Goebbels die Evakuierung von rund 700 000 Frauen, Kindern, Alten an. In diesem Monat beginnt die „Schlacht um Berlin", zuerst aus der Luft. Im November ihre erste Anstellung: Sie wird Stenotypistin in einem Industrieunternehmen, rasch Direktionsassistentin. In diesem Monat allein sterben 4370 Berliner. Über 100 000 Wohnungen sind zerstört. Die Reaktion der Bevölkerung: „Keine Butter in der Dose. Keinen Hintern in der Hose. Auf dem Klo nicht mal Papier. Dennoch Führer – wir folgen Dir!"

Das NS-Frauenbild, das die Frau als Kombattantin ablehnt, schlägt noch durch, als es im September 1944 im Befehl des Oberkommandos der Wehrmacht heißt: „Die Frau nimmt grundsätzlich nicht mit der Schusswaffe am Kampf teil, auch nicht im Fall einer drohenden Gefangennahme." Die Frauen sind im Feld wehrlos, aber uniformiert, für den Feind als Feind identifiziert. Reichsfrauenführerin Scholtz-Klink erklärt: „Die von der Frauenschaft erzogenen und für die Wehrmacht bereitgestellten Frauen sollen nicht nur tippen und arbeiten, sondern auch Soldaten des Führers sein." Am Ende dient eine halbe Million Frauen in der Wehrmacht. Inge bekommt den Gestellungsbefehl als Luftwaffenhelferin am 8. Januar 1945. Sie kennt das schon: Uniform, Vereidigung, Frauenlager, dann Kurzausbildung als Kraftfahrerin. Sie wird jenseits der Oder an der wichtigen Ostbahn nach Königsberg (Preußen) eingesetzt, zwischen Küstrin und Landsberg an der Warthe, das heute Gorzów Wielkopolski heißt. Der Januar ist eiskalt. Die Rote Armee ist im Vormarsch. Zum Monatsende kommt der Marschbefehl über Potsdam nach Werben an der Elbe. Über ein paar weitere Etappen kommt sie zur Flakbatterie 253 nach Brandenburg. Das sind 230 Soldaten, acht Geschütze. Sie steht auch in Heinerdorf nördlich von Berlin am Geschütz. Die Batterie zieht sich im Häuserkampf Richtung Berlin-Mitte zurück. Viele Zivilisten kommen um. Am 23. April 1945 bombardieren deutsche Flugzeuge und beschießt deutsche Artillerie die von der Roten Armee eingenommenen Bezirke Weißensee und Lichtenberg. Ihre Eltern, Else und Hubert Meyer, sterben einen Tag später im Keller ihres

Wohnhauses. Die Tochter erfährt es erst später und sucht die Ruine auf, findet Gegenstände aus dem Haushalt. Diese vier Verse sind das zweite Gedicht im 2002 von Sonja Hilzinger herausgegebenen Band ihrer Texte mit dem Titel *Daß ich nicht ersticke am Leisesein:*

TRÜMMER 45

Da fand ich mich
Und band mich in ein Tuch:
Ein Knochen für Mama
Ein Knochen für Papa
Einen ins Buch.

Zehn Tage dauern die Kämpfe rund ums Gleimviertel. Der Tross ihrer Batterie liegt im Keller des Hauses Schwedter Straße 7. Die Luftwaffenhelferinnen gehen gegen vier Uhr früh raus, um Wasser zu holen. Sie sucht Deckung auf dem Weg. Das beschädigte Haus sackt und bricht über ihr zusammen. Die junge Frau ist gefangen in einem Hohlraum. Sie ist unverletzt in Dunkelheit, Dreck, Staub. Der mit ihr eingeschlossene Hund kommt zu ihr. Nach drei Tagen finden die Kameraden Inge und ziehen die Soldatin heraus. Es ist der 1. oder 2. Mai 1945. Am 2. Mai kapituliert Berlin.

UNTERM SCHUTT II

Und dann fiel auf einmal der Himmel um
Ich lachte und war blind
Und war wieder ein Kind
Im Mutterleib wild und stumm
Mit Armen und Beinen die ungeübt stießen
Und griffen und liefen
Bilder ringsum
Kein Boden kein Dach
Was ist – verschwunden
Ich bin eh ich war.
Ein Atemzug Stunden
Die andern! Ein Augenblick hell wie das Meer

Da klopft einer –
Den Globus her!
Daß ich mich halte
Brücken Land Pole
Millionen Hände brauch ich
Mich trägst Du nicht, Tod, ich mach mich schwer
Bis sie kommen und graben
Bis sie mich haben
Du gehst leer.

„Übriggeblieben zufällig" nennt sie ihr Überleben des Krieges. Sie ist Enttrümmerin, was der Mythos des Nachkriegs „Trümmerfrau" nennt. Sie heiratet, bekommt einen Sohn. Sie heiratet noch einmal, die Ehe wird wieder geschieden. Der Dramatiker Heiner Müller erinnert sich in seinen Memoiren *Krieg ohne Schlacht*, dass er sie beim Kennenlernen als eine „von den oberen Zehntausend" der DDR wahrnahm. Sie hatte sich einen Namen als Kinderbuchautorin und Journalistin gemacht. Beide wollen gemeinsam schreiben. Sie heiraten 1955, seitdem heißt sie Inge Müller. Sie wohnen am Kissingenplatz 12 in Pankow. Am Haus ist eine Tafel, die an beide erinnert. Er ist in der Hitlerjugend, beim Reichsarbeitsdienst und beim Volkssturm gewesen. Heiner Müller fand seine Frau tot auf. Das war am 1. Juni 1966. Inge Müllers Biografin, die Berliner Professorin Ines Geipel, beschreibt die Reaktion der DDR-Führung und die Tatsachen: „Öffentlich ist es ein Tod, intern ein Selbstmord als Protest, von einer ‚Kulturschaffenden', die doch dazu da ist, das Neue Leben im Land zu besingen. Inge Müllers späte Texte sind für solch einen Singsang nicht geeignet."

Hitlers Zusage „nicht mehr frei sein ganzes Leben" haben staatliche Erziehung, Bildung, Verwendung bis 1945 rücksichtslos erzwungen. Das Leben einer 1925 geborenen Berlinerin wie Inge Meyer war unfrei, fremdbestimmt, kollektivistisch. Was unsere Frage nach dem NS-Frauenbild angeht, so hat sich gezeigt, dass das Regime für junge Frauen Haus, Heim, Mann und Kinder vorsah, sie aber in Krieg und Kampf schickte. Auch das hatte Reichsfrauenführerin Scholtz-Klink gerechtfertigt, als die Verhältnisse es forderten, ebenso wie die Industriearbeit in der Rüstung: „Die Frage, ob man diese Arbeit der oder jener Frau zumuten könne, ist heute wohl überholt", sagt die Nationalsozialistin im September 1943.

SCHLUSSBETRACHTUNG

Berlin, Zentrum des Bösen – Metropole der Vernichtung, vernichtetes Monster

Ruinen, Schutt, Trümmer: Das zerstörte Berlin erscheint 1945 unbewohnbar. Die Frau blickt in die Kamera des Sowjet-Kriegsberichterstatters Jewgeni A. Chaldei (1917–1997); das Foto ist digital koloriert.

W**UNDER BERLIN**" – das war das Sehnsuchtsbild, das seine Mutter Marceli Reich eingepflanzt hatte. Der Junge reiste 1929 allein mit der Bahn aus Włocławek, wo zu Hause das *Berliner Tageblatt* gelesen wurde, zu Verwandten in die deutsche Hauptstadt. In Charlottenburg ging der Neunjährige in die Volksschule, später wohnte er in der Güntzelstraße 53, Wilmersdorf, Bayerisches Viertel. Ganz ähnlich wie dieser Junge hatte sich der zehn Jahre alte Alfred Döblin 1888 bei der Ankunft in Berlin gewundert, dass die S-Bahn nach Stralau wieder und wieder am gleichen Bahnhof hielt, weil die Bahnhöfe doch in der Nacht so gleich aussahen. Marceli wunderte sich in der Erwartung des für ihn von einem geheimnisvollen Nimbus umgebenen Berlins: „Angeblich fuhren dort die Züge unter der Erde oder über den Häusern, dort verkehrten, hatte man mir erzählt, Autobusse mit Sitzbänken auf dem Dach, es gab dort Treppen, die sich pausenlos bewegten, so daß man nur auf ihnen zu stehen brauchte, um nach oben oder nach unten zu kommen." Das war die technische Faszination der modernen Metropole Berlin, die bis hinein in die nationalsozialistische Zeit den Reiz dieser Stadt ausmachte; die Ausdehnung der 1930er-Jahre hat die Berliner S-Bahn bis ins 21. Jahrhundert nicht wieder erreicht. Auch die technische, fortschrittliche, zukunftsweisende Faszinationskraft der Vier-Millionen-Metropole der 1920er-Jahre erstarb nicht sofort mit dem Tag der Machtübernahme.

Der jüdische Junge aus Polen lebte bis zu seiner Ausweisung bei der Polenaktion 1938 in dieser Stadt. In seiner Autobiografie *Mein Leben* von 1999 formuliert Marcel Reich-Ranicki seine Grunderfahrung während der Übergangsjahre vom Berlin der „Hauptstadt der 1920er-Jahre" in die nationalsozialistische Zeit und während der ersten Jahre des „Monsters Berlin" nach 1933: „Ich meine die Angst – vor dem deutschen Rohrstock, dem deutschen Konzentrationslager, der deutschen Gaskammer, kurz: vor der deutschen Barbarei." Der 2013 verstorbene Kritiker ist berufener Zeitzeuge für das Berlin dieser Jahre. Denn er erlebte neben der „Barbarei" gleichzeitig mit wachem Auge das ersehnte „Wunder Berlin". Das war der „Bann der deutschen Literatur, der deutschen Musik", in den er in diesem Berlin geriet: „Zu der Angst kam also das Glück hinzu – zur Angst vor dem Deutschen das Glück, das ich dem Deutschen verdankte." Marcel Reich, wie er sich dann nannte, wünscht sich im Warschauer Ghetto unbedingt *Doktor Erich Kästners Lyrische Hausapotheke* von 1936. Seine Frau Teofila, die er im Ghetto heiraten wird, überrascht ihn an seinem 21. Geburtstag am 2. Juni 1941 mit einem von ihr abgeschriebenen und illustrierten Exemplar aus gehefteten Blättern. Über die Verse „Was immer auch geschieht,/nie sollt ihr so tief sinken,/von dem Kakao, durch den man euch zieht,/auch noch zu trinken!" erschrak das junge, lesende Paar, das im Hintergrund „deutsche Schüsse" und „jüdische Schreie" hörte. Kästners scheinbar belangloses, zur Unterhaltungsliteratur zu zählendes Büchlein erinnerte ihn „an den Geist und das Klima jener Kultur der Weimarer Republik, die mich [...] fasziniert und beglückt hatte – in den letzten Jahren vor Hitler, obwohl ich noch ein Kind war, und in den ersten Jahren nach dem Zusammenbruch, da ich mich von den Büchern und Schallplatten, den Zeitschriften und Programmheften aus den zwanziger Jahren nicht losreißen konnte." Reich-Ranicki meint Gustaf Gründgens, Heinz Hilpert, Jürgen Fehling, erwähnt den bis 1937 an der Staatsoper tätigen jüdischen Dirigenten Leo Blech, indem er feststellt: „In den führenden Berliner Theatern dominierte nach wie vor der Geist der zwanziger Jahre." Da die NS-Autoren „erbärmlich schlechte Stücke liefern", werden die Klassiker aller Epochen gespielt. Reich-Ranicki hat sie fast alle gesehen, auch den Nobelpreisträger Gerhart Hauptmann neben Göring beim Hitler-Gruß.

„In der Asphaltstadt bin ich daheim", hatte Bert Brecht 1922 über sich und Berlin gedichtet, und Reich-Ranicki weiß, dass große Literatur erst in großen Städten groß wird. Er meint den Begriff positiv, wenn er über den großen Theatermann des Berlins der NS-Zeit schreibt: „In Gründgens sah ich den typischen Repräsentanten der Kultur der zwanziger Jahre, eben der ‚Asphaltkultur'. Er blieb ihr im ‚Dritten Reich' treu." Reich-Ranicki hat seinen *Mephisto* gesehen damals, und er nennt Gründgens den „Antityp der Zeit", denn: „Nicht Blut und Boden verkörperte er, wohl aber das Morbide und Anrüchige, das Zwielichtige. Nicht die Helden spielte er und auch nicht die Gläubigen, sondern die Gebrochenen und die Degenerierten, die Schillernden." Er habe keineswegs das „andere Deutschland" gesucht auf den Bühnen, in den Konzertsälen im nationalsozialistischen Berlin, so Reich-Ranicki. „Aber von einer feindlichen, frostigen

Welt umgeben, sehnte ich mich, bewußt und unbewußt, nach einer Gegenwelt. Und ich fand eine deutsche Gegenwelt.“ Obwohl auf den Programmheften der Staatstheater Berlin das Hakenkreuz gedruckt war, „hatten wir es damals mit einer wahren Blütezeit der deutschen Bühnenkunst zu tun.“ Das alles, das ist klar, ihm und uns, Reich-Ranicki bringt es glasklar zum Ausdruck, machte die Diktatur keinen Deut besser. „Denn die Aufführungen in den Berliner Opernhäusern, im Schauspielhaus am Gendarmenmarkt und in einigen anderen Theatern sowie die Konzerte, zumal die der Berliner Philharmoniker mit Wilhelm Furtwängler an der Spitze, vermochten die Tyrannei nicht zu mindern. Aber sie haben das Leben vieler Menschen erträglicher, ja sogar schöner gemacht – und eben auch mein Leben.“ Für den „halbwüchsigen Juden“, so Reich-Ranicki über die Wirkung des Kulturlebens dieses Berlins, sei dies „Beistand und Zuflucht“ gewesen: „Nicht obwohl, sondern weil Barbaren in Deutschland herrschten, benötigte ich dringend ein Asyl.“ Dieser Verschränkung im Verhältnis von großer Kunst und unerbittlicher Diktatur entspricht die Ambivalenz des großen Künstlers in dieser Zeit. Zur Intendantenrolle Gründgens’ stellt der Kritiker fest: „Es gelang ihm, in verhältnismäßig kurzer Zeit, aus dem Haus am Gendarmenmarkt Deutschlands bestes Theater zu machen. Damit hat er – das kann man gar nicht bezweifeln – dem Staat Adolf Hitlers gedient. Aber er hat zugleich (und auch das ist sicher) jenen gedient, die an der Herrschaft der Nationalsozialis-

Kulturstätte der NS-Organisation „Kraft durch Freude“: Hans Poelzig hatte das Theater 1918/19 zu Max Reinhardts Großem Schauspielhaus umgebaut. 1934 wurde es in „Theater des Volkes“ umgetauft, heute steht hier der neue Friedrichstadtpalast.

ten litten und mitten im ‚Dritten Reich' Trost und Hilfe suchten – im Theater, zumal bei den Klassikern."

In der Betrachtung der Erzählungen aus der Kulturgeschichte des „Monsters Berlin" ist dieses „Zugleich" ein wichtiges Moment. Einerseits war da der permanente Terror des Regimes, mit dem jeder Berliner konfrontiert war, vielleicht unter Absehung von den Staatskünstlern und Systemträgern, aber selbst die konnten sich, siehe Röhm, nicht so ganz sicher sein, und mancher von ihnen wird einiges von dem zu verdrängen gehabt haben, was er sich vergebens mühte zu übersehen. Andererseits war da großes künstlerisches Schaffen, das sich freilich nicht im beziehungslosen Nebeneinander vollziehen konnte, sondern das mit der Realität der nationalsozialistischen Diktatur immer enger verwoben wurde. Dieser ständige Konflikt war ein Element von Unfreiheit, Obsession, Angst.

Solche wie Johst, Breker, Speer, als oberster Architekt Berlins, Riefenstahl, die große Zahl dilettierender Künstler, die ihr Geschäft mit Ideologietreue und nicht mit Qualität machten, trugen die Tyrannei

Erfolg und Reichtum: Leni Riefenstahl baute sich 1935/36 in Schmargendorf diese Villa in alpenländischem Stil, Hitler und Goebbels waren Gäste. Das Grundstück gehörte zum enteigneten Wertheim-Konzern.

mit, waren fasziniert, angezogen, verpflichtet. Bei den meisten lässt sich beobachten, wie sie vor 1933 teilhatten an dem Aufbruch der 1920er-Jahre, Johst am Expressionismus, aber wie sie dann ganz rasch ihr Herkommen, dem sie ihr künstlerisches Können verdanken, fast von einem auf den nächsten Tag verleugnen. Sie besonders verleugnen allesamt die jüdischen Freunde, Bekannten, Kollegen, von einem Tag auf den anderen. Sie sind oft die, die noch am Anfang von Karrieren stehen, die diesen Anfang noch nicht gefunden haben, aber dann den Anfang mit den Nationalsozialisten machen. Riefenstahl macht im Dritten Reich schon wieder einen neuen Anfang, wie sie vorher und nachher immer wieder Anfänge macht. Sie alle schildern ihre Berufungserlebnisse mit Hitler, der diese kurzen Sätze gesagt haben soll, in denen ihnen die große Zukunft mit großen Vorhaben und großen Mitteln versprochen wird, diese Sätze „Wenn wir an die Macht kommen, müssen Sie meine Filme machen“ oder „Von jetzt an machen Sie den Entwurf“ oder „Junger Mann, ab heute arbeiten Sie nur noch für mich“. Der „Führer“ ist gnadenlos im Erkennen der Verführbarkeit dieser jungen Leute durch das Gewähren von Chancen, Perspektiven, Zukunft. Sie haben alle in verschiedenen Graden teil an den Verbrechen, sie lassen sich benutzen. Sie haben ihre eigenen Firmen. Speer, Breker, Riefenstahl arbeiten auf eigene Rechnung, werden reich, Villen, Luxus, gern auch noch im Elend des Krieges. Nicht, dass diese Privilegierten, Vorzeigekünstler, bis auf Riefenstahl in der Partei, nichts gekonnt hätten. Solche gab es auch und zur Genüge. Und sie gestalten Berlin in der nationalsozialistischen Zeit mit. Sie bestimmen, was und wie gebaut wird, was also abgerissen und zerstört wird, wie diese Bauten ausstaffiert werden, wie die Ideologie zur Anschauung gebracht wird, was auf den Bühnen besonders jenseits der großen privilegierten Häuser gespielt wird, wie das Regime auf den Berliner Kinoleinwänden, übrigens auch draußen in der Welt, in der freien Welt, gut zur Geltung kommt. Andere dieses Typus entscheiden mit, was die Berliner lesen dürfen in Büchern und in Zeitungen und was nicht.

Dann die Gründgens, Furtwängler und andere Theatergrößen wie Fehling, die sich einlassen, die ihre Kunst ausüben wollen, die das schließen, was spielerisch, übertreibend, verharmlosend „Pakt mit dem Teufel“ genannt wird. Diesen Pakt symbolisiert Gründgens auf der Bühne in doppelter Doppelbödigkeit, nämlich als der, der er als Person ist, und in der ihrerseits doppelbödigen Rolle des Mephistopheles. Im Untergrund der Bedeutungen, in Görings Schutz von Intendantenposition und in Goethes Klassiker-Unantastbarkeit gesprochen, ist es vom Publikum des nationalsozialistischen Berlins schwerlich nicht auf die Teufel der Gegenwart zu beziehen, wenn er ganz werkgetreu und Wort für Wort sich so vorstellt auf Fausts Anfrage, wer er denn sei:

MEPHISTOPHELES: *Ich bin der Geist, der stets verneint!*
Und das mit Recht; denn alles, was entsteht,
Ist wert, daß es zugrunde geht;
Drum besser wär's, daß nichts entstünde,
So ist denn alles, was ihr Sünde,
Zerstörung, kurz das Böse nennt,
Mein eigentliches Element.

Bei denen, die mit dem Bösen paktieren, ist innerer Widerspruch, Konflikt, Angst. Was hätten diese Menschen zu leisten vermocht, hätten sie diese unterdrückerischen Bedingungen nicht gehabt, sondern Freiheit? Vor 1933 hatten sie genau das schon bewiesen, nach 1945 versuchten sie es mindestens von Neuem. Sie haben gezahlt mit Unterwerfung unter die Forderungen der Goebbels, Göring, Hitler. „Inseln" halbwegs nonkonformer Regeln sind die Häuser so geworden, wo der „Deutsche Gruß" verpönt ist, wo Schutz möglich war, wir denken an die jüdischen Partner von „Mischehen", auch an nicht heterosexuelle Orientierungen, kommunistische Lebensstationen. Da ging es nicht um Spiel, da ging es um Leben und Tod, wir denken an den Theatermann Hans Otto. Nein, mit klarer Kante, Strichziehen, Schwarz-Weiß hat das alles nichts zu tun. Das sind die Töne des Grau, oft genug in dieser Epoche durchzogen vom Rot menschlichen Blutes. Um Überleben ging es am Ende immer wieder. Johst-Stücke spielen zu lassen, solche Stoffe selber zu inszenieren, am „Tag von Potsdam" zu dirigieren, das sind hohe Preise, die da im nationalsozialistischen Berlin gezahlt worden sind, von Moral, Schuld, Mitschuld nicht zu reden. Es sei denn, man verurteile von vornherein jegliche Berührung mit der mörderischen Diktatur. Das wäre der leichteste Weg, der zugleich am wenigsten aufklärerisch wäre. Sie haben teilgehabt am Wohlsein der bevorzugten Kulturelite des Dritten Reichs, eine „arisierte" Villa vor den Toren der Stadt, gutes Gehalt, hohe Honorare, Reisen in alle Welt und Tun-Dürfen, wozu man sich künstlerisch berufen sieht. Das war dem normalen Berliner „Volksgenossen" alles nicht gegeben. Sie sorgen in der Vorstellung nicht bloß für Augenblicke der Flucht, für Asyl und Trost für das Berliner Publikum in seinem zunehmend schwer erträglichen, brutalen, lebensgefährlichen Alltag, sondern sie betäuben. Das nutzt dem Regime. Aber sie bewahren zugleich einen Kern großer Kunst in und aus Berlin, der doch wieder nach innen und außen ausstrahlt, wirbt, dabei verharmlost, wie das Dritte Reich in seiner zerstörerischen Qualität wirklich ist. Und die Berliner kamen in die Konzerte, die Vorstellungen waren voll, und es gibt diese Situationen, wo dieses Publikum in seiner Anonymität an richtigen Stellen falsch klatscht, gerade wenn die Obersten in ihren Logen sitzen. Das bleibt so bis zum Schluss, als Gründgens mit den Schauspielern, die nicht bei der Wehrmacht oder in der Rüstung waren, nach der Schließung der Häuser am 1. September 1944 improvisierte Lesungen auf Stühlen sitzend auf der leeren Bühne abhielt, die ausverkauft waren, bis sie wegen Erfolgs verboten wurden.

Dann die anscheinend besonders zahlreichen, wichtigen Berliner Architekten auch der Avantgarde vor 1933, die sich einlassen wollten, ohne dass ihnen das als bloßes Ausprobieren gutzuschreiben wäre, denn wie wohl auch ein Hofer, vor allem ein Benn, die wollten ja mitmachen, wenn auch zu selbst gestellten Bedingungen, was sich als Fehlkalkulation erwies. Emil Nolde war kein Berliner, aber war sogar in der NSDAP und wurde doch ein „entarteter" Maler. Das braucht nicht naiv gewesen zu sein, denn das Regime changierte anfangs chamäleonhaft, weil es nicht wusste, ob es vielleicht doch diese Moderne seinen Zielen gefügig machen wollte, bevor sich die altertümelnde völkisch-künstlerische Linie vor allem Rosenbergs durchsetzte, und zwar überall und mit Macht, Ausgrenzung, Terror. Das scheint nach Olympia, nach 1936, im Zugehen auf den Krieg endgültig ausgemacht zu sein. Naiv war das auch deshalb nicht, weil es die Beispiele aus Italien gab, die in Berlin ganz und gar nicht unbekannt waren. Der italienische Dirigent mit Weltkarriere, manchmal auch in Berlin tätig, Arturo Toscanini, Furtwängler kannte ihn, war Mittuender des frühen italienischen Faschismus, bewarb sich 1919 für die Fasci di combattimento um ein Parlamentsmandat, lehnte erst 1922 ab, nach dem Konzert das faschistische *Horst-Wessel-Lied*, die *Giovinezza*, Jugend bedeutet der Hymnentitel, zu spielen und ging 1937 in die USA. Der Vater des Futurismus, Filippo Tommaso Marinetti, der in seiner vorfaschistischen Zeit in Berlin nicht nur einen Alfred Döblin künstlerisch beeindruckte, hatte eine noch viel weiter gehende Nähe zu Benito Mussolini als der Dirigent. Das macht das Einlassen-Wollen nicht sympathischer, aber es lässt vorsichtiger sein, aus dem Wissen um das grausame Ende leichtfertig zu urteilen, statt sich selber gedanklich einzulassen auf die Situation der Zeit.

Dann sind da die, die in Berlin bleiben, die nicht emigrieren wollen oder können, die in ihren jeweiligen Graden nicht dazugehören wollen, aber in steter Kompromisssuche sich stückweise fügen müssen. Ein Fallada ist ein bedrückender Fall, muss er sich in seiner Angreifbarkeit als Suchtkranker, Labiler, Unausgeglichener der Zunei-

Scheinbares Idyll von Innerer Emigration und Berlin-Flucht: Hans Fallada im Sommer 1939 mit seiner Frau Suse Ditzen und den Kindern Uli („Murkel") und Lore („Mücke") im mecklenburgischen Carwitz

gung und der Indienstnahme nationalsozialistischer Werber erwehren, was ihm oft misslingt. Ein Kästner, der nie dazugehört hat, den das Regime nur insgeheim anstellt, bis das Hitler herausbekommt, weil er es ebenso wie Fallada eben besser kann. Beide kennen auch das Geschäft, das Regime lässt es der Valuta wegen zu, denn draußen verkaufen sich die drinnen verbotenen Bücher zeitweise blendend, genauso die „entartete“ Kunst, bei der Kunsthandel und Kunstraub ununterscheidbar werden. Die Autoren bleiben subversive Vertreter der vormaligen großen Literaturmetropole Berlin der Zeit vor 1933 in der Welt und sind zeitweise nicht einmal arme Leute, aber das ist kein Ausgleich für ihre verlorene künstlerische Freiheit. Sie sind beide Schriftsteller von Weltrang. Fallada verdanken wir mit *Jeder stirbt für sich allein* den großen Berlin-Roman der NS-Zeit, der erstmals von Widerstand und vorrangig von der Lebenswelt der Berliner „Volksgenossen“ der Kriegszeit erzählt. Beide bewahren den Rang von Kulturnation, Kulturmetropole mindestens als Zeichen. Bleibende sind auch die Benn und Hofer nach dem gescheiterten Anbiedern, und Benn lädt zum Stammtisch ins Pschorr Friedrichstraße, wo Hofer, Sintenis, Weiß und manch anderer zusammensitzen in Berlin. Sie arbeiten alle mühsam, beschränkt, unfrei, die Schreiber bleiben zu Hause wirkungslos. Mag sogar sein, dass manche Titel noch zu kaufen sind, aber sie dürfen nicht schreiben, was sie zu sagen haben. Sie überleben mit Unterhaltungsliteratur. Kästner muss sich im Pseudonym verleugnen. Hofer ebenso wie Sintenis können verkaufen, vor allem ins Ausland, das bringt dem einen anscheinend mehr, der anderen viel weniger. Sintenis ist noch dazu die „Halbjüdin“ in „Mischehe“, deren Überleben erst recht nach dem Tod ihres Mannes noch weit gefährdeter ist. Hofer seinerseits ist der „arische“ Teil solcher „Mischehe“, der sich seiner jüdischen Frau anscheinend herzlos, rücksichtslos, selbstbezogen entledigt und sie Verfolgung, Verschleppung, Vernichtung überantwortet. Er beschweigt das alles, wie ohnehin viele nach dieser Zeit vieles mindestens verschweigen, während andere nach 1945 zu ihrem jetzt uneingestandenen, aber ihnen bis heute anhängenden Lebensthema Entnazifizierung immer wieder verdrehen, verzerren, verbergen. Merkpunkt ist, dass Hofers erste Frau Mathilde Scheinberger ebenso wie Renée Sintenis zum wirklichen Bewusstwerden ihres Jüdischseins erst in der beginnenden Verfolgung kamen. Im Weimarer Berlin hatte das keine Rolle spielen müssen, weil sie sich frei fühlten. Sintenis’ wie Hofers Schaffen bleibt wie einiges vom Schreiben Falladas und Kästners im Geheimen der deutschen Öffentlichkeit verborgen, kommt erst nach 1945 ans Licht und gibt uns Bilder vom Erleben der Zeit im nationalsozialistischen Berlin. Auffällig und deswegen zu vermerken ist, dass die systemfernen Künstler, die in Berlin bleiben, allermeist Kunst um der Kunst willen zu betreiben scheinen. Sintenis' Tiere wirken harmlos, nett, niedlich, wobei sie es im zweiten Hinsehen, im Kontext der Situation, der Werke der bildhauerischen Staatskünstler, beileibe nicht immer sind. Selbst Grosz in der Emigration ist in der Verzweiflung phasenweise zur puren Virtuosität gelangt, verweigerte das Satirische, Politische. Furtwängler, Gründgens betreiben reproduktive Kunst, flüchten in die klassischen Komponisten, die Klassiker. Unpolitisch ist es nicht, vielmehr agitatorisch, wenn in Jürgen Fehlings Inszenierung von Shakespeares 1592 entstandenem *Richard III.* mit dem größten Schauspieler dieser Jahre, Werner Krauß, der den König gibt, der Kanzellist in August Wilhelm Schlegels schon ihrerseits klassischer Übersetzung solche Verse ins Publikum des Staatstheaters schreit:

Das ist eine schöne Welt! – Wer ist so blöde
Und sieht nicht diesen greiflichen Betrug?
Und wer so kühn und sagt, daß er ihn sieht?
Schlimm ist diese Welt, sie muß zugrunde geh'n
Wenn man muß schweigend solche Ränke seh'n.

Die Moderne ist stigmatisiert, in allen Künsten als „entartet" diffamiert. Vorwürfe aus dem Exil, unpolitisch zu sein, richten sich an die Gebliebenen. Wirklich und offen politische Künstler konnten in Berlin zwischen 1933 und 1945 nur die NS-treuen Kunstschaffenden sein, und sie sind es gewesen, mit aller Macht.

Dann ist da das Berlin, das ins Ausland geht, das fliehen muss, weil es jüdisch ist wie Theodor Wolff, weil es links ist, es genügt schon, wenn es wie Wolff auch nur linksliberal ist, weil es sich auf keinen Fall ein Leben unter den Nationalsozialisten vorstellen kann oder auch nur will. George Grosz' Geschichte ebenso wie die von Bertolt Brecht und Lion Feuchtwanger zeigen die existenziellen Sorgen, denen sie nicht entkommen, indem sie dem Regime entkommen sind. Und sie entkommen diesem Berlin nicht, weil ihre Bindungen bleiben, wie es Feuchtwanger im dritten Band seiner *Wartesaal-Trilogie* von 1940 unter dem Titel *Exil* erzählt oder Klaus Mann 1939 in *Der Vulkan*. Beide Werke geben Fingerzeige, wie sehr unter den Emigrierten die Sehnsucht nach dem verlorenen Berlin der Republik grassierte, beredet, gelebt wurde. Das Regime verfolgt von der Reichshauptstadt aus die Emigranten, macht ihnen das Leben schwer, wie es nur geht, quält auch sie jenseits der Grenzen des Deutschen Reichs, wie es das mit denen drinnen noch weit schlimmer tut. Die Existenz im Ausland bleibt gefährlich und unsicher wie im Fall Theodor Wolffs, oft wirtschaftlich prekär, aber manchmal auch wohlhabend wie im Fall Feuchtwanger. Der Berliner Grosz leidet gesundheitlich ebenso wie der ohnehin körperlich schwächliche Wahl-Berliner Feuchtwanger. Dennoch bewerkstelligt er in einem guten halben Jahr nach der Machtübernahme mit *Die Geschwister Oppermann* die Abfassung des großen Berlin-Romans der beginnenden NS-Zeit, der in ähnlich bedrückender atmosphärischer Dichte wie Fallada die Stadt aus der Perspektive einer jüdischen Berliner Familie abbildet. Leitfigur der deutschen Emigration ist der früher in München lebende Thomas Mann, ohne dessen Erwähnung eine Kulturgeschichte Berlins der nationalsozialistischen Zeit nicht erzählt werden kann. Sein Sohn Klaus, der anders als sein Vater zumindest eine Zeit lang in Berlin gelebt und gearbeitet hat, ist einer der frühen Protagonisten der Auseinandersetzung von denen draußen mit denen drinnen. Er greift einen Benn, einen Grosz, vor allem den ehemaligen Schwager Gründgens mit dem Theaterroman der Berliner NS-Zeit *Mephisto*, dem *Roman einer Karriere* von 1936, mit scharfer Feder an. Dieses Buch steht exemplarisch für den schwierigen Versuch, den Nationalsozialismus literarisch mit satirischen Mitteln zu verarbeiten. Daran scheiterte auch Brecht mit dem 1941 verfassten, aber erst posthum veröffentlichten Stück *Der aufhaltsame Aufstieg des Arturo Ui*. Vielleicht hat Feuchtwanger tatsächlich die Idee zu dem überzeugen-

Bedeutendster Schauspieler der Epoche: Werner Krauß (1884–1959) in der Hauptrolle in Shakespeares *Richard III.* in Jürgen Fehlings (1885–1968) Inszenierung im Schauspielhaus

den cineastischen Gegenbeispiel *Der große Diktator* von 1940 geliefert, in dem Charlie Chaplin Hitler als *Anton Hynkel* parodiert, was an den SS-Kulturfunktionär Hans Hinkel denken lässt. Feuchtwanger hat in seinem Tagebuch am 11. Januar 1933 in der Filmmetropole Los Angeles notiert: „Chaplin ist hingerissen von meinen Ideen über einen Hitlerfilm." Eine Grundbeobachtung bei den Berliner Kulturleuten der nationalsozialistischen Zeit ist festzuhalten, nämlich dass die meisten von ihnen leidende Menschen gewesen sind, egal ob sie nun in Berlin waren, nur in seiner Nähe wie Fallada in Carwitz oder in der Ferne, jeder trägt seine Verwundungen, Verletzungen, Verbiegungen mit sich nach 1945. Diese oft traumatische Vergangenheit vergeht nicht, von der Erfahrung von Krieg, Luftangriffen, Todesangst, erst recht dem Verlust von allem Besitz, Werk, liebsten Gegenständen nicht zu reden. Die Preisgabe der persönlichen Dinge erleben aus der physischen Sicherheit des Auslands auch Emigranten, die vom Wüten der SA in Berlin erfahren. Wir denken an Feuchtwangers Sorge um sein Haus, seine Bibliothek, den Schmerz Grosz', aber auch Hofers wegen der Zerstörung ihrer Bilder.

Berlin in der Emigration ist verstreut über den Erdball. Paris und am Anfang Sanary-sur-Mer, London, New York und Los Angeles, Prag und Moskau, wo Johannes R. Becher und Erich Weinert leben, sind einige der Zentren. Da versammeln sich Fragmente des früheren, untergegangenen Berlins, das jetzt beraubt ist um so viele unverzichtbare Elemente seiner kulturellen und politischen, auch wissenschaftlichen Substanz, denken wir an Einstein. Die Ausbürgerungslisten des nationalsozialistischen Deutschlands sprechen davon Bände. Die Auseinandersetzung zwischen den Emigranten und denen in der sogenannten „Inneren Emigration" diskutiert auch die Problematik, wer von wo mehr, besser, aussichtsreicher gegen die Nationalsozialisten vorgehen kann, wer von wo wem besser helfen kann, wer von wo wen besser retten kann. Wir sind dem vom kommunistischen Berliner Verleger Willi Münzenberg in etlichen Sprachen von Paris aus verbreiteten *Braunbuch* begegnet, Feuchtwangers englischem Projekt eines Propagandafilms, aus dem der Roman wurde, Brechts *Ui*, der sich wie die *Geschwister* ans Publikum der alliierten Länder wendete, Fraenkels *Doppelstaat*, der vor den Augen der Amerikaner der Diktatur die rechtsstaatliche Maske vom Tyrannenantlitz reißen sollte, der Radiopropaganda aus Moskau und London, allen voran der Berlinischen BBC-Figur *Frau Wernicke*, aber auch den Ansprachen Thomas Manns. Die Einschaltquoten dürften bei den Berlinern beachtlich gewesen sein. Jedenfalls war das eines der wichtigen Instrumente, über

Lion Feuchtwanger hatte mit ihm am 11. Januar 1933 über einen Hitler-Film gesprochen: *Der große Diktator* aus dem Jahr 1940 mit Charlie Chaplin als Anton Hynkel wird ein Erfolg.

die die Emigration sich an die Menschen der Reichshauptstadt wenden konnte. Das bindet in Berlin wenigstens die Kräfte der Gegenpropaganda, stiftet Unruhe, vieles macht den Berlinern Mut, Hoffnung, informiert sie aus anderer Quelle. Wenigstens um Bescheid zu wissen, haben viele das Risiko auf sich genommen.

Allein schon die Sprache. Als Maler hat George Grosz vielleicht am wenigsten die deutsche Sprache als künstlerisches Problem. Er schreibt ein witziges, berlinisches, brockendurchsetztes Angloamericano-Deutsch. Feuchtwanger ohne deutsche Umwelt hat es schwer. Darum hängen die Emigranten, von denen sich viele aus Berlin kennen oder die zumindest Berlin kennen, alle beieinander im Exil, erst in Sanary, dann in den USA. Feuchtwanger, Brecht, Thomas Mann, Klaus Mann, alle plagen sich mit dem Übersetzen und den Übersetzern. Wessen Ton, Stein, Metall, Farbe als Arbeitsmaterial deutsche Sprache ist, der kann schwer ohne sie arbeiten. Furtwänglers Sprache ist Musik. Er hat den Dirigentenstab. Er redete beim Proben ohnehin nur karg. Sein Französisch war brauchbar. Das Englisch nicht so. Furtwänglers Überzeugungen, auch die Karl

Weltpremiere der deutschen Filmfassung am 14. Dezember 1961 in Berlin, Berater war Erich Maria Remarque: Maximilian Schell (l.) und Montgomery Clift in *Das Urteil von Nürnberg*

Hofers, waren kulturnational und ähnelten dem vordemokratischen Thomas Mann ebenso wie dem republikanisch gewendeten, obwohl sich Schriftsteller und Dirigent bei möglichen, zufälligen, ungewollten Begegnungen im Ausland aus dem Weg gingen; Mann war recht gut im Leute-Übersehen. Den 2014 verstorbenen Schauspieler Maximilian Schell nahmen seine Eltern 1938 als Kind beim Emigrieren mit von Wien nach Zürich, und er bekam 1962 den Oscar für sein fulminantes Spiel in *Das Urteil von Nürnberg*, in dem die Berliner US-Emigrantin Marlene Dietrich mitwirkte. Schell schreibt in seinen Erinnerungen von 2012 darüber, dass Gründgens, mit dem er nach 1945 Theater machte, kein Englisch konnte: „Ich konnte ja nicht weg aus Deutschland, während des Dritten Reiches. Ich kann nur eine Sprache – Deutsch – und was sollte ich ohne Sprache – – –?" Schell erklärt, man müsse sich Gründgens als „Menschen ohne Alternative" vorstellen: „Er war deutsch, er sprach nur Deutsch, er verstand nur Deutsch – er war ein Kind dieser Kultur und wusste, dass er in einer anderen Sprache, in einer anderen Kultur, in der Fremde, künstlerisch nicht überlebensfähig war. Er konnte nur in Deutschland bleiben und die Finsternis der Zeit durchstehen. Das hat er mit so viel Anstand getan, wie es einem Menschen in seiner Situation möglich war." Deshalb machte Gründgens in Berlin Theater, und es war großes Theater. Trotz allem. Ebenso wie Furtwängler mit seiner Musik große Kunst betrieb. Breker dagegen machte in der simpelsten aller Bedeutungen, in Maßen und Gewichten, große Kunst. Trotz seines an Ansehen reichen Nachlebens hätte er vermutlich ohne den Nationalsozialismus niemals solch einen, wenn auch nur kurzlebigen und trügerischen, künstlerischen Höhenflug erlebt. Ein Johst wäre wohl auf einem freien Markt der Literatur und Dramatik allenfalls an die untere Grenze des Mittelmaßes gestoßen wie diese vielen nach oben gespülten Literaten, deren fehlende künstlerische Potenz der zuständige Minister Goebbels, ausnahmsweise ehrlich mit sich, seinem Tagebuch anvertraut. Riefenstahl dagegen sind in ihrem noch langen Leben so oft Neuanfänge gelungen, dass es verblüfft und bedrückt in einem.

Dieses Berlin der nationalsozialistischen Zeit, in dem die lebten, die geblieben waren, machte dagegen im alltäglichen Leben jedenfalls vor dem Krieg den Eindruck des gewohnten Berlins der 1920er-Jahre, und das nicht nur zu den Olympischen Spielen 1936. Das bezeugt der als Raimund Pretzel in Moabit geborene Berliner, der wie Horst Wessel das Königsstädtische Gymnasium in der Nähe des Alexanderplatzes besucht hatte und der unter seinem Emigrantenpseudonym als Sebastian Haffner einer der wichtigsten Publizisten der westdeutschen Nachkriegszeit werden sollte. In seinen 1939 begonnenen, damals nicht vollendeten und erst 2000 posthum veröffentlichten Jugenderinnerungen *Geschichte eines Deutschen. Die Erinnerungen 1914–1933* stellt er fest:

Es ist typisch wenigstens für die ersten Jahre der Nazizeit, daß die ganze Façade des normalen Lebens kaum verändert stehen blieb: volle Kinos, Theater, Cafés, tanzende Paare in den Gärten und Dielen, Spaziergänger harmlos flanierend auf den Straßen, junge Leute glücklich ausgestreckt auf den Badestränden. Die Nazis haben das auch in ihrer Propaganda weidlich ausgenutzt: ‚Kommt und seht unser normales, ruhiges, fröhliches Land. Kommt und seht, wie gut es sogar die Juden noch bei uns haben.' Den geheimen Zug von Wahnsinn, von Angst und Spannung, von ‚heute ist heut' und Totentanzstimmung konnte man freilich nicht sehen – so wenig man es dem Bilde des prächtigen, sieghaft lächelnden jungen Mannes, das heute noch auf den Berliner Untergrundbahnhöfen mit der Unterschrift ‚Gut rasiert – gut gelaunt' Reklame für eine Rasierklinge macht, ansehen kann, daß ebendiesem jungen Mann, den es darstellt, bereits vor vier Jahren wegen Hochverrats oder was man heute so nennt im Hof des Plötzenseer Gefängnisses der Kopf vom Rumpfe rasiert worden ist.

Aus der Entfernung vieler Jahrzehnte könnte man nur auf den ersten Blick meinen, die 1920er-Jahre seien einfach weitergegangen, nur die Mode und die Karosserien der Automobile hätten sich geändert. Im Stadtbild der totalitären Metropole prägen allgegenwärtige Symbole des Regimes, Fahnen in Rot-Schwarz-Weiß, Hakenkreuze, vorwiegend braune, schwarze Uniformen, oft Marschkolonnen, im Krieg Feldgrau der Wehrmacht, ideologische Parolen das Ambiente, dazu noch der Grußzwang. In den *Geschwistern*, auch in *Jeder stirbt für sich allein* begegnet uns das in den Straßen, an den Wänden, in den Fabriken, im Berliner Alltagsleben. Unter all dem lag, erst recht in Ansehung des Kriegs ab 1938, etwas Dämonisches, Bedrohliches, Angstmachendes, das Haffner ausdrückt und beschreibt und das Reich-Ranicki umso mehr empfunden hat. Er erwähnt, dass zur Zeit der Spiele auf seinem Schulweg in Berlin die roten Schaukästen mit Streichers antisemitischem Hetzblatt *Stürmer* entfernt waren: „Die Ausländer sollten glauben, das ‚Dritte Reich' sei ein zivilisierter Staat." Das Monströse Berlins spielt seine Rolle auch im Nachdenken Gustav Oppermanns in Feuchtwangers *Geschwistern* über die Möglichkeit der Emigration. „Manchmal juckt es ihn, Berlin einfach aufzugeben, zu türmen." Er

Verließ wegen der Nationalsozialisten Berlin und Deutschland: Die Denkerin Hannah Arendt, hier um 1940, emigrierte 1933, wurde 1937 ausgebürgert und 1951 US-Bürgerin.

erinnert sich, dass er seinem Neffen Berthold gesagt hatte, dass das Thermometer in der Gegend, in der Berlin liegt, nicht unter 29 Grad minus falle: „Ein billiger, leichtfertiger Trost. Jetzt, da diese seine Stadt Berlin unversehens so kalt und finster geworden ist, da sich ihr freundliches, vertrautes Gesicht über Nacht zu so einer bösartigen Fratze verzerrt hat, spürt er, wie wenig eine solche Sentenz bedeutet." Seine Freunde, ihm verbundene Menschen, entgleiten ihm. Das ist die erschreckende Erfahrung, von der die große jüdische Denkerin Hannah Arendt spricht, als sie, während sie in Berlin an ihrer Habilitation über die jüdische Berliner Salonnière Rahel Varnhagen von Ense arbeitet, im August 1933 entscheiden muss, die Wohnung im Künstlerviertel am Breitenbachplatz und damit Berlin zu verlassen: „Das persönliche Problem war doch nicht etwa, was unsere Feinde taten, sondern was unsere Freunde taten ... Das war, als ob sich ein leerer Raum um einen bildete ..." Wortgleich von dem „leeren Raum", „der sich damals aufgetan und eine ‚Mauer aus Schweigen und Weggucken' um ihn errichtet habe", sprach auch der Katholik Johannes Fest, Berliner Stadtpolitiker der Zentrumspartei aus Karlshorst. So berichtet es 2006 sein in diesem Ortsteil aufgewachsener Sohn Joachim in seinen Erinnerungen *Ich nicht*. Da beginnt in diesem Berlin umgehend der Riss in der Gesellschaft aufzureißen. Die Ausgrenzung scheint sich wie von allein zu vollziehen. Wir erinnern uns an Johsts Bemerkung von 1943 aus entgegengesetzter Perspektive, er habe zehn Jahre zuvor nicht erwartet, „dass die völlige Wandlung aller künstlerischen Dinge so reibungslos vonstatten gehen würde." Nein, so reibungslos ist es nicht immer und in jedem Fall gegangen, aber zu oft war es so.

Die Instrumente von Beherrschung und Kontrolle der in Kunst, Kultur und Medien tätigen Menschen aller Sparten haben die Goebbels, Johst, Hinkel, auch Breker, Amann mit Gehilfen wie Winkler hemmungslos eingesetzt. Die Kammern funktionierten perfekt, ohne sie war kein Arbeiten in diesen Berufsfeldern möglich, sie entschieden durch die Zulassung der Zugehörigkeit über die Existenzen. Dieses Instrument betätigt das Regime auch bei der „Gleichschaltung" der Medien, Presse, Rundfunk vor allem, aber auch beim Buchmarkt. Alles wird kontrolliert, oft wirken bei den privatwirtschaftlichen Verlagen scheinbar normale Marktmechanismen und Unternehmensrecht. Das ist eleganter als derbe Verbote und wahrt den Anschein. Perfidie, Erpressung, Druck bewirken die „Gleichschaltung" der Medien in inhaltlicher Hinsicht, dann in einem längeren Prozess auch in struktureller Hinsicht. Beim vor 1933 sowieso staatlich verfassten Rundfunk ging das aufgrund der zudem übersichtlichen Strukturen schneller. Die von Goebbels vorgegebene Linie führt im Wesentlichen zur überall verbreiteten Einheitsmeinung des Regimes. Darum sind andere Quellen so wichtig. Man stelle sich vor, das Regime hätte tatsächlich neben dem Radio auch das Fernsehen einzusetzen vermocht. Das Bewegtbild zeigte sein Beeinflussungspotenzial schon in der *Wochenschau*. Die scheinbar fiktive Idee der allgegenwärtigen Bildschirme des allmächtigen „Großen Bruders" in George Orwells *1984* liegt auf der Hand. Das Berlin der 1930er-Jahre und selbst der 1940er-Jahre trägt auf diesem Feld zur technologischen Weiterentwicklung bei. Die Diktatur verbreitet aus Eigeninteresse das Radio, macht es mit dirigistischen Mitteln für die Massen preiswert, was auch mit dem Fernsehen gelungen wäre, aber dem Regime war der Krieg wichtiger. Zu vermerken ist das Tonband, eine Berliner Entwicklung wie der bald allgegenwärtige Volksempfänger. Die Medien, besonders das Kino und mit ihm der Film, wir haben einige Beispiele kennengelernt, dienen nach Goebbels' Maßgabe vor allem dem Amüsement, der Unterhaltung und besonders der Ablenkung, im Krieg zur Aufrechterhaltung der Moral.

Filme wie *Die Feuerzangenbowle* von 1944 mit Heinz Rühmann sollten die Zuschauer „bei Laune“ halten. Er bekam 1933 wegen seiner jüdischen Ehefrau Berufsverbot, 1938 fand die Scheidung statt, 1943 emigrierte Maria Bernheim.

Furchtsam ist Oppermann eigentlich nicht, er war im Ersten Weltkrieg Soldat. Dennoch tritt ihm das Monsterhafte Berlins ins Bewusstsein. Denn „jetzt ist ihm manchmal, als sei die ganze, große Stadt im Begriff, gegen ihn loszustürzen, ihn unter ihrer Riesenmasse zu erdrücken, und ihn packt eine geradezu physische Angst.“ Diese Stadt war diabolisch geworden. Die Begriffe verkehrten sich. Nichts war mehr zuverlässig, sicher, stabil. Überall die visuelle Präsenz des Regimes, die Parolen, die Einheitsmeinung, vor allem überall Spitzel, Augen, Ohren. Renée Sintenis benutzt nur noch die Hintertreppe, Kästner fühlt sich auf den Berliner Straßen nicht mehr frei, Hofer sah die Austreibung von Juden. Der Terror war öffentlich wahrnehmbar, die Drohungen wurden ausgesprochen, der Terror lauerte auf Schritt und Tritt. Das ist die Welt von Falladas *Jeder stirbt für sich allein*. Nicht auszudenken, hätte das nationalsozialistische Regime die Technologien des 21. Jahrhunderts einsetzen können, die Messenger, die Sozialen Medien, die Überwachungsdrohnen, die Bürger bei Fehlverhalten zurechtweisen und sie per elektronischer Gesichtskennung identifizieren, die Kontrolle des Mobilfunks, die Vernetzung der Datenbanken, das Sozialkreditsystem für Wohlverhalten und was wir nicht alles aus dem Rot-China des 21. Jahrhunderts kennen. Berlin in der nationalsozialistischen Zeit ist ein Prototyp der totalitären Metropole, in seiner Zeit ähnlich Stalins Moskau, vielleicht Mussolinis Rom. Die Diktaturen, die totalitären Regimes, die Tyranneien bleiben sich über die Jahrhunderte in ihrem Wesen gleich, doch der technologische Fortschritt gibt auch ihnen höhere Effizienz. Nicht zu vergessen: Ein

Teil Berlins unterlag zwischen 1945 und 1989 einem sich technisch ständig verbessernden Überwachungsstaat.

1932 hatte Bertolt Brecht in seiner *Rede über die Funktion des Rundfunks* eine große egalitäre gesellschaftliche Hoffnung formuliert, ähnlich wie sie anfangs in ein inzwischen längst nicht mehr freies, angeblich emanzipatorisches Internet gesetzt wurde. Das Radio wäre, sagt Brecht, dann ein „Kommunikationsapparat", wenn es „nicht nur auszusenden, sondern auch zu empfangen, also den Zuhörer nicht nur hören, sondern auch sprechen zu machen und ihn nicht zu isolieren, sondern ihn in Beziehung zu setzen" in der Lage wäre. „Der Teleschirm war Sende- und Empfangsgerät zugleich", erfahren wir in der 1949 erschienenen totalitären Utopie *1984* von George Orwell. Im fiktiven London des „Der große Bruder sieht dich" funktioniert der Kanal vom Empfänger zum Sender. Zweck ist die Überwachung jedes Individuums durch die „Gedankenpolizei", jederzeit, überall: „Es war sogar denkbar, daß sie ständig alle beobachtete." Technologische Innovation wird früher oder später immer missbraucht.

Konsequenzen der Judenverfolgen waren auf den Straßen Berlins sichtbar: Auswanderungswillige Juden drängen sich am 6. Juli 1939 vor dem Lloyd-Reisebüro in der Meineckestraße (koloriertes Foto).

Überlebensnotwendig war es im nationalsozialistischen Berlin, dieser „physischen Angst“, von der Feuchtwanger sein Alter Ego Oppermann sprechen lässt, nachzugeben. Rund 160 000 Mitglieder hatten die jüdischen Gemeinden Berlins 1933. Dazu kamen die etwa 30 000 Mitglieder der orthodoxen Gemeinde Adass Israel sowie diejenigen, die der NS-Jargon „Geltungsjuden“ nannte und die durch die Nürnberger Gesetze für die Betroffenen oft unvermutet als Juden verfolgt wurden. Es gab über 100 Gebetshäuser, viele Schulen, Kindergärten. Beim organisierten Pogrom im November 1938 wurden rund 12 000 jüdische Berliner Männer in Konzentrationslager verschleppt. Zwischen Machtübernahme der Nationalsozialisten 1933 und Beginn des Zweiten Weltkriegs haben etwa 80 000 Juden die Stadt verlassen. Ungefähr 55 000 Berliner Juden werden zwischen Oktober 1941 und Kriegsende 1945 deportiert. Die meisten werden in deutschen Konzentrationslagern umgebracht. 8000 haben in der Stadt überlebt, meistens wegen ihrer nichtjüdischen Ehepartner. Rund 1900 haben die Lager überlebt. Von etwa 7000 untergetauchten Berliner Juden haben 1700 überlebt. Die anderen: Verrat, Festnahme, sich der Polizei gestellt, erkrankt, gestorben, Opfer von Luftangriffen. So steht es auf der Internetseite des Museums Blindenwerkstatt Otto Weidt in der Rosenthaler Straße 39 am Hackeschen Markt in Berlin-Mitte. Die Jüdische Gemeinde Berlins existierte bis zum 28. Februar 1943. An diesem Tag wurde der Vorstand nach Theresienstadt verschleppt. Die Deportationszüge fuhren vom Güterbahnhof Moabit, dem Anhalter Bahnhof und vom Bahnhof Grunewald ab, an dem das *Mahnmal Gleis 17* an die Verschleppung der Berliner Juden erinnert. Der erste dieser Züge verließ Grunewald am 18. Oktober 1941 mit 1013 Juden. Zunächst gingen die Deportationen nach Litzmannstadt, wie die Nationalsozialisten den Namen der polnischen Stadt Łódź verdeutscht hatten, nach Riga und nach Warschau. Seit Ende 1942 fuhren die Züge der Reichsbahn meistens in das Vernichtungslager Auschwitz-Birkenau und nach Theresienstadt. Etwa 35 Transporte mit rund 17 000 Berliner Juden gingen allein nach Auschwitz. Diese „Reichshauptstadt“ ist zugleich das Zentrum, das Hirn, die Steuerung der gesamten deutschen Holocaust-Maschine.

Das „Monster Berlin“ ist im Dritten Reich die Metropole der Vernichtung. Und von dieser Stadt aus wird der Zweite Weltkrieg als Eroberungs- und Vernichtungskrieg begonnen, geführt, verloren. Sechs Millionen Tote des Holocaust, die Zahl der Opfer des Krieges lässt sich auf das Zehnfache schätzen. Das sind monströse Dimensionen, die die Weltgeschichte bisher nicht gekannt hatte.

Der Antisemitismus trat seit dem Ersten Weltkrieg immer stärker in den Vordergrund. Genügend Stimmen haben gewusst, gewarnt, gedroht mit der Verfolgung, die kommt. Thomas Mann, Lion Feuchtwanger, Bertolt Brecht sprechen in ihrer intellektuellen Auseinandersetzung und in ihrem Bemühen zu verhindern großenteils schon vor 1933 in Vokabeln wie „innere Reinigung", „Ausweisungen und Reinigungsexekutionen", „Ausrottung", „Auswanderung", „Verübern großer politischer Verbrechen", wenn sie vom Nationalsozialismus und von dem, was für Kulturleben, Intellektuelle, Juden zu erwarten sei, reden. Aber verlässlich schienen vielen diese Prognosen nicht zu sein. Zu viel sprach vielen Zeitgenossen doch dagegen. Das Zutrauen in die Demokratie, der Unglaube ans Ungeheuerliche, das Nicht-Ernstnehmen des Außenseitertums der Nationalsozialisten, das Unterschätzen, die Hoffnung auf das Ewiggute sind ein paar dieser Momente gewesen. „Was der gesunde Menschenverstand, was ‚normale Menschen' nicht glauben, ist, daß alles möglich ist", stellt Hannah Arendt 1951 in ihrem Buch *Elemente und Ursprünge totalitärer Herrschaft* fest und fragt rhetorisch: „Was soll man mit dem Begriff des Mordes anfangen, wenn man mit der Fabrikation von Leichen konfrontiert ist?" Selbst als die Stadt und das Land in der Hand der Nationalsozialisten waren, haben neben dem Terror auch diese Faktoren weiter dafür gesorgt, dass die Menschen ruhig, gefügig, gehorsam geblieben sind. Dabei war die Verfolgung sichtbar, die gelben Sterne an den Mänteln, an den Türen. Es war zu sehen, wie die Transporte zu den Bahnhöfen gingen. Berlin war voller Zwangsarbeiter. Wir sind Beispielen begegnet, wie Berliner Künstler in der Stadt Zeugen der Verfolgung und des Schicksals von Juden werden – Erich Kästner, Karl Hofer, Renée Sintenis. Das wird alles Thema bleiben nach 1945 und bis in die Zukunft, besonders in Berlin. Dabei war doch dieses Mal ein für alle Mal klar, was nie mehr sein darf, aber was doch schon wieder da ist, weil es nie verschwunden ist. Inge Müllers Mann Heiner dichtete 1956 in *Germania Tod in Berlin*:

HITLER: *Das ist eine jüdische Schweinerei.*
GERMANIA: *Davon will ich nichts mehr hören. Ich habe genug Ärger gehabt mit deinen Judengeschichten. Es gibt Leute, die zeigen mit Fingern auf mich. Heute noch. Manche grüßen nicht einmal.*
HITLER: *Der Jude –*
Germania haut ihm eine Ohrfeige. Hitler heult.

Thea, die Mutter des jüdischen Historikers Michael Wolffsohn, war in Bamberg aufgewachsen, lebte nach der Emigration in West-Berlin, wo auch ihr Sohn aufwuchs. Aus ihrer Heimat hat sie eine Erinnerung aus dem Jahr 1933 bewahrt, als ihre katholische Lehrerin Schwester Martha Margarita ihr und den sieben anderen jüdischen

Kundgebung mit sowjetischen Arbeitern in einem Rüstungsbetrieb nahe Berlin am 26. August 1944. Zwangsarbeiter bzw. „Ostarbeiter" waren im Dritten Reich überall präsent.

Kindern kurz vor den Sommerferien sagt: „... Bitte – bitte sagt euren Eltern, dass für uns in diesem Land kein Platz mehr ist. Wir, Katholiken und Juden, wir haben keine Zukunft mehr in Deutschland." Die katholische Kirche im Berlin der nationalsozialistischen Zeit war trotz der Zustimmung vieler Kirchenglieder zum Regime eine bekennende Kirche, es gab keine Entsprechung zu den nationalsozialistisch gesinnten Deutschen Christen innerhalb der evangelischen Kirche. Ihr gehörten 1933 noch rund 70 Prozent der Berliner an gegenüber 76,6 Prozent im Jahr 1925; die Säkularisierung ging ungebremst weiter. Verfolgt wurden auch in Berlin Kleriker, Pfarrer, Laien beider Konfessionen durch den Ideologiestaat, der dem Nationalsozialismus mehr als nur den Anstrich eines Glaubens zusprach und der langfristig keinen anderen Glauben neben sich dulden wollte. Nur einige Namen sollen genannt werden: Beschwerden, Proteste, das öffentliche Gebet für alle Verfolgten bringen den 1938 zum Dompropst der St.-Hedwigs-Kathedrale ernannten Bernhard Lichtenberg vor Gericht und ins Gefängnis. Katholiken verehren ihn als Märtyrer und Seligen. Martin Niemöller, Pfarrer der St.-Annen-Kirche in Dahlem, ist über Berlin hinaus das Gesicht des Kampfes der Bekennenden Kirche gegen die Deutschen Christen. Er wird verhaftet. Die Deutschen Christen kollaborieren und wirken darauf hin, dass die Kirchenbuchzentrale im Sinne der „Rassenpolitik" die Kirchenbücher zentral zugänglich macht, um Abstammungsprüfungen zu ermöglichen. Wer Widerstand im engen Sinne deutet als ein Bemühen um die Beseitigung des NS-Regimes, der kann in den Berliner Kirchen nur den evangelischen Theologen und Pfarrer Dietrich Bonhoeffer als zum Widerstand gehörig benennen. Er wird am 9. April 1945 im Konzentrationslager Flossenbürg erhängt.

Trotz der nach ihm benannten Straße in Kreuzberg ist Franz Künstler ein weitgehend vergessener Vertreter eines Typus widerständigen Lebens im nationalsozialistischen Berlin, der als Berliner Politiker, ohne zum aktiven Widerstand zu zählen, eine kompromisslose Existenz in der Stadt führte und der nicht emigriert ist. Künstler war bis 1933 SPD-Vorsitzender von Groß-Berlin. Er wurde am 24. Juni 1933 verhaftet, kam am 9. August ins Konzentrationslager Oranienburg, wo ihm, von Kommunisten denunziert, von der SA drei Pfeile, das Symbol der antinazistischen Eisernen Front, ins Kopfhaar rasiert wurden. Entlassen wurde er am 31. August 1934 im Zuge der Amnestie nach dem Tod Hindenburgs nach mehr als 14 Monaten „Schutzhaft" als chronisch Herzkranker. Der ehemalige Berufspolitiker arbeitete in einem Betrieb in der Hobrechtstraße 67 im Heimatbezirk

Neukölln als Maschinenschlosser und wohnte mit seiner Frau nur noch zur Untermiete. Künstler bemühte sich um den Zusammenhalt der Sozialdemokraten im Inland. Mit Kriegsbeginn am 1. September 1939 wurde er zwangsverpflichtet, musste im Tempelhofer Hafen schwere Lasten schleppen und wurde so „zu Tode schikaniert". Das schreibt Joachim C. Fest in seinen Jugenderinnerungen. Künstler brach am 10. September 1942 mit einem Herzschlag in der Straßenbahn zusammen. Fests Vater Johannes habe gesagt, Künstlers „Trauerfeier im Herbst 1942, an der nahezu zweitausend Personen teilnahmen, sei die letzte Massendemonstration gegen die Hitlerherrschaft gewesen." Das war auf dem Friedhof Baumschulenweg.

Der national-konservative, seit 1922 in Berlin lebende Schriftsteller Werner Bergengruen konvertierte 1936 zum Katholizismus, ein Jahr zuvor war sein Roman *Der Großtyrann und das Gericht* in Deutschland erschienen. Das Buch verkaufte sich über eine Million Mal und wurde in 15 Sprachen übersetzt. Der *Völkische Beobachter* nannte es den „großen Führerroman der Renaissance". Gleichzeitig gilt das Buch als eines der seltenen inländischen oppositionellen Werke der nationalsozialistischen Periode. Der *Großtyrann* ist ein fanatischer Bauherr, und womöglich verweist die folgende Passage auf die politische Realität der Kommune Berlin in der nationalsozialistischen Zeit: „Von den Räumen des winkligen, vielverbauten Bürgerschaftspalastes hatte der Großtyrann einige dem städtischen Senat belassen, damit er hier die geringen ihm verbliebenen Befugnisse üben und in Vorsicht die verlorene Stadtfreiheit beklagen konnte." Tatsächlich sind Groß-Berlin, sein Oberbürgermeister, die Stadtverordneten nach der

Schrieb mit *Der Großtyrann und das Gericht* einen inländischen Oppositionsroman: der konservative Wahl-Berliner und katholische Konvertit Werner Bergengruen (1892–1964) um 1936

Machtübernahme umgehend „gleichgeschaltet" worden. Die massenhafte Entlassung von Personal, dessen Ersetzung durch Parteimitglieder, die ohne Rücksicht auf ihre oft fehlenden Fähigkeiten mit Posten versorgt werden, hatte genauso räuberischen Charakter wie die Beteiligung der Kommune an Enteignungen von Betrieben bis hin zur Selbstbedienung mit erlesenen „arisierten" Immobilien wie Schlössern und Villen. Oberbürgermeister Sahm war ein williges Instrument. Staatskommissar Lippert ist die Galionsfigur der nationalsozialistischen Übernahme der Reichshauptstadt. Gauleiter Goebbels ist, selbst wenn er sich in dieser Funktion meist vertreten lässt, der Diktator Berlins, der über alles zu entscheiden befugt ist, sofern nicht andere, noch Mächtigere, das Sagen haben. Das ist der Fall im Konflikt mit dem von Hitler beauftragten Albert Speer, der die Planung für das nationalsozialistische Welthauptstadt-Projekt *Germania* übernimmt und der die Kompetenz des Städtebaus in Berlin

Gigantomanie auf Kosten des alten Berlins: Modell der Großen Halle von *Germania*, die bis zu 180 000 Menschen Platz bieten sollte

an sich reißt. Lipperts Widerstand war zwecklos, er verschwindet von der Bildfläche. Erinnert zu werden verdient stadtpolitisch die Bezirksreform von 1938, deren wesentliches Ergebnis die Begradigung von Bezirksgrenzen ist.

Die *Germania*-Planungen sahen die Demolierung nicht nur des bekannten Stadtkerns der Hauptstadt vor. Achsen und Autobahnringe, Verlegung auch der Bahnverbindungen im Stadtraum, Flughäfen und Wohnraum für weitere Millionen Menschen bedeuteten in letzter Konsequenz den mit einer Zerstörung der überkommenen Metropole verbundenen Neubau einer anderen Stadt auf dem Boden Berlins. Diese Zerstörung war vom Regime bereits begonnen worden. Die Verwirklichung hätte die Stadt in das ideologisch imprägnierte Symbol der Weltherrschaft des Dritten Reichs nach einem siegreichen Zweiten Weltkrieg verwandeln sollen, das ein beispielloser Ausdruck totalitärer Megalomanie gewesen wäre, wie er sich nach dem Willen des Bauherrn Hitler nur mit Bauten wie den Pyramiden Ägyptens und den architektonischen Hinterlassenschaften der römischen Kaiser hätte messen können. Die angestrebte Unvergleichbarkeit hatte auch eine in die Zukunft gerichtete zeitliche Dimension. Traut man dem Bericht Speers, dann hat Hitler tatsächlich angewiesen, Großbauten nach dem „Ruinengesetz“ zu entwerfen, um beim Entwurf bereits mitzuplanen, wie die Bauten in unvordenklicher Zukunft nach dem vorausgesetzten Niedergang dieses „Tausendjährigen Reiches“ möglichst eindrucksvoll wirken würden. Speers Ausführung dazu: „Die Verwendung besonderer Materialien sowie die Berücksichtigung besonderer statischer Überlegungen sollte Bauten ermöglichen, die im Verfallszustand, nach Hunderten oder (so rechneten wir) Tausenden von Jahren etwa den römischen Vorbildern gleichen würden.“ Das war Speers „Theorie vom Ruinenwert“.

Der Nationalsozialismus hat in Berlin nur das kurze Zeit bis zur Fertigstellung des US-Verteidigungsministeriums Pentagon flächengrößte Bauwerk der Welt zuwege bracht, den Flughafen Tempelhof, dessen adäquate Nutzung bis heute nicht gelungen ist. Die Stadt verfügt im 21. Jahrhundert über einige Bauten, die den Bauwillen der nationalsozialistischen Ära der Stadtgeschichte erkennbar werden lassen, dem es immer wieder darum ging, den einzelnen Menschen klein zu machen im Angesicht der Größe und einer imposanten Monumentalität. Deutlichster Ausdruck dieser architektonischen Zielsetzung ist sicherlich die zerstörte und abgetragene Neue Reichskanzlei gewesen. Aber bis heute lässt der bewusste Blick auf die Bauten des Messegeländes, des Platzes der Luftbrücke oder des Fehrbelliner

Platzes und vor allem des Reichssportfeldes und des Olympiastadions etwas von dieser baulichen Intention spüren. Für den S-Bahn-Verkehr ist aus der Vorkriegszeit der 1939 im Wesentlichen beendete Bau des Nord-Süd-Tunnels zu erwähnen, dessen Planungen aber im Kontext der von langer Hand erfolgten Gesamtkonzeption des Netzes stehen.

Das nationalsozialistische Berlin ist zwar die Reichshauptstadt, aber die Sympathien des Regimes und vor allem des „Führers" sind wohlverteilt. Berlin ist keineswegs unangefochten. Mindestens München als Ursprungsort der NSDAP und deswegen „Hauptstadt der Bewegung" sowie als „Hauptstadt der deutschen Kunst" ist eine Konkurrentin im kommunalen Kampf um die Gunst der Führung. Gleichzeitig ist München als propagandistisch herausgestellte neue Kunstmetropole und jährliches Ausstellungszentrum gegen alles in Stellung gebracht, was Berlin zur weltweit renommierten „Hauptstadt der 1920er-Jahre" hatte werden lassen. Und tatsächlich gelingt es dem Regime, die Künstler sämtlicher Sparten, die Berlin zu seinem Weltruf verholfen hatten, zu vertreiben, mundtot zu machen, zur Anpassung zu nötigen, wenn nicht zu verhaften, einzusperren, zu ermorden. Übrig blieb mit den wenigen „Inseln" ein Restbestand an Hochkultur, der nach außen hin den Anschein wahrte, dem aber Vitalität, Diskurs, Konkurrenz fehlten, sodass Neues, Unangepasstes, Vorantreibendes, was ohnehin nicht gewollt war, nicht mehr hätte entstehen können. Berlin in der nationalsozialistischen Epoche ist die fast vollständig zerstörte Kulturmetropole. Das relativiert sich nicht durch die Beobachtung, dass die meisten Sparten von Kunst und Kultur 1933 schon durch die Folgen der Weltwirtschaftskrise schwer getroffen waren. Die Theaterstadt war künstlerisch in der Krise, ökonomisch wegen der neuen großen Tonkinos, die Philharmoniker waren pleite, der Kunsthandel lag darnieder, die Zeitungsbranche war im Abstieg.

Der Kriegsbeginn ist eine scharfe Zäsur auch für die gesamte Geschichte Berlins in der NS-Zeit. Nicht nur die Schoah, sondern auch der Zweite Weltkrieg haben ihren Ursprung in Berlin. Insofern beides von der deutschen Hauptstadt ausgeht, darf sie für diese Zeit „Zentrum des Bösen" heißen. Der Krieg bedeutet für die Berliner abgesehen vom persönlichen Leid, das der Verlust von Angehörigen im Dienst der Wehrmacht mit sich brachte, vor allem vier Jahre lang unentwegte und massive Bombenangriffe. Diese vier Jahre bringen die zweite Weise der Zerstörung, die schwerwiegender ist als die nur begonnenen Baumaßnahmen für *Germania*. Die Erfahrungen des Luftkriegs machen die meisten der in dieser Kulturgeschichte genannten Persönlichkeiten. Kästner wird ausgebombt, Furtwängler wohnt ohnehin in Potsdam, Fallada kommt 1945 erst in die zerstörte Stadt zurück, Sintenis trifft es immer wieder in ihrer notdürftig selbst reparierten Wohnung, Hofers Atelier verbrennt, seine Wohnung wird zerbombt, er zieht nach Babelsberg, und Breker ist in dieser Zeit sowieso meistens im Oderbruch. Jeder Berliner kämpft um Lebensmittel. Wasser, Licht und Strom, Gas, Heizung, Telefon, Nahverkehr, nichts funktioniert mehr verlässlich. Die Nächte in den Kellern, kein Schlaf, keine Ruhe, immer Angst, das zermürbt, macht krank. Die Bunkerplätze reichen nicht. Die Last konzentriert sich entgegen der archaischen und antimodernen ideologischen Rollenzuweisung an die Frauen, ausschließlich Hausfrau und Mutter zu sein, im Verlauf des Krieges immer stärker auf die Berlinerinnen. Neben Haushalt und Kindern müssen sie wie schon im Ersten Weltkrieg die eingezogenen Männer in der Berliner Rüstungsindustrie ersetzen, und sie werden in großer Zahl uniformiert in der Wehrmacht eingesetzt. Dafür steht das Beispiel Inge Müllers.

Sozius des jüdischen Berliner Juristen Ernst Fraenkel in der gemeinsamen Anwaltskanzlei war zwischen 1928 und 1933 sein persönlicher und politischer Freund Franz Neumann. Der in Kattowitz geborene Jude musste eher als Fraenkel aus Berlin fliehen. Beide gingen in die USA. Auch Neumann gehörte nach 1945 zu den Vätern und Müttern der Totalitarismustheorie, der deutschen Politikwissenschaft, der Freien Universität Berlin und ihres Otto-Suhr-Instituts. Wie Fraenkel setzte er sich mit dem NS-Staat theoretisch auseinander, führte gedanklich den *Doppelstaat* des Freundes fort. Im Vorwort der zweiten Auflage seines Buchs über *Struktur und Praxis des Nationalsozialismus 1933–1944* bezieht sich Neumann auf den Hitler-Erlass vom 25. Juli 1944, der Göring mit der Umstellung der „Heimatfront" auf den „totalen Krieg" beauftragt und der Goebbels zu Hitlers Bevollmächtigtem macht. Dies, so Neumann am 1. August 1944 in Washington D.C., „könnte zum Verschwinden des heute noch bestehenden Dualismus von Staat und Partei führen. Die Partei würde dann die Relikte des rationalen Verwaltungsstaates restlos beseitigen und an seine Stelle die amorphe, formlose Bewegung setzen und damit das wenige, was vom Staat übriggeblieben ist, in eine mehr oder minder organisierte Anarchie verwandeln." Diese Prognose sollte sich als zutreffend für die Situation Berlins und des gesamten Landes im Ergebnis des Zweiten Weltkriegs erweisen. Im Vorwort der Erstausgabe vom 13. Dezember 1941 hatte Neumann die ihm geboten erscheinende Zielsetzung der Kriegsgegner Deutschlands formuliert: „Eine

Eine Frau wie Inge Meyer bei der Flugabwehr vor Berlin: Flakhelferin 1943/44 am Ringtrichter-Richtungshörer. Das von drei Soldaten bediente drehbare Gerät machte entfernte Flugzeuge hörbar.

militärische Niederlage Deutschlands ist notwendig. Ob der Nationalsozialismus ohne eine militärische Niederlage zerschlagen werden kann, weiß ich nicht. Aber eines weiß ich sicher: eine militärische Niederlage wird ihn auslöschen." Wenn es so kommen sollte, und es kam so, dann würde auch die Hauptstadt des Regimes ausgelöscht oder zumindest doch weitgehend zerstört.

Was 1945 bleibt, das ist die „Wüste Berlin". Das „Monster" ist vernichtet. Der Preis ist hoch, sehr hoch. Mehr als 4,4 Millionen Menschen lebten Ende 1942 in Berlin. Die Volkszählung im August 1945 kam noch auf 2,8 Millionen Berliner – die, die fehlten, waren tot, evakuiert, geflüchtet. Die Zahlen über die Bombentoten sind so ungewiss wie der Verbleib Vermisster. Jörg Friedrich, Autor von *Der Brand* über *Deutschland im Bombenkrieg 1940–1945* von 2018, nennt die Zahl von 11 367 Opfern. Andere Schätzungen kommen auf bis zu 50 000 Tote. Keine deutsche Stadt wurde häufiger bombardiert. Von rund 1,5 Millionen Wohnungen ist mehr als eine halbe Million zerstört. Kulturstätten sind weithin Ruinen. Bomben beschädigen die Staatsoper im April 1941 schwer. Auf Hitler-Befehl wird sie als Zeichen des Durchhaltewillens wiederaufgebaut. Am 3. Februar 1945 ist sie endgültig zerstört. Bertolt Brecht sprach vom „Trümmerhaufen bei Potsdam".

Franz Neumann bezieht sich auf die beiden der jüdischen Eschatologie entstammenden Ungeheuer: „Behemoth beherrscht das Land (die Wüste), Leviathan die See, Behemoth ist männlichen, Leviathan aber weiblichen Geschlechts. Die Tiere des Landes verehren Behemoth, die Tiere der See Leviathan als ihre Herren. Beide sind Ungeheuer des Chaos.“ Kurz vor dem Ende der Welt kämen beide zurück, um eine Schreckensherrschaft zu errichten. Doch Gott vernichtet sie, so eine der in den apokalyptischen Schriften überlieferten Versionen des Mythos. Bereits gute zwei Jahre nach Beginn des Zweiten Weltkriegs äußert Neumann bezüglich des Titels seines Buches – *Behemoth* – seine Überzeugung:

> *Da wir glauben, daß der Nationalsozialismus ein Unstaat ist oder sich dazu entwickelt, ein Chaos, eine Herrschaft der Gesetzlosigkeit und Anarchie, welche die Rechte wie die Würde des Menschen „verschlungen“ hat und dabei ist, die Welt durch die Obergewalt über riesige Landmassen in ein Chaos zu verwandeln, scheint uns dies der richtige Name für das nationalsozialistische System: DER BEHEMOTH.*

So war auch die Hauptstadt dieses Wesens, Staats, Systems monströs – das „Monster Berlin“. Lag das 1945 nun hinter den Berlinern? Der Maler Karl Hofer will den Bruch um jeden Preis, als es um die Neugründung der Hochschule der Bildenden Künste in Berlin geht: „Wir fangen vollständig neu an. Es darf nicht die allergeringste Verbindung zur alten Zeit bestehen.“ Das erwies sich als Illusion. Keine Vergangenheit vergeht. Die Geschehnisse nach 1945 und die kulturelle, künstlerische, intellektuelle Entwicklung in Berlin, West- und Ost-Berlin, sind ohne diese Zeit nicht zu erfassen, zu verstehen, zu erklären. Auch das vereinte Berlin kann mehr als 30 Jahre nach dem Mauerfall, als es sich anscheinend wieder auf das Format einer Vier-Millionen-Metropole hinzuentwickeln scheint, der Tatsache nicht entgehen, dass seine immer wieder zu seiner neuen Gegenwart werdende Zukunft bis heute auch aus der nationalsozialistischen Zeit geboren ist. Der Untergang Berlins als „Hauptstadt der 1920er-Jahre“ war am 30. Januar 1933 endgültig besiegelt. Dieses Berlin wurde mit beängstigender Geschwindigkeit, Systematik, Perfidie zerstört. Es ist sympathisch, wie wirkungsmächtig der Mythos der „goldenen“ 1920er-Jahre für die Stadt bis heute geblieben ist. Aber wir wissen, dass aus diesem schmutzigen, bedrohlichen, menschenfeindlichen Moloch des Berlins der 1920er-Jahre, der zugleich diese wunderbare, kreative, kulturell inspirierende „Stadt der Freiheit“ gewesen ist, das „Monster Berlin“ der zwölf „braunen“ Jahre der weltgeschichtlich singulären massenmörderischen NS-Diktatur erwachsen ist.

EPILOG

Sowjetische und polnische Fahnen wehen – Berlin kapituliert in Tempelhof

Ja, die befestigte Stadt ist einsam geworden,
ein entvölkerter Ort, verlassen wie die Steppe.

Jesaja 27,10

Berlin hat kapituliert: Am Morgen des 2. Mai 1945 entsteht das Foto mit sowjetischer Fahne vor der Siegesgöttin auf der zerstörten Quadriga auf dem Dach des Brandenburger Tors.

BERLIN, AM 2. MAI 1945. Auf dem Brandenburger Tor wehen die Fahnen der Sowjetunion und Polens. Auf dem Tordach mit der zerstörten Quadriga hatten zwei Soldaten der Roten Armee die rote Fahne mit Hammer und Sichel aufgepflanzt. Der sowjetische Kriegsberichterstatter Jewgeni A. Chaldej hatte die beiden hinaufgenommen. Er inszenierte auch das zur Ikone gewordene Foto auf dem Reichstag. Die weiß-rote polnische Fahne flatterte an diesem Morgen bereits auf der Siegessäule. Rund 180 000 polnische Soldaten hatten neben 2,5 Millionen Soldaten der Roten Armee an der „Schlacht um Berlin" teilgenommen. Die 1. polnische Infanteriedivision „Tadeusz Kościuszko" war nach dem polnischen Militäringenieur und Nationalhelden benannt, der den Aufstand der Polen 1794 gegen das zaristische Russland und Preußen angeführt hatte und der im Amerikanischen Unabhängigkeitskrieg an der Seite George Washingtons gekämpft hatte.

Berlin, am 2. Mai 1945. Das Haus Nummer 2 im Schulenburgring in Berlin-Tempelhof ist ein gutbürgerliches Wohnhaus. Neben der Haustür hängt seit dem 2. Mai 2008 ein Schild aus Messing, das Auskunft darüber gibt, dass in diesem Haus eine Unterschrift von lokaler, nationaler, internationaler Bedeutung geleistet wurde. Um das Gedenken an die Bedeutung des Ortes haben sich Nachbarn um Jürgen Müller verdient gemacht. Michael, der Sohn des 2015 verstorbenen selbstständigen Druckers, wurde 2014 Regierender Bürgermeister von Berlin. Die Internetseite der Initiative erzählt: „Im Erdgeschoss befand sich vom 27. April bis zum 4. Mai der Kommandostab der sowjetischen 8. Gardearmee. Ihr Chef war der Generaloberst und spätere Marschall Wassili I. Tschuikow. In der ersten Etage war der Generalstab der 1. Gardepanzerarmee untergebracht. Von dort leitete General [Michail J.] Katukow die militärischen Kampfhandlungen zur Einnahme der Reichskanzlei und des Berliner Reichstages." Der Kommandeur des 56. deutschen Panzerkorps und letzte Befehlshaber des Verteidigungsbereichs Berlin, General Helmuth Weidling, begann dort am 2. Mai 1945 um 7.50 Uhr den Kapitulationsbefehl an die Wehrmacht in der Reichshauptstadt zu schreiben und setzte dann seine Unterschrift darunter. Die am 16. April begonnene „Schlacht um Berlin" war vorbei. Geschätzte Angaben: 170 000 Gefallene, 500 000 Verwundete, Zehntausende umgekommener Zivilisten, meist Frauen, Kinder, Alte.

Berlin, am 2. Mai 1945. Der als Wladimir geborene Wolfgang Leonhard kehrt nach zehn Jahren in der Sowjetunion nach Berlin zurück. Mit zehn Jahren war er 1931 aus seiner Geburtsstadt Wien nach Reinickendorf und dann in die Künstlerkolonie am Breitenbachplatz gekommen. Mit seiner Mutter, die für die KPD illegal in Deutschland gearbeitet hatte, emigrierte er 1935 in die Sowjetunion. Am 30. April 1945 war er mit 23 Jahren als jüngstes Mitglied der Gruppe Ulbricht mit dem Auftrag zum Aufbau der kommunalen Berliner Verwaltung im Flugzeug aus Moskau via Minsk hinter der Oder gelandet. Der spätere Staats- und Parteichef der DDR, Walter Ulbricht, hatte ihm geraten, besser einen deutschen Vornamen zu benutzen. 1955 schildert der Publizist und Sowjetexperte Leonhard nach seiner Flucht aus der Sowjetischen Zone in seinem Bericht *Die Revolution entlässt ihre Kinder* die ihn schockierenden Aussagen deutscher Frauen über Vergewaltigungen durch Rotarmisten und seinen ersten Eindruck von Berlin:

Es war ein infernalisches Bild. Brände, Trümmer, umherirrende hungrige Menschen in zerfetzten Kleidern. Ratlose deutsche Soldaten, die nicht mehr zu begreifen schienen, was vor sich ging. Singende, jubelnde und oft auch betrunkene Rotarmisten. Gruppen von Frauen, die unter Aufsicht von Rotarmisten Aufräumungsarbeiten leisteten. Lange Reihen von Menschen, die geduldig vor Pumpen standen, um einen Eimer Wasser zu erhalten. Alle sahen schrecklich müde, hungrig, abgespannt und zerfetzt aus.

Berlin, am 2. Mai 1945. Von diesem Tag erzählt auch der im Gefolge der Gruppe Ulbricht nach Deutschland gekommene Romancier und Berliner Theodor Plievier im dritten Band seiner Weltkriegstrilogie. Es ist der nach *Stalingrad* und *Moskau* 1954 erschienene Band *Berlin*. „In Tempelhof war eine Kapitulation unterzeichnet worden, und die

Nachricht darüber hatten Lautsprecherwagen noch bis an die Keller und an die kämpfenden Haufen herangetragen", schrieb Plievier, der 1947 in die Britische Zone wechselte. Der Roman berichtet, wie Ulbricht und der sowjetische Stadtkommandant Generaloberst Nikolai E. Bersarin den 67 Jahre alten bürgerlichen Regierungsbaumeister im Ruhestand und gebürtigen Berliner Dr. Arthur Werner bei der Gartenarbeit abholen lassen und ihn zum ersten Nachkriegs-Oberbürgermeister machen. Der neue Magistrat tagt in der Parochialstraße, weil das Berliner Rathaus zerstört ist. Plievier zitiert aus Werners Rede, die sein Stellvertreter, der mit der Ulbricht-Gruppe eingeflogene Karl Maron, verfasst hat:

Dieser Tyrann hat selbst einen Dschingis-Khan übertroffen, der ums Jahr 1200 mit seinen Horden sengend und brennend durch die Städte zog. Wir atmen erleichtert auf und sind der Roten Armee im Verein mit der englischen und amerikanischen Armee zu ungeheurem Dank verpflichtet. Hitler hat Berlin zu einer Stadt der Zerstörung gemacht. Wir werden Berlin zu einer Stadt der Arbeit und des Fortschritts machen [...].

Die Geschichte Berlins mit den USA beginnt erst am 4. Juli 1945, dem amerikanischen Unabhängigkeitstag, als die 2. US-Panzerdivision in einer feierlichen Zeremonie den amerikanischen Sektor in Berlin übernahm. Dieser Akt vollzog sich vor der ehemaligen Hauptkadettenanstalt Lichterfelde, in der die Leibstandarte SS Adolf Hitler, seine Leibgarde und persönliche Verfügungstruppe, ihren Sitz gehabt hatte. Diese US-Division war der Kern der Berlin Brigade. Die Geschichte vor allem der West-Berliner mit Amerikanern, Briten und Franzosen als Schutzmächten, Freunden, Partnern beginnt erst nach der Blockade 1948/49.

Die „Wüste Berlin" begann wieder zu blühen – in Kunst, Kultur, Medien. Am 13. Mai 1945 um 20 Uhr ging mit den Worten „Achtung, Achtung. Hier spricht Berlin auf Wellenlänge 356 Meter" der sowjetisch kontrollierte Berliner Rundfunk auf Sendung. Am 15. Mai erschien nach zwei Wochen eine sowjetische Zeitung, die *Tägliche Rundschau*. Die Berliner hungerten, und sie hungerten nach Nahrung, Kultur, Literatur. Der Andrang in Kinos und Theatern ist riesig. Am 26. Mai 1945 gaben die Berliner Philharmoniker ihr erstes Konzert im Titania-Palast in Steglitz. Einen Tag darauf folgt die erste Theateraufführung im Renaissance-Theater, die Wiederaufnahme von *Der*

Raub der Sabinerinnen. Am 25. Juli 1945 eröffnet in der Schlüterstraße 45 in Charlottenburg die *1. Ausstellung der Kammer der Kulturschaffenden*. Fast 200 Werke von über 50 Künstlern werden gezeigt: Max Beckmann, Erich Heckel, Karl Hofer, Ernst Ludwig Kirchner, Max Pechstein, auch Renée Sintenis. Am Tag der Ausstellungseröffnung bekam der Dichter und kommunistische Funktionär Johannes R. Becher die sowjetische Zulassung für den Kulturbund zur demokratischen Erneuerung Deutschlands, der pluralistisch, offen, nur parteinah wirken sollte. Das Konzept hatte die KPD-Führung noch in Moskau entwickelt. Becher wirbt um Emigranten, organisiert, ist Ansprechpartner. Doch, so ist es immer gewesen in Berlin, die Kultur wird politisch, und sie wird von Neuem instrumentalisiert. Friedrich Luft, der wichtige Berliner Theaterkritiker der Nachkriegszeit, formuliert: „Der ‚Kalte Krieg‘ begann auf den Brettern."

Theodor Plievier fragt in seinem Roman *Berlin*: „Wie wird eine Stadt und wie vergeht sie?" Er betrachtet ihre Geschichte seit dem Schlossbau durch den Großen Kurfürsten und der Pflanzung von

Hunger nach Kultur im Nachkriegs-Berlin: Warteschlange zur Wiedereröffnung des Deutschen Theaters am 7. September 1945

Hunger nach Normalität im Sommer 1945: Eines der ersten Cafés am Kudamm ist wieder eröffnet – draußen gibt's nur Kännchen!

Linden an der Straße zum Stadttor. Der Widerspruchsgeist gegen Zerstörung, Vernichtung, Auslöschung ist berlinisch deutlich: „Kommt nicht in die Tüte!“ Refrainhaft zitiert Plievier das Lied *Und durch Berlin fließt immer noch die Spree*. Im Lebensgefühl der Berliner schwingt 1945 durch alle sozialen Schichten hindurch inmitten von Zerstörung, Armut, Hoffnungslosigkeit spröde Zuversicht:

> *Berlin wird sein, weil es ist. Es wird sein, weil sein Volk vorhanden ist. Die Kugel ist noch nicht ausgerollt, das Wort ist noch nicht gesprochen, und kein Repräsentant – weder im Kaisermantel noch im Rock des Präsidenten, am wenigsten der im braunen Hemd – hat es stellvertretend aussprechen können. Berlin selbst – Berlin in der Mütze, im Anzug von der ‚Stange‘, in der blauen Schlosserbluse, im Rollkragenpullover und im selbstgefertigten Kleidchen – wird das Wort zu finden haben. Und solange …*

LITERATURVERZEICHNIS

Christian Adam: Lesen unter Hitler. Autoren, Bestseller, Leser im Dritten Reich. Berlin 2010.

Die Anfänge der Berliner NSDAP 1926/27, hrsg. von Martin Broszat, in: Vierteljahrshefte für Zeitgeschichte 8 (1960), Heft 1, S. 85–118.

Hannah Arendt: Elemente und Ursprünge totalitärer Herrschaft. Antisemitismus, Imperialismus, totale Herrschaft. München 1986.

Christiane Berger: Die „Reichsfrauenführerin" Gertrud Scholtz-Klink. Zur Wirkung einer nationalsozialistischen Karriere in Verlauf, Retrospektive und Gegenwart. Hamburg (Dissertation) 2005.

Berlin im Nationalsozialismus. Politik und Gesellschaft 1933–1945 (Beiträge zur Geschichte des Nationalsozialismus, Bd. 27), hrsg. von Rüdiger Hachtmann, Thomas Schaarschmidt und Winfried Süß. Göttingen 2011.

Michael Bienert: Kästners Berlin. Literarische Schauplätze. Berlin 2019.

Jens Bisky: Berlin. Biografie einer großen Stadt. Berlin 2019.

Bertolt Brecht: Der Aufstieg des Arturo Ui. Mit einem Kommentar von Annabelle Köhler. Frankfurt am Main 2004.

Brechts „Aufhaltsamer Aufstieg des Arturo Ui", hrsg. von Raimund Gerz. Frankfurt am Main 1983.

Ansgar Diller: Rundfunkpolitik im Dritten Reich (Rundfunk in Deutschland, hrsg. von Hans Bauch, Bd. 2). München 1980.

Matthias Donath: Architektur in Berlin 1933–1945. Ein Stadtführer, hrsg. vom Landesdenkmalamt Berlin. Berlin 2007.

Rolf Düsterberg: Hanns Johst: „Der Barde der SS". Karriere eines deutschen Dichters. Paderborn 2004.

Joachim C. Fest: Hitler. Eine Biographie. Frankfurt am Main/Berlin/Wien 1983.

Lion Feuchtwanger. Ein möglichst intensives Leben. Die Tagebücher, hrsg. von Nele Holdack, Marje Schuetze-Coburn und Michaela Ullmann unter Mitarbeit von Anne Hartmann und Klaus-Peter Möller. Berlin 2018.

Klaus Fitschen: Berliner Kirchengeschichte. Berlin 2017.

Thomas Flemming, Gernot Schaulinski, Bernd Ulrich: Das Rote Rathaus in Berlin. Eine politische Geschichte. Berlin 2020.

Manfred Flügge: Die vier Leben der Marta Feuchtwanger. Biografie. Berlin 2015.

Ernst Fraenkel: Der Doppelstaat. Hamburg 2001.

Zwischen Freiheit und Moderne. Die Bildhauerin Renée Sintenis, hrsg. vom Kunstforum Ostdeutsche Galerie Regensburg [Ausstellungskatalog]. Berlin 2019.

Ingrid Fricke: Franz Künstler (1888—1942). Eine politische Biographie (Berliner Beiträge zur Ideen- und Zeitgeschichte, hrsg. von Helga Grebing, Siegfried Heimann und Richard Saage, Bd. 1). Berlin 2016.

Jörg Friedrich: Der Brand. Deutschland im Bombenkrieg 1940–1945. Berlin 2018.

Ines Geipel: Dann fiel auf einmal der Himmel um. Inge Müller. Die Biografie. Berlin 2002.

Ralph Giordano: Wenn Hitler den Krieg gewonnen hätte. Die Pläne der Nazis nach dem Endsieg. Köln 2015.

Hermann Glaser: Kleine deutsche Kulturgeschichte. Eine west-östliche Erzählung vom Kriegsende bis heute. Frankfurt am Main 2007.

Heinrich Goertz: Gustaf Gründgens. Reinbek 1982.

Herbert Haffner: Wilhelm Furtwängler. Im Brennpunkt von Macht und Musik. Hofheim 2020.

Sven Hanuschek: Erich Kästner. Reinbek bei Hamburg 2015.

Gerd Hardach: Parallele Leben. Mathilde Scheinberger und Karl Hofer (Gegen Verdrängen und Vergessen, Bd. 11). Berlin 2016.

Ronald Hayman: Bertolt Brecht. Der unbequeme Klassiker. München 1985.

Wolfgang Heuer: Hannah Arendt. Reinbek bei Hamburg 1987.

Karl Hofer. Von Lebensspuk und stiller Schönheit, hrsg. von Katharina Henkel [Ausstellungskatalog]. Köln 2012.

Marianne Kesting: Bertolt Brecht in Selbstzeugnissen und Bilddokumenten. Reinbek bei Hamburg 2003.

Silke Kettelhake: Renée Sintenis. Berlin, Boheme und Ringelnatz. Berlin 2018.

Dorothee Klinksiek: Die Frau im NS-Staat (Schriftenreihe der Vierteljahrshefte für Zeitgeschichte, Nr. 44). Stuttgart 1982.

Alexander Kluy: George Grosz. König ohne Land. Biografie. München 2017.

Christoph Kreutzmüller, Michael Wild: „Ein radikaler Bürger". Julius Lippert – Chefredakteur des „Angriff" und Staatskommissar zur besonderen Verwendung in

Berlin, in: Berlin im Nationalsozialismus. Politik und Gesellschaft 1933–1945 (Beiträge zur Geschichte des Nationalsozialismus, Bd. 27), hrsg. von Rüdiger Hachtmann, Thomas Schaarschmidt und Winfried Süß. Göttingen 2011, S. 19–38.

Klaus Lang: Wilhelm Furtwängler und seine Entnazifizierung. Aachen 2012.

Mario Leis: Leni Riefenstahl. Reinbek bei Hamburg 2009.

Helmut Lethen: Die Staatsräte. Elite im Dritten Reich: Gründgens, Furtwängler, Sauerbruch, Schmitt. Berlin 2018.

Peter Longerich: Joseph Goebbels. Biographie. München 2010.

H. G. Mann (= Pseudonym; eigentlich Friedrich Hagemann): Prozess Bernhard Lichtenberg. Ein Leben in Dokumenten. Berlin 1977.

Angela Martin: Joseph Goebbels, in: Stadtoberhäupter. Biographien Berliner Bürgermeister im 19. und 20. Jahrhundert, hrsg. von Wolfgang Ribbe. Berlin 1992, S. 297–325.

Peter de Mendelssohn: Zeitungsstadt Berlin. Menschen und Mächte in der Geschichte der deutschen Presse. Berlin 1985.

Kai-Uwe Merz: Das Schreckbild. Deutschland und der Bolschewismus 1917 bis 1921. Berlin 1995.

Kai-Uwe Merz: Vulkan Berlin. Eine Kulturgeschichte der 1920er-Jahre. Berlin 2020.

Alfred Mühr: Mephisto ohne Maske. Gustaf Gründgens. Legende und Wahrheit. München/Wien 1981.

Franz Neumann: Behemoth. Struktur und Praxis des Nationalsozialismus 1933-1944. Frankfurt am Main 1984.

Lena Nievers: Vorahnung vom Kommenden? Zum Verhältnis von Kunst und Politik in Karl Hofers Werk, in: Karl Hofer. Von Lebensspuk und stiller Schönheit, hrsg. von Katharina Henkel. Köln 2012, S. 30–37.

Brigitte Oleschinski: Julius Lippert, in: Stadtoberhäupter. Biographien Berliner Bürgermeister im 19. und 20. Jahrhundert, hrsg. von Wolfgang Ribbe. Berlin 1992, S. 261–275.

Hans J. Reichhardt, Wolfgang Schäche: Von Berlin nach Germania. Über die Zerstörungen der „Reichshauptstadt" durch Albert Speers Neugestaltungsplanungen [Ausstellungskatalog]. Berlin 1998.

Wolfgang Ribbe: Leitung und Kompetenzen der städtischen Verwaltung Berlins vom Mittelalter bis zum Ausgang des 20. Jahrhunderts. Ein Überblick, in: Stadtoberhäupter. Biographien Berliner Bürgermeister im 19. und 20. Jahrhundert, hrsg. von Wolfgang Ribbe. Berlin 1992, S. 13–32.

Klaus Schröter: Thomas Mann. Reinbek bei Hamburg 2017.

Anna Maria Sigmund: Die Frauen der Nazis. München 2013.

Martina Sönnichsen: Heinrich Sahm, in: Stadtoberhäupter. Biographien Berliner Bürgermeister im 19. und 20. Jahrhundert, hrsg. von Wolfgang Ribbe. Berlin 1992, S. 235–252.

Wilhelm von Sternburg: Lion Feuchtwanger. Die Biographie. Berlin 2016.

Rita Thalmann: Frausein im Dritten Reich. Frankfurt am Main/Berlin 1984.

Jürgen Trimborn: Arno Breker. Der Künstler und die Macht. Die Biographie. Berlin 2011.

Jürgen Trimborn: Riefenstahl. Eine deutsche Karriere. Biographie. Berlin 2002.

Peter Uehling: Karajan. Eine Biographie. Reinbek bei Hamburg 2008.

André Uzulis: Hans Fallada. Biografie. Berlin 2017.

Roger Vaughan: Karajan. Ein biographisches Porträt. Frankfurt am Main/Berlin 1989.

Peter Walther: Hans Fallada. Die Biographie. Berlin 2017.

Hans-Georg Wendland: Hanns Johst. Vom expressionistischen Dichter zum nationalsozialistischen Kulturfunktionär. Die zweifache Karriere. Norderstedt 2014.

Hans-Georg Wendland: Literarische Heldenverehrung im Nationalsozialismus. Hanns Johsts Drama ‚Schlageter'. Norderstedt 2014.

Jenny Williams: Mehr Leben als eins. Hans Fallada. Biographie. Berlin 2004.

Michael Wolffsohn: Deutschjüdische Glückskinder. Eine Weltgeschichte meiner Familie. München 2017.

BILDNACHWEIS

akg-images: Titelbild, 2, 6, 9 (© Estate of George Grosz, Princeton, N.J./VG Bild-Kunst, Bonn 2020), 14 (Voller Ernst/Chaldej), 19 (Imagno), 23, 26, 29, 30, 38 (arkivi), 44, 57, 70, 74 (Heritage-Images/Art Media), 88, 90 (TT News Agency/SVT), 95, 96, 100, 102, 106 (Imagno/Austrian Archives), 110, 128 (© Estate of George Grosz, Princeton, N.J./VG Bild-Kunst, Bonn 2020), 132 (© VG Bild-Kunst, Bonn 2020), 134, 137 (© VG Bild-Kunst, Bonn 2020), 146, 149 (Collection Dupondt), 150 (TT News Agency/SVT), 155 (Günter Schneider), 159, 160, 165 (arkivi), 171 (Günter Schneider), 182, 183 (Interfoto), 188 (Imagno/Austrian Archives), 196, 199, 207 (Fototeca Gilardi), 216 (Voller Ernst/Chaldej), 219, 220 (Günter Schneider), 233 (Fototeca Gilardi), 235, 236, 241 (Imagno/Austrian Archives), 248 (Voller Ernst/Chaldej), 252 (Voller Ernst/Chaldej)

Bundesarchiv: 10 (Bild 183-V04744), 32 (Plak 003-010-006), 34 (Bild 183-H02648), 42 (Bild 102-17241B/Georg Pahl), 47 (Bild 119-1721), 49 (BildY 10-WU-10-02-19), 51 (Bild 102-09303/Georg Pahl), 69 (Bild 102-15032), 83 (Bild 183-R66553), 85 (Bild 102-06534/Georg Pahl), 92 (Bild 183-2007-1010-501), 105 (Bild 183-J03249/Ernst Schwahn), 113 (Bild 183-L0609-513), 116 (Bild 183-1984-0321-516), 144 (Bild 183-S70002), 156 (Bild 146III-373), 166 (Bild 146-1988-045-26/Frankl), 169 (Bild 183-E00420), 172 (Bild 183-E0406-0022-029), 174 (Plak 003-022-025/Leonid), 179 (Bild 102-14620/Georg Pahl), 185 (Bild 183-R88978), 192 (Bild 183-1987-0514-503), 195 (Bild 183-H28245), 202 (Bild 146-1972-061-57), 204 (Bild 183-R32860), 209 (Bild 146-1978-086-03), 211 (Plak 003-003-036), 239 (Bild 183-J30418), 242 (Bild 146-1983-018-03A), 246 (Bild 101I-674-7757-18/Zoll)

Feuchtwanger Memorial Library, Special Collections, University of Southern California: 63

picture alliance: 16 (AP Images), 48 (ullstein bild/Heinrich Hoffmann), 60 (imageBROKER/hwo), 77 (Imagno/Schostal Archiv), 121 (dpa/deutsche grammophon), 212 (arkivi), 229 (dpa), 230 (dpa/Bert Reisfeld)

Süddeutsche Zeitung Photo: 138 (Scherl)

ullstein bild: 109, 123 (Frieda Riess), 125, 143, 224 (Max Ehlert) 227 (René Fosshag)

Wikimedia Commons: 80 (Rijksmuseum Amsterdam), 126 (OTFW), 153 (OTFW), 180 (Michal Lichota)

Monique Wüstenhagen: Autorenfoto hintere Umschlagklappe

Die Gedichte von Inge Müller auf S. 214/15 sind entnommen aus: Inge Müller: *Daß ich nicht ersticke am Leisesein*, Aufbau Verlag Berlin 2002. © Aufbau Verlag GmbH & Co. KG, Berlin 2002, 2008

Titelbild: Orests eiserne Fesseln: Gustaf Gründgens am 1. Januar 1943 in Goethes *Iphigenie auf Tauris* im Schauspielhaus Berlin. Das Foto erschien im Aprilheft der NS-Auslandspropaganda-Zeitschrift *Signal*.

Abbildung auf S. 2: Sowjet-Flieger in einer Aprilnacht 1945 über dem Brandenburger Tor, Hitlers Hauptstadt brennt: das Gemälde *Einsatz über Berlin* des sowjetischen Malers Dimitri M. Tarchow (1893–1948) von 1945 (Ausschnitt)

IMPRESSUM

Gestaltung und Satz: Goscha Nowak, Berlin
Printed in the Czech Republic

ISBN 978-3-96201-063-8
www.elsengold.de | www.wasmitgeschichte.de